荔枝产业文旅融合
发展探索与广东实践

雷百战　周灿芳　梁俊芬◎编著

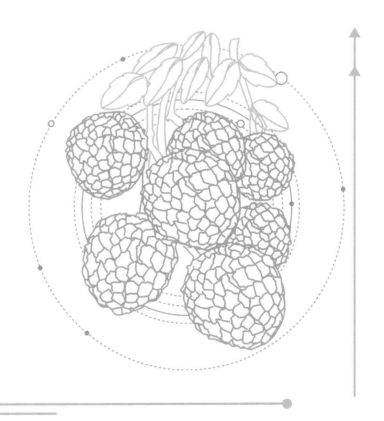

THE DEVELOPMENT, EXPLORATION, AND
GUANGDONG PRACTICE OF INTEGRATING
THE LITCHI INDUSTRY WITH CULTURAL TOURISM

经济管理出版社
ECONOMY & MANAGEMENT PUBLISHING HOUSE

图书在版编目（CIP）数据

荔枝产业文旅融合发展探索与广东实践 / 雷百战，
周灿芳，梁俊芬编著. -- 北京：经济管理出版社，
2024. -- ISBN 978-7-5096-9860-0

Ⅰ. F326.13

中国国家版本馆 CIP 数据核字第 2024RB1435 号

组稿编辑：郭　飞
责任编辑：郭　飞
责任印制：许　艳
责任校对：王淑卿

出版发行：经济管理出版社
　　　　　（北京市海淀区北蜂窝 8 号中雅大厦 A 座 11 层　100038）
网　　址：www.E-mp.com.cn
电　　话：(010) 51915602
印　　刷：唐山玺诚印务有限公司
经　　销：新华书店
开　　本：720mm×1000mm/16
印　　张：19.75
字　　数：377 千字
版　　次：2024 年 10 月第 1 版　　2024 年 10 月第 1 次印刷
书　　号：ISBN 978-7-5096-9860-0
定　　价：98.00 元

相关基金项目资助情况

（1）广东省乡村振兴战略专项资金项目"荔枝文旅采摘销售信息平台构建与示范"（项目编号：403-2018-XMZC-002-90）

（2）广东省乡村振兴战略专项资金项目"加工型荔枝高产高效生产技术集成与推广"（项目编号：2023TS-2-5、2024TS-2-5）

《荔枝产业文旅融合发展探索与广东实践》

作者名单

雷百战　　周灿芳　　梁俊芬　　张　宁　　黄思映

罗旖文　　赵永琪　　胡韵菲　　刘晓珂　　卢　琨

前　言

中国是全球荔枝产业第一大国，有 2300 多年的荔枝栽培历史，是荔枝的起源中心。中国有 200 多个荔枝品种，规模化种植、商品化销售的有 30 多种，主要分布在广东、广西、海南、福建、四川、云南等省份。广东是全国种植历史最久、种植规模最大、种植品种最多、荔枝品质最优、产业发展最强的荔枝产区，荔枝也是广东种植面积最大、品种特色最鲜明、区域优势最明显的岭南特色水果。近年来，广东通过打好荔枝产业、市场、科技、文化"四张牌"，在推动县域产业高质量发展上为全省率先破题、先行示范，取得了明显成效。荔枝"土特产"已经发展成为广东富民兴村的百亿级"大产业"。2023 年 4 月 11 日，习近平总书记考察高州市根子镇柏桥村时指出，高州荔枝种植有历史传承和文化底蕴，发展荔枝种植有特色、有优势，是促进共同富裕、推动乡村振兴的有效举措，农村特色产业前景广阔；要进一步提高种植、保鲜、加工等技术，把荔枝特色产业和特色文化旅游发展得更好。习近平总书记在充分肯定荔枝是乡村振兴"致富果"的同时，也为我国荔枝产业高质量发展指明了方向。

本书在全面调研广东荔枝文旅融合发展情况的基础上，系统梳理和分析研究广东荔枝产业概况、广东荔枝文旅融合平台、荔枝食品与文创产品、荔枝文化遗产、荔枝文化旅游、国内外荔枝文旅融合经验借鉴、广东荔枝文旅融合模式与机制创新等。第一，本书分析荔枝产业发展现状、荔枝种质资源、荔枝名优品种、荔枝古树（群）、荔枝知名品牌等概况，厘清广东荔枝产业和文旅资源基础。第二，系统分析荔枝产业园、荔枝专业镇、荔枝田园综合体、荔枝贡园、荔枝公园、荔枝文化博览园（馆）等平台载体的文旅元素，全面了解广东各荔枝主产区的文旅融合情况。第三，从全产业链价值提升角度分析荔枝园农产品、荔枝加工产品、荔枝文创产品、荔枝文化景观以及荔枝文艺创作等，探索未来广东荔枝产业链延伸方向。第四，分析我国丰富的荔枝文化遗产，包括荔枝物质文化遗产、岭南荔枝种植系统、荔枝名人诗词歌赋，荔枝传统技艺、艺术作品、传说故事、地方民俗等，探索文化赋能广东荔枝产业高质量发展的路径。第五，介绍广东荔枝文化节庆、荔枝定制、休闲采摘、文旅线路等，充分展现广东在荔枝文旅方面的新发展及新探索。第六，总结国内外荔枝产业融合发展经验及国内外其他水果产业发展经验，提出促进广东荔枝产业融合发展的启示与建议。第七，从产业经济视角深入剖析5种荔枝文旅融合模式的主要特征、典型案例实践，明晰广东荔枝文旅融合发展的具体路径和产业动态，最后提出广东在政府角色、平台建设、区域联动及公众参与等方面的机制创新，为其他地区实施乡村文旅融合发展提供一定启示。

本书通过分析广东荔枝产业发展形势、产业融合机遇和存在的问题，提出保护一批荔枝古树资源、打造一批荔枝文化园区、建设一批荔枝观光果园、开发一批荔枝加工产品、创新一批荔枝文创产品、策划一批荔枝节庆活动、深化一批典型融合模式、设计一批荔枝旅游线路共八个方面的对策和建议，引导荔枝产业文旅深度融合，促进广东荔枝产业高质量发展。

目　录

广东荔枝产业概况

黄思映[*] 雷百战

摘 要： 广东是世界上荔枝种植面积最大、品种最多、历史最为悠久的地区。荔枝种植范围主要分布在三大产区：粤西早中熟荔枝优势区、珠三角晚熟荔枝优势区、粤东中迟熟荔枝优势区。广东拥有100多个荔枝传统主栽和名特优新品种，主产区均分布有不同规模数量的荔枝古树（群），获得国家地理标志产品、国家地理标志证明商标、国家农产品地理标志等一系列知名品牌认证，成为广东荔枝产业高质量发展的重要基础。

关键词： 荔枝产业；荔枝品种；荔枝古树；知名品牌

一、荔枝产业概况

（一）产业概况

荔枝原产于中国，是中国岭南的佳果。目前荔枝种植产业已扩大到世界各地，主要包括中国、印度、泰国、越南、马达加斯加等国家和地区，这些主要国家的荔枝种植面积约占全球的98%、产量约占全球的96%。中国荔枝栽培历史悠久，文化底蕴深厚，是世界上种植面积最大、总产量最高的荔枝主产国家[1]。2023年全国荔枝种植面积约为790万亩，产量约为329万吨，在国际荔枝鲜果市场上具有明显的竞争优势，主要分布于广东、广西、海南、福建、四川、云南等省份[2]。广东拥有优越的南亚热带气候条件与地理环境，以及悠久的荔枝栽培历史和丰富优质的品种资源，具有发展荔枝产业的独特优势，是我国种植荔枝的第一大省，素有"中国荔枝第一产区"的美誉[3]。其种植范围广泛，分布在97个县市，主要在茂名、广州、湛江、惠州、阳江及汕尾市等地，栽培面积稳定在

---

* 黄思映，广东省农业科学院农业经济与信息研究所研究实习员，硕士；主要从事农业区域经济研究。

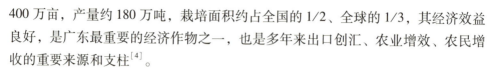

400 万亩，产量约 180 万吨，栽培面积约占全国的 1/2、全球的 1/3，其经济效益良好，是广东最重要的经济作物之一，也是多年来出口创汇、农业增效、农民增收的重要来源和支柱[4]。

（二）产区布局

根据荔枝的生态适应性，结合广东荔枝产业不同产区的产业基础，以及融合考虑产业市场需求，把广东荔枝产业发展从空间上可以划分为粤西、珠三角、粤东、山区 4 个区域[5]。其中粤西、珠三角、粤东为荔枝生产优势区。

1. 粤西早中熟荔枝优势区

粤西地区拥有十分利于荔枝生长发育的光照、温度、水等自然环境条件，是全国荔枝种植面积最大的产区，2023 年，种植面积约为 210 万亩，以茂名、湛江、阳江等地为主产区，重点分布在高州、电白、化州、信宜、廉江、阳东、阳西等县（市、区）。其果实成熟期全省最早，每年 4 月初开始少量上市，主要品种有黑叶、白蜡、白糖罂、妃子笑、桂味、糯米糍等，较出名的品种是白糖罂、白蜡，茂名高州市是国家白糖罂、白腊荔枝生产基地。2021 年，高州市"高州荔枝"入选广东省农业农村厅公布的《广东省特色农产品优势区名单》。茂名市荔枝种植面积约为 139.22 万亩，有大批荔枝专业合作社，发展起多家荔枝初加工龙头企业，对当地鲜荔枝有较好的消化作用。而电商微商的兴起，开始不断增加市场空间和占据市场份额，荔枝北运和贸易出口量提升了荔枝产品销售量，建有"贡园""红荔阁"等著名荔枝文化旅游景点，品牌打造力度日益增强。

2. 珠三角晚熟荔枝优势区

珠三角地区种植荔枝历史悠久，是广东重要的荔枝传统产区，以广州、东莞、惠州、深圳等地为主产区，重点分布在从化、增城、东莞、博罗等县（市、区）。近年来，因区域经济与工业发展的冲击，荔枝种植面积大幅度缩减，2023 年种植面积约为 80 万亩。珠三角荔枝名优品种多，包括增城挂绿、观音绿、仙进奉、井岗红糯等优质荔枝，传统主要品种有怀枝、桂味、糯米糍、妃子笑、黑叶等。2020 年，"广州市从化区、增城区广州荔枝中国特色农产品优势区"入选《中国特色农产品优势区（第三批）名单》。2021 年，从化区从化荔枝、从化区从化荔枝蜜、增城区增城荔枝、惠阳区镇隆荔枝入选广东省农业农村厅公布的《广东省特色农产品优势区名单》，"广东岭南荔枝产业集群"入选农业农村部、财政部"2021 年优势特色产业集群建设名单"；2021~2023 年，中央财政每年分配广州市补助资金约 2500 万元、东莞市 1250 万元、惠州市 1250 万元发展荔枝产业。珠三角地区农民专业合作社数量多，形成了一批有实力的龙头企业。这些

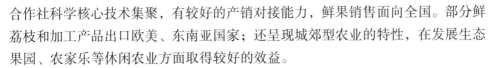

合作社科学核心技术集聚，有较好的产销对接能力，鲜果销售面向全国。部分鲜荔枝和加工产品出口欧美、东南亚国家；还呈现城郊型农业的特性，在发展生态果园、农家乐等休闲农业方面取得较好的效益。

3. 粤东中迟熟荔枝优势区

该区以揭阳、汕尾、汕头、潮州等地为主产区，重点分布在惠来、陆丰、海丰、饶平等县（市、区）。2023 年种植面积约 55 万亩，荔枝品种资源较丰富，主栽品种有黑叶、怀枝、糯米糍、妃子笑等。发展荔枝种植专业村上百个，荔枝加工企业 10 多家，龙头企业建有规模化种植基地，带动周边能力较强，荔枝制酒、酿醋等精深加工产业有较好的基础和发展潜力，销售产品档次日渐提升，拥有千年文化荔枝古树资源，在休闲采摘方面有新的尝试。

（三）产业发展

1. 荔枝种植规模

2023 年是广东荔枝的丰收年，荔枝种植规模约为 400 万亩，总产量约为 180 万吨，相比 2022 年增加了 57.35%，面积、产量均占全国的 50% 以上[6]。

2. 荔枝经济效益

荔枝是广东农业的重要支柱产业之一。2023 年广东全省荔枝完成销售量为 160 万吨，省内主要市场荔枝批发价格为 12.6 元/公斤，年销售额 160 亿元，较 2022 年增长 5%[6]。目前，广东荔枝不仅销往国内各地，还出口到中国香港、美国、马来西亚、印度尼西亚、菲律宾等 21 个国家和地区市场，出口目的地国家和地区覆盖六大洲，广东是全国荔枝出口重要省份，出口量约占全国出口总量的 40%，出口额超过 1000 万元的市场有美国、新加坡、印度尼西亚、菲律宾等[7]。近年来，广东荔枝连续实现出口数量和金额持续增长。海关总署数据显示，2022 年广东农产品进出口规模再创历史新高，排名全国第一，其中广东鲜荔枝出口额占全国荔枝出口额的 59.4%，近三年广东荔枝出口年增幅在 60% 以上[8]。

3. 荔枝经营情况

2012 年，广东整合荔枝资源、技术、市场、资本等生产率要素组建了广东省荔枝产业协会，以全球资源、技术、市场经营广东荔枝产业，支撑广东荔枝产业的发展。2020 年广东省农业农村厅颁布并实施《广东荔枝产业高质量发展三年行动计划（2021—2023 年）》，推动广东荔枝产业高质量发展。截至 2023 年，广东已建设荔枝优势产业园 1 个，荔枝龙眼省级现代农业产业园 6 个，认定荔枝专业镇 27 个、专业村 117 个，荔枝类省级重点农业龙头企业 16 家、绿色食品（荔枝）认证企业 32 家、无公害食品（荔枝）认证企业 35 家。目前广东荔枝主要以荔枝鲜果售卖为主，占总销售量的 90%，荔枝产业一产产值高达 150 亿元以上，仅有 10% 作为加工产品，主要是以荔枝干等传统加工产品为主；其次为荔枝罐头、荔枝果酱、荔枝酒等，精深加工较为不足[9]。近年来，随着电商销售不断发展，冷链物流技术显著提升，普及率逐步提升，荔枝电商销售规模也成倍增长，广东荔枝营销模式已快步向文化营销、电子商务等新型营销模式转变[10]。广东荔枝行业新型经营主体快速发展，电商物流、新零售、规划设计、文创策划、创意传播、网红带货等新型经营主体积极涌现，已成为荔枝产业的重要"生力军"。

4. 荔枝文旅情况

广东通过构建"农业+旅游业"的新发展模式，不断推动荔枝产业与乡村旅游深度融合，带动荔枝产业高质量发展。各级政府通过荔枝古树保护、荔枝博物馆建设等途径对广东荔枝特色产业进行维护和宣传，如著名的高州市根子镇贡园、红荔阁景点、增城荔枝文化公园等。一些产区通过推出举办荔枝文化节、生产荔枝主题创意商品等形式增加荔枝产业附加值。

高州市根子镇大唐荔乡文化旅游区　　　　　　雷百战　林博勇　摄

二、荔枝种质资源概况

（一）国家果树种质广州荔枝、香蕉圃

20 世纪 50 年代末，广东省农业科学院果树研究所作为国家荔枝种质资源普查工作的牵头单位，开始全面收集保存国内的荔枝种质资源，80 年代逐步建成国家果树种质广州荔枝、香蕉圃。荔枝圃是目前世界上保存荔枝种质资源最完整、最规范的种质资源圃，2022 年成为第一批 72 个国家级农作物、农业微生物种质资源库（圃）之一。荔枝圃主要任务是对国内外荔枝资源进行收集、整理、登记、鉴定、保存，向国内科研、教学和生产单位提供荔枝种质的实物共享利用[11]。

荔枝圃面积 80 亩，共收集保存荔枝种质资源 650 多份。来自于广东、广西、海南、福建、云南、四川六省，涵盖了我国荔枝资源分布的大部分地区，是目前世界上遗传多样性最丰富的荔枝种质圃。已通过鉴定评价筛选出优良、特异种质资源 100 多份，其中已审定品种 4 个，"红绣球""凤山红灯笼""仙进奉"等列入农业部热带南亚热带作物主导品种和广东省农业主导品种；"赛糯"和"离娘香"已申请品种权。通过创新利用获得童期结束的杂交育种材料 4000 余份，其中华荔 1~25 号等一批优株有待申请品种权及推广应用[12]。

国家果树种质广州荔枝、香蕉圃   林博勇 摄

（二）国家荔枝种质资源圃

2021 年 5 月 20 日，国家荔枝种质资源圃在茂名市荔枝国家现代农业产业园建设落成，占地面积 535.8 亩，汇集了全球 12 个国家和地区的 700 多份、3500 多棵荔枝种质资源[13]，是全球最大的荔枝种质资源圃，正在建设成为引领荔枝产业可持续发展的实验研究基地、具有文旅特色的荔枝研究中心及国内外合作与交流平台，打造成中国荔枝种业的"硅谷"。种质资源圃的建设对我国荔枝产业和科研工作具有极大的推动作用。

（1）促进荔枝产业科学研究。目前，岭南现代农业科学与技术广东实验室茂名分中心荔枝科研团队联合国家荔枝龙眼产业技术体系专家团队、广东省荔枝产业技术体系创新团队进驻国家荔枝种质资源圃开展科研工作，多项荔枝产业前瞻性科研工作在资源圃落地[14]。

（2）保存与鉴定荔枝种质资源。种质资源圃已收集到包括国内七大荔枝主产区（广东、广西、福建、海南、云南、四川、台湾）及国外 11 个国家（印度、孟加拉国、尼泊尔、越南、泰国、以色列、澳大利亚、马达加斯加、南非、毛里求斯、巴西）的 700 多份荔枝种质资源，其中，650 份国内种质资源，如国内推广度高的糯米糍、妃子笑、桂味等品种，50 份国外荔枝种质资源，如空（Kom）、本格尔（Bengal）等品种，是当前国内保存荔枝种质资源最齐全、最丰富和最具特质的资源圃[15]。资源圃与广东省农业科学院广东省荔枝产业技术体系创新团队向旭首席团队合作开发了荔枝种质资源分子标记鉴定平台，完成了 400 份种质资源分子标记数据库，国家荔枝种质资源圃的种质资源鉴定工作正在陆续展开[16]。

（3）推进荔枝文化宣传与科普教育。种质资源圃获得茂名市教育局授予的青少年科普教育基地。种质资源圃建设了品种展示区，通过高接换种的方式展示荔枝品种 70 个，在科普教育的同时，实现新品种和新技术展示和推广的目标。同时在国家荔枝种质资源圃大门广场设立展示牌，宣传推广荔枝生产最新科研成果和技术。展示区通过引入地域文化符号与荔枝科技、科普有机融合，让游客参与互动体验，加深对荔枝历史、文化、栽培技术的认知，达到科普教育的目的。2022 年 5 月 28 日开馆，一年内接待游客近 40 万人次，其中接待中小学生游学 10 万人次，日最高访客量 4 万多人次。目前正在申请广东省青少年科普教育基地和粤港澳青少年科普教育基地[16]。

国家荔枝种质资源圃　　　　　　茂名市农业农村局　供图

（三）广东省中晚熟荔枝种质资源圃

1. 基本情况

荔枝种质资源圃是东莞市植物园的建设重点和特色园区，用于收集全国各地的荔枝种质资源。园区规划面积 300 亩，其中荔枝种质资源圃 150 亩，现已收集 322 个荔枝品种[17]。

2. 文化元素

东莞市植物园通过举办荔枝文化科普展，将多种荔枝品种、荔枝标本以及荔枝科普展板摆放出来，让游客近距离观赏、学习、品尝荔枝。荔枝园周边还建有岩石园、植物进化科普园、兰花园、阴生植物园、草药园、莞香园、名树名花园、杜鹃园、澳洲植物区、沙生植物区、簕杜鹃园、彩叶植物园、橡胶文化园、茶花园 14 个专类园，以及儿童乐园、大草坡、华芳苑、樱花苑、马中友谊园、百花涧、台地花园等景点，游客可以观赏各种珍稀植物[17]。

广东省中晚熟荔枝种质资源圃   陈雨文 摄

三、荔枝品种

广东荔枝有 100 多个品种，主栽的大宗品种有妃子笑、桂味、糯米糍、白糖罂、黑叶、怀枝、白蜡、双肩玉荷包等，成熟期主要集中在 5~8 月[18]。

（一）传统主栽品种

1. 妃子笑

妃子笑又名玉荷包、落塘蒲，是荔枝中早熟品种。该品种果大饱满、皮刺较多，肉厚、质爽脆多汁，味清甜带香，核小，品质风味好。主要分布在广东湛江、茂名、阳江、增城、从化，广西桂平和海南等地。该品种早熟，成熟期在 5 月下旬至 6 月中旬，果熟于三月红之后、黑叶之前，果实在未转红前已经味甜可食，全红过熟品质下降，是广东产量最大的荔枝品种。

妃子笑荔枝   雷百战　摄

2. 桂味

桂味又名桂枝、带绿。该品种果较小，皮薄且脆，裂片峰尖锐刺手，肉质爽脆清甜、带桂花味，果核小，品质极佳，是广东栽培分布较广的优良品种之一。主要分布在广东增城、东莞、从化、惠阳、高州，广西灵山等地。该品种6月下旬至7月上旬成熟并上市，属于中熟的高端荔枝品种，是最耐挂的荔枝品种，果实成熟后十几天也不容易落果，也最耐储存，不退糖，不易变味，是最受欢迎的荔枝品种之一，但是大小年结果现象明显。

桂味荔枝   雷百战　摄

3. 糯米糍

糯米糍又名米枝，属于荔枝的中熟高端品种。其果大呈偏心脏形，果皮刺感不明显，色泽鲜红间蜡黄，核小，果肉味极清甜，果实软糯，有"荔枝之王"之称。产区主要分布在广东广州、东莞、增城、从化以及高州，广西等地。该品种一般于6月下旬至7月上旬成熟，属中熟的高端荔枝品种，适应性强，较耐干旱，适宜山坡地种植，植株经济寿命长，但肥水管理要求较高，"大小年"结果现象较为明显。

糯米糍荔枝

陈雨文 摄

4. 白糖罂

白糖罂又名蜂糖罂、中华红。该品种果中等大小，果皮薄，呈鲜红色，果肉爽脆，味清甜，是广东品质优良的早熟品种，主要产区在茂名高州、电白等地，是茂名早熟贡品荔枝的代表。该品种主要在5月下旬至6月中旬成熟上市，品质优良，丰产性高。白糖罂荔枝母树原生长于茂名市高州根子镇的柏桥贡园内，距今已有1300多年历史，是古代岭南巾帼英雄冼太夫人收复地内的1株自然生长的荔枝树。现存于贡园的白糖罂荔枝老树为第二代树，距今也有500多年的历史[19]。

白糖罂荔枝 茂名市农业农村事务中心 供图

5. 黑叶

黑叶又名乌叶，其叶浓绿近墨，故称黑叶，是广东广泛种植的古老品种。该品种果中等大小，皮厚呈暗红色，肉脆味甜，果核大，品质中等。主要种植分布在广东各县市和广西等地。该品种主要集中在 6 月中上旬上市，适应地域较广，广东各地均有种植，产量较高且稳定，可鲜食，也可以干制和制罐头，是较适合加工的荔枝品种。

黑叶荔枝 雷百战 摄

（二）名特优新品种

1. 挂绿

挂绿是荔枝中的珍稀品种。该品种在 6 月中旬至 7 月中旬成熟且上市，果实较耐贮藏，挂绿娇贵，品质极优不易繁殖推广，规模难以扩大，因此数量稀少，价格昂贵，是荔枝品种中的高端品种。增城西园挂绿荔枝，据说是由明朝工部尚书湛若水从闽南枫亭怀核归乡种植而成，距今已有400多年的历史。由于每颗荔枝都有一道绿色线痕环绕其间，故名"挂绿"。文学家赞誉："四分微绿六分红""含丹吐翠"。明末清初诗人屈大均赞曰挂绿："爽脆如梨，浆液不见，去壳怀之，三日不变。"陈鼎《荔枝谱》（1780年）曾记述："广州荔枝，以挂绿为第一品。"清代文学家朱彝尊评价："闽粤荔枝，向无定论。以予论之，增城挂绿，斯其最矣！"2002年在挂绿广场举行的挂绿珍果拍卖会上，一颗"西园挂绿"荔枝拍出了55万元的高价，成为全球最昂贵的水果，打破吉尼斯世界纪录，被称为荔枝界的"爱马仕"，市面上购买到的挂绿荔枝，均为西园挂绿所嫁接结的果实[20]。

增城挂绿　　　增城区农业技术推广中心　供图

2. 仙进奉

仙进奉在7月上中旬成熟，为迟熟荔枝品种，比糯米糍迟熟7~10天，适宜在中晚熟荔枝适宜区种植。其果较大呈长心形或心形，果肉厚，有蜜香味，味清甜，裂果少、品质优，果实丰产性能好，易储存保鲜，挂果保鲜时长可达25天。该种是增城糯米糍的改良品种，在2010年获得品种认定，正式推广种植。2013年增城仙进奉种苗栽种从海南开始，至今已扎根广西、云南、福建、四川、重庆，在全国形成六省一市增城仙进奉荔枝种植格局，累计推广种植25万亩以上，其中广东种植面积最大，约 12 万亩，广州增城约 5 万亩[21]。仙进奉荔枝经济效益良好，为荔枝的高端品种，价格普遍高于桂味、糯米糍等品种，市场售价为 60~80 元/公斤，不仅畅销珠三角地区，还远销北京、上海等地，经济效益显著。"仙进奉"荔枝知名度也越来越高，已初步形成品牌效应，近年来发展迅速，已成为"小特产"升级为"大产业"的典型，在农业农村部公布的"2023 年农业主导品种"中，仙进奉是唯一入选的荔枝品种[22]。

仙进奉荔枝

陈雨文　摄

3. 观音绿

观音绿盛产于东莞市，原产于东江支流石马河畔、观音山下的樟木头镇金河社区。传说该品种经一位得道僧人（石涛大师，明末清初四大佛僧之一）指点，果农在观音山下用仙泉（观音赐泉）浇灌栽培而成，因此得名"观音绿"。在 7 月上旬开始成熟并上市，为迟熟荔枝品种，比糯米糍迟 7~10 天，适宜在中晚熟荔枝适宜区种植。该品种果实大小均匀，近圆形或近心形；果皮暗红带青绿，龟裂片微隆，片峰平滑；果肉蜡白色，肉质爽脆，果汁多，味清甜带香味，果核小。观音绿在 2012 年获得品种认定，为东莞市樟木头镇特有品种，种植规模较小，种植面积约 8000 亩，年产量约 20 万公斤，价格高，市场售价为 160~200 元/公斤，销售额超 1000 万元，经济效益良好[23]。但其坐果率低，产量不高，采摘期短，仅 3 天，否则会过红过熟，储存困难，对保鲜技术要求高。

观音绿荔枝　　　　　　东莞壹浩农业有限公司　供图

4. 凤山红灯笼

凤山红灯笼在6月下旬开始成熟上市，为迟熟品种，适宜在中晚熟荔枝适宜区种植。其果实正心形，皮色鲜红，焦核率高，裂果率低，果肉爽脆细嫩、味清甜，品质优良，丰产、稳产性能好，与怀枝接近，远优于糯米糍。凤山红灯笼在2011年获得品种认定，是汕尾市自主选育出来的荔枝品种，目前累计推广种植面积约1万亩，已成为广东汕尾地区的主导品种，汕尾市种植面积最大，超过5000亩，市场价格高，售价约为60~80元/公斤[24]。

凤山红灯笼荔枝　　　　　　　　崔哲浩　供图

5. 井岗红糯

井岗红糯果实外观好，果皮鲜红，果肉厚，爽脆，味清甜，裂果少，商品性好，焦核率高，较抗荔枝霜霉病，品质优良，在 6 月底至 7 月底成熟上市，为迟熟品种，比怀枝迟 7~10 天。该品种是广州从化区太平镇井岗村选育出来的优良株系，由糯米糍和怀枝杂交而来，适宜在广东省中部荔枝产区种植。广州井岗红糯种植面积约 3 万亩，平均亩产 1000 公斤，产量与怀枝相当，具有丰产稳产、易保鲜贮藏等优点，特别适合外销，种植效益较高，市价售价为 28~32 元/公斤。

井岗红糯荔枝   陈雨文　摄

6. 岭丰糯

岭丰糯在 6 月底至 7 月上中旬成熟，为中迟熟品种，比糯米糍迟熟 7~10 天。果形呈扁心形，较大，果皮鲜红色，成熟时外形酷似糯米糍，肉质软滑，甜度高且有微香，焦核率极高，保持 95%以上，品质优。该品种是东莞选育出的新品种，是东莞市地方特色品种，在 2010 年获得品种认定，主要分布在东莞大岭山镇，栽培数量约 400 棵，其产量较高且稳产容易管理，保鲜能力强，大小年结果不太明显，抗裂果、迟熟，具有很大的发展潜力[25]。

岭丰糯荔枝、岭丰糯母树　　　　　　　　陈雨文　摄

7. 冰荔

冰荔在 6 月下旬至 7 月上旬成熟上市，为迟熟品种，果形呈短心脏形，果肩比较平，果皮鲜红色果肉晶莹剔透、冰清玉洁，肉质细滑、无渣、清甜带蜜味，风味浓郁，果实品质媲美"糯米糍"，焦核率极高，不易裂果，成花比"糯米糍"容易且稳定，生产稳产性好。该品种是东莞市厚街镇培育的新品种，2018年获得品种认定，目前种植面积较小，已逐步在各大荔枝主产区推广种植，产量较低，价格昂贵，市场售价约为 700 元/公斤[26]。

冰荔荔枝　　　　　　　　陈雨文　摄

四、荔枝古树（群）

荔枝古树是指树木生命力强、树龄在 100 年以上的荔枝树，"荔枝古树群"

是指大面积成片生长的荔枝古树。荔枝古树不仅是岭南传统经济果树，而且是成百上千年历史演变和文化的象征，具有浓郁的乡土气息和地域特色，是前人和自然留下的珍贵历史文化遗产，也是当地重要的植物资源、乡土园林景观资源、艺术美学资源和旅游资源，是自然景观的延伸，是人与大自然的连接纽带，与当地居民的生产和生活息息相关，极具科学、文化、经济和生态价值。

荔枝古树是悠久历史文化的象征，是有生命的"活化石"、会呼吸的"编年史"、好品种的"基因库"、会说话的"博物馆"。多数荔枝古树为乡土树种，对病虫害有很强的抵抗力，对当地气候和土壤等条件有极高的适应性，可以从荔枝古树来选育更好、更符合人类口味需求的优良新品种。荔枝古树也是不可再生的自然景观和重要的古迹风景资源。荔枝古树树型古拙苍劲，姿态盘曲横逸，枝干斑驳突兀、粗糙强壮，色彩引人瞩目，具有重要的观赏价值。人们自古就有敬重古树、崇拜古树为"树神"的思想。荔枝古树相关的史料、传说、轶闻及神话故事等都具有鲜明的历史特征，反映了当地民族风俗和风土人情以及人类行为的变迁。

"广东省古树名木信息管理系统"显示，全省荔枝古树有 15427 株，占全省古树名木总数的 18.02%。2022 年，留存有优势树种荔枝的茂名根子古树群、东莞清溪古树群、珠海唐家湾古树群 3 个古树群入选"广东十大最美古树群"名单[27]。《广东省荔枝产业保护条例（2019 修正）》提出，荔枝产区县级以上人民政府林业、农业行政主管部门应当加强对古荔枝植株的保护管理，组织资源调查，建立档案，对有代表性的古荔枝树植株实行挂牌保护。

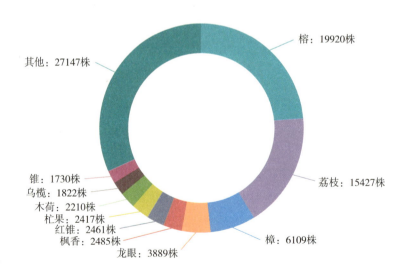

榕：19920株
其他：27147株
锥：1730株
乌榄：1822株
木荷：2210株
杜果：2417株
红锥：2461株
枫香：2485株
龙眼：3889株
荔枝：15427株
樟：6109株

广东省古树名木信息管理系统树种统计分析

（一）茂名市荔枝古树群

1. 古树群概况

茂名荔枝种植历史 2300 多年。茂名古荔枝贡园种植系统最具特色的是古荔枝树及群落，是古荔枝树数量最多、最集中的地方[19]。2022 年，茂名初步普查出百年以上的古荔树约 19400 株，全市 500 年树龄以上的荔枝树约 1000 株，1000 年以上约 350 株[28]。目前保存最为完整的古荔枝树群落主要分布在高州根子柏桥贡园、高州泗水滩底贡园、茂南羊角禄段贡园、电白霞洞上河贡园四大古荔枝贡园[29]。茂名古荔枝贡园留存了我国最古老的荔枝品种，黑叶和白糖罂最具代表性。根子古树群被列入"广东十大最美古树群"[27]。除四大古荔枝贡园外，还有不少百年以上的古荔枝林散落在茂名各地。信宜市镇隆镇鉴江红糯古荔枝群位于镇隆镇北畔村，由 34 株荔枝树组成，占地面积 4.5 亩，平均树龄 130 年[30]。大井镇大坡山村委会长老山共有古荔枝树 72 株，占地面积 9 亩。

茂南羊角禄段贡园千手观音荔枝树

雷百战　摄

2. 茂名市相关保护措施

茂名对全市古荔枝树实行统一认定、登记、建档、公布和挂牌，"一树一档"建立健全古树名木图文档案和电子信息数据库，明确专人养护；出台制定《茂名市古树名木保护管理办法》《茂名市荔枝农业文化遗产保护与管理办法》等，积极推进《茂名市古荔枝树保护条例》立法，促进古荔枝树保护法治化建设；制定"一树一策"古树复壮方案，结合林长制建立"一古树一守护人"的网格化管理模式，成立古树保护专家组实行定期体检，推行古树名木保险项目等，培优护壮荔枝古树；制定《茂名市荔枝古树养护复壮技术规范》《茂名市荔枝古树日常养护技术规程》；出版《茂名市古树名木》图册，广泛收集有关民间传

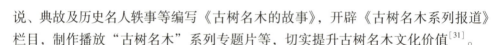

说、典故及历史名人轶事等编写《古树名木的故事》，开辟《古树名木系列报道》栏目，制作播放"古树名木"系列专题片等，切实提升古树名木文化价值[31]。

（二）广州市荔枝古树群

广州市荔枝古树众多，据不完全调查，300 年以上古树近千株，增城区 100 年生以上老树达 1 万株以上，增城区正果镇兰溪村现存树龄 500 年以上古树近 10 株，其中有 2 株超过千年；黄埔区永和街和萝岗街集中成片的荔枝树树龄在 300 年甚至 800 年以上。

1. 增城区

据 2016 年农业部门初步摸查，全区树龄 100 年以上的荔枝树超过 1.5 万株，300 年以上的近 1400 株，500 年以上的超过 200 株。增城区荔城街道莲塘村古树群面积为 200 亩，荔枝群有 145 株，平均树龄 106 年。最老的荔枝树是增城挂绿荔枝，位于荔城街道挂绿广场的西园挂绿荔枝已有 420 多年，属于二级古树，是增城挂绿荔枝的唯一一株母树，2002 年，其 1 颗荔枝拍卖出 55.5 万元的天价，现市面上的挂绿荔枝均为该荔枝母树嫁接培育的后代；北园挂绿荔枝有 270 多年，属于三级古树。

广州市增城区正果镇兰溪村古荔枝树　　　　　雷百战　摄

2. 从化区

荔枝古树群主要位于太平镇木棉村,共 200 多株,6 个品种。"荔枝皇"品种为怀枝,种植于明朝,树龄超 479 岁,树干基径为 5.15 米,高 12.5 米,冠幅直径 33.6 米,占地面积为 886.66 平方米。2004 年获得"大世界基尼斯之最"称号,被认定为世界上最大的荔枝树。其中距离荔枝皇十几米处,常年与荔枝皇相伴的是一株 300 多岁的古树,被称为"荔枝皇后"。在荔枝皇四周还有众多 200 年左右树龄的荔枝树,其中有 8 株被幸运选为荔枝皇妃树[32]。

广州市从化区太平镇木棉村荔枝古树(群)   陈雨文 摄

3. 黄埔区

黄埔区荔枝种植历史超过千年,百年以上古荔枝树连片面积近 1 万亩[33]。永和街道贤江社区有黄旗山下及后底山两大荔枝群,百年古荔枝群连片面积达 3000 亩以上,成年荔枝超过 2 万余株,树龄为 300~500 年的古荔枝树就有近千株,其已挂牌树龄百年以上的古树有 1140 株,贤江古荔枝林是全省乃至全国都罕见的、保存完好的大规模连片古荔枝林[34]。

广州市黄埔荔枝公园古荔枝树   陈雨文 摄

4. 番禺区

新造镇思贤村有 81 株荔枝树，平均树龄 120 多年，均为怀枝品种，均已纳入番禺区古树名木保护名录[35]。

（三）东莞市荔枝古树群

2023 年 6 月 9 日，东莞市农业农村局发布了《关于首批东莞最美荔枝古树群和荔枝名树（群）评选结果的公示》。清溪镇大王山森林公园荔枝古树群、横沥镇半仙山村荔枝古树群、企石镇清湖村荔枝古树群、清溪镇松岗村荔枝古树群和樟木头镇裕丰社区荔枝古树群 5 个为首批东莞最美荔枝古树群；拟评选东坑镇井美村红荔公园荔枝和大岭山镇杨屋村大红糯荔枝 2 个为首批东莞荔枝名树（群）[36]。

1. 清溪镇大王山森林公园荔枝古树群

清溪镇大王山森林公园荔枝古树群位于"广东省林长绿美园"和"广东十大最美古树群"内，面积为 38 亩，共有 43 株登记在册荔枝古树，平均树龄 250 年，是清溪古荔树数量最多、分布最集中、历史最悠久的荔枝古树群。这些古老的荔枝树，虽然饱经百年风吹雨打，却仍根深叶茂，盘根错节，形态奇特苍郁，枝干遒劲，身上镂满岁月的沧桑，周围透出一种远古的神秘，给人一种原始质朴、粗犷厚重之感。此外，大王山森林公园荔枝古树群亦是清溪镇乡村振兴示范带的重要节点。

东莞市清溪镇大王山森林公园荔枝古树群

东莞市农业农村局　叶博文　供图

2. 横沥镇半仙山村荔枝古树群

横沥镇半仙山村荔枝古树群位于横沥镇半仙山村朱子文化公园，占地面积约12亩；荔枝古树群内有44株荔枝，其中登记在册荔枝古树4株，1株古树树龄为279年，品种为怀枝；荔枝古树群生长状况良好。为更好地保护荔枝古树群，结合乡村振兴推进工作，半仙山村于2019年对该荔枝园进行升级改造，与本土的朱氏文化结合，命名为朱子文化公园。改造后具有朱子文化特色的公园，景色宜人，水木清华，一方面成为村民休闲娱乐、欣赏荔枝古树的好场所；另一方面让当地朱氏后人时时刻刻铭记祖辈祖训的同时，让外来游客更加深入了解和感受朱氏文化。

东莞市横沥镇半仙山村荔枝古树群

东莞市农业农村局　叶博文　供图

3. 企石镇清湖村荔枝古树群

从企石镇围背底至旧屋村有11亩绵延成片的荔枝古树群。古树群有270年以上的登记在册荔枝古树有25株。古树树龄虽大，但依旧树叶婆娑，茂密旺盛，每逢阳春三月，树上开满了荔枝花，看不出衰老迹象。为推动企石镇"文旅名镇、生态美镇"的建设，企石镇将把清湖村荔枝古树群升级改造成富有地方特色的"古荔枝公园"，有效提升清湖荔枝文化美誉度。

4. 清溪镇松岗村荔枝古树群

清溪镇松岗村荔枝古树群占地10多亩，百年以上的登记在册荔枝古树有14株。古树群中荔枝古树虬枝屈节、根若龙盘、枝干交错，千姿百态，极具观赏价值和历史价值。荔枝古树群和这个传统村落一样，有着深厚的文化底蕴，村落遍布客家传统风格的老房子，百年荔枝、榕树、龙眼点缀其间，形成"青砖碉楼荔枝绕厅堂"的园林古村落景观。

东莞市清溪镇松岗村荔枝古树群

东莞市农业农村局　叶博文　供图

5. 樟木头镇裕丰社区荔枝古树群

樟木头镇裕丰社区荔枝古树群位于裕丰社区石壁村，占地约 165 亩，有 122 株树龄超百年的荔枝树，并保存着 12 株超 120 年的第一代犀角子（观音绿）古树，1 株 130 多年树龄的观音绿古树王，相传是光绪年间樟木头先民所种。裕丰社区着力打造观音绿品牌发展，将荔枝古树群打造建设为以"绿色、生态、旅游"为特色的"裕丰观音绿古树公园"，同时探索"农家乐"自由采摘点发展模式。裕丰社区被评为广东省"一村一品、一镇一业"观音绿荔枝专业村。

东莞市樟木头镇裕丰社区荔枝古树群

东莞市农业农村局　叶博文　供图

6. 樟木头镇观音山森林公园荔枝古树

公园有 3 株荔枝树龄近 1000 年，约栽种于北宋神宗年间。周围还有许多几十年、上百年的荔枝树。明代天顺年间《东莞县志》记载："荔枝色如渥丹，味甘如饴，其种不一，盖岭南之佳品也。"樟木头金河社区是"观音绿"的原产地，保留着一代母树。

东莞市樟木头镇金河社区观音绿母树　　　　　　　　袁凤霞　摄

7. 厚街镇新围大迳荔枝古树群

厚街镇新围大迳荔枝古树群位于新围社区九名山，现有荔枝树 400 多棵，超百年古树近 20 株，最古老的超过 200 年，品种包括糯米糍、怀枝、桂味等。

东莞市厚街镇新围大迳荔枝古树群　　　　　　　　雷百战　摄

8. 谢岗镇"荔枝王"古树群

"荔枝王"树高 6 米，树干周长 1.8 米，品种为怀枝，1992 年创下单株 1500 公斤的历史纪录，由此得名"荔枝王"[37]。

东莞市樟木头镇谢岗镇"荔枝王"古树群

东莞市农业农村局　叶博文　供图

9. 大朗镇水平村荔枝古树群

大朗镇水平村荔枝古树群位于大朗镇水平村。超过百年树龄的老树就超过 1900 株，最老的树龄超过 300 年，主要是糯米糍、桂味、怀枝等品种。

东莞市大朗镇水平村荔枝古树群

陈雨文　摄

10. 东坑镇井美村红荔公园名树（群）

东坑镇井美村荔枝名树（群）内怀枝树龄 90 年以上、糯米糍树龄 30 年以上，其中 1 株树龄达 120 年的荔枝盘虬卧龙。井美村精心创建以 20 世纪 70 年代"献荔枝给毛主席"的真实故事为主题的口袋公园——红荔公园，是东坑镇首个结合"红色基因"与"荔香文化"的本土特色荔枝公园。

东莞市东坑镇井美村红荔公园名树（群）　　　　陈雨文　摄

11. 大岭山镇杨屋村大红糯名树（群）

杨屋村拥有大岭山镇最为密集的荔枝古树群，100 年以上的荔枝树有 500 株，300 年以上的有 100 株，以糯米糍、怀枝为主，还有少量的桂味和黑叶。

东莞市大岭山镇杨屋村大红糯名树（树龄 145 年）　　　　陈雨文　摄

（四）惠州市荔枝古树群

惠州市荔枝古树在各县（市、区）均有分布，有约 2.51 万株百年荔枝古树。博罗县已挂牌的荔枝古树生态保护园共有 3 个，分别是公庄吉水围村的 71 株，树龄约 200 年；泰美镇雷公村的近 20 亩、35 株荔枝古树，树龄约 200 年（经调查，已经移栽其他地方）；横河镇卢屋村共有 119 株古荔枝树，树龄为 80 ~ 120 年。惠阳区镇隆镇井龙村黄竹沥村小组拥有 48 株百年古荔枝树，其中 600 年树龄的荔枝树有 13 株（属国家一级古树），300 年树龄的荔枝树 35 株（属国家三级古树）。惠东有古荔枝树群 5000 多亩，多祝镇上围村等地有近万株荔枝古树群；惠东县九龙峰旅游管委会上新塘村，有 20 株超百年老荔枝树，其中 1 株有 600 多年的历史。惠东县通过举办百年荔枝古树群采摘活动，挖掘和提升古荔枝树群的经济效益，进而提高果农的保护意识。

惠州市惠阳区镇隆镇黄竹沥村小组古荔枝公园古树　　　　雷百战　摄

（五）江门市荔枝古树

2019 年，广东省林业厅公布《广东十大最美古树和十大魅力古树乡村名单》，其中，江门恩平市沙湖镇龙门村和江门开平市马冈镇北湖村被评为"广东十大魅力古树乡村"。江门恩沙湖镇龙门村古树种植面积约为 300 亩，共有 25 株百年以上挂绿荔枝树，均为国家三级古树。江门开平市马冈镇北湖村古树总面积 8 亩，主要以桂木、龙眼、荔枝、榕树为主，一共 18 株古树，三级古树，平均树龄 160 年。

（六）珠海市荔枝古树群

珠海荔枝古树群位于斗门区白蕉镇月坑村八卦山，荔枝古树群面积约 150

亩，树龄超百年的荔枝古树超过 200 多株，主要有怀枝、红灯笼、水晶球、仙进奉等品种，其中树龄最高的 1 株怀枝超过 300 年，被称为"怀枝王"。

（七）佛山市荔枝古树群

佛山市荔枝古树群位于佛山市三水区大塘镇潦边村，荔枝古树群有 22 株荔枝树，保护较为完好，据传是由南洋带回的荔枝种子播种而成，树龄超 200 年。每株树高 6~8 米，胸径 40~50 厘米。

（八）阳江市荔枝古树群

阳江市入册荔枝古树有 367 株。在江城区双捷镇乐安村有 1 株 800 多年的荔枝古树，为一级古树，胸围 450 厘米，树高 7 米。阳东区塘坪镇北甘村现存 1000 多亩荔枝古树，16 株 600 年以上的荔枝古树，1000 多株 400 年以上的荔枝树。1 株"双肩玉荷包"荔枝老树树龄已达 740 年，该树树围 4.5 米，树高 15 米，树冠占地 336 平方米，产量在 1350 公斤左右。阳东区正在打造一个集保护古树、传承古树文化、休闲娱乐为一体的古树公园。

塘坪镇北甘村双肩玉荷包始祖母树（树龄 740 年）　　　　　雷百战　摄

（九）云浮市荔枝古树

云浮市荔枝古树分布在云城区、罗定市、郁南县和新兴县。其中，云城区高峰街道东方村红卫村，有 1 株树龄约 200 年的荔枝古树，树高 12 米，胸径 85 厘米。郁南县宝珠镇庞寨村有 200~300 年的荔枝古树。郁南县桂圩镇平全村委古增村，有 1 株 400 多年的香荔古树，树高 10 米。

宝珠镇庞寨村荔枝古树群   雷百战　摄

桂圩镇古增村香荔古树   郭治邦　供图

　　罗定市种植荔枝历史悠久，1400 年前唐高祖武德年间，"丽芝求药，孝子救母"的故事流传至今。生江镇生江村有数十年到百年不等的荔枝古树，其中还有 1 株树龄达 350 年的古荔枝树，村里仍保留有生江花坪荔枝古道。泗纶镇青桐村有 1 株超 800 年的荔枝树，树高约 14 米，树干周长 6.4 米，属国家一级保护古树。在"公荔枝树"旁，并排着另一株"母荔枝树"，相邻还有一棵稍小的荔枝树和一棵橄榄树。青桐村还流传着一个千年感人的传说。

　　新兴香荔是新兴县特有品种，文化底蕴深厚，品质优异。香荔因为唐代诗人李商隐《深树见一颗樱桃尚在》的"越鸟夸香荔，齐名亦未甘"而得名。六祖镇国恩寺"佛荔园"有一株荔枝树树龄近 1300 年，是公元 712 年中国禅宗六祖慧能大师亲手栽植，被誉为"佛荔""圣树"等。清朝文人陈在谦就有《六祖手植荔枝树》赞道："龙山侧生枝，乃傍卢公墓；吾师手所植，树老虫不蠹；一千二百岁，旷劫等闲度……"[12]。佛荔树是广东省目前保存最完整、最大的人工种植古树，于 2003 年被广东省绿化委员会评定为"最长寿的树"，是广东省十大古树之首。

新兴县六祖镇国恩寺六祖手植"佛荔"树　　　　　雷百战　摄

（十）湛江市荔枝古树群

湛江市荔枝古树群在国家 3A 级旅游景区廉江谢鞋山，覆盖着中国内陆唯一保存完好的最大连片古野生荔枝林群落，500 亩野生荔枝林保存着 10 多个野生荔枝品种、10000 多株古荔枝树，还建设有玻璃观光栈道、丛林滑道、古荔长廊、明朝古村落、杨钦故居、仙女池、皇帝贡园、贵妃荔园、翰林书院遗址、杨钦塑像、高升石椅、文秀塔等。谢鞋山自然资源得天独厚，人文资源深厚传奇，是荔枝发源地，也是进士的故乡，蕴含着厚重的荔枝文化、耕读文化和感恩文化，是生态旅游、文化旅游和研学科普的好去处。著名科普作家贾祖璋在《南州六月荔枝丹》一文中记述："荔枝原产于我国，是我国的特产。海南岛和廉江有野生的荔枝林，是我国作为原产地的证明。据记载，南越王尉佗曾向汉高祖进贡荔枝，足见荔枝栽培历史已有 2000 多年。"唐朝杨贵妃也偏爱谢鞋山荔枝独特的风味，谢鞋村里还有当年官府将荔枝送到吏部再转送杨贵妃残存的"送部衙"。清朝《石城县志》载:"荔枝产于大山者名生枝,谢鞋山最多。"故史上有"谢鞋山荔枝熟天下贱"的说法。现今还流传有《杨钦与谢鞋山荔枝林》《杨贵妃与"送部衙"荔枝》等传说。

谢鞋山荔枝发源地及荔枝古树   雷百战 摄

五、荔枝知名品牌

荔枝品牌建设对增强其品牌效益以及提高价格具有重要的意义。广东省不断加强荔枝品牌建设,目前已拥有国家地理标志产品 11 个、国家地理标志证明商标 15 个、国家农产品地理标志 3 个、全国名特优新农产品 23 个、广东省名特优新农产品 20 个、广东名牌产品(荔枝)28 个、广东省十大名牌系列荔枝农产品 3 个。

(一)国家地理标志产品

地理标志具有区域公共性,挖掘并发展区域地理标志,可以为其所在地区培育特色产品,从而形成一个产业集群。广东作为荔枝第一生产省,共有 11 个荔枝产品被评为国家地理标志产品。

1. 增城荔枝

增城种植荔枝历史悠久,经验丰富,品种多样,分布范围广,主要分布在增江、新塘、永和、仙村、石滩、三江、中新、福和、正果及朱村等地,种植面积约为 19.2 万亩,主要以种植传统荔枝品种糯米糍、桂味、怀枝等为主,其次是三月红、黑叶等,此外还有观音绿、挂绿、仙进奉等特色荔枝。2012 年 8 月 23 日,国家质检总局批准对"增城荔枝(桂味、糯米糍、仙进奉、水晶球)"实施地理标志产品保护(国家质检总局公告 2012 年第 125 号)。2020 年 7 月 27 日,"增城荔枝"是广东省唯一入围国家知识产权局中欧地理标志协定谈判第二批地理标志产品清单的产品。质量技术要求:《地理标志产品　增城荔枝》

（DB44/T 1413—2014）。

2. 增城挂绿

增城挂绿是增城特色农产品，荔枝最佳品种之一。增城挂绿荔枝果肉爽脆清甜，核大略扁，品质极优，果实较耐储存。目前挂绿荔枝母树仅剩 1 株，位置在增城西园。2012 年 8 月 23 日，国家质检总局批准对"增城挂绿"实施地理标志产品保护（国家质检总局公告 2012 年第 125 号）。质量技术要求：《地理标志产品 增城挂绿》（DB44/T 1414—2014）。

3. 钱岗糯米糍

钱岗糯米糍是从化区特色荔枝，出产于从化区太平镇钱岗村。其果较大，果形呈扁心形，果肉厚而多汁，焦核率高，果核小，品质好，是荔枝中的精品。其地理标志产品保护范围为广东省从化区太平镇钱岗村、文阁村、颜村、影田村、红石村 5 个村现辖行政区域。2009 年 6 月 23 日，国家质检总局批准对"钱岗糯米糍"实施地理标志产品保护（国家质检总局 2009 年第 66 号）。质量技术要求：《地理标志产品 钱岗糯米糍》（DB44/T 684—2009）。

4. 萝岗糯米糍

萝岗糯米糍是黄埔区特色荔枝，其果大，皮薄肉厚，肉质嫩滑，香甜多汁，焦核率较高，品质极佳，被誉为岭南第一品。2011 年 11 月 30 日，国家质检总局批准对"萝岗糯米糍"实施地理标志产品保护（国家质检总局公告 2011 年第 175 号）。质量技术要求：《地理标志产品 萝岗糯米糍》（DB44/T 1058—2012）。

5. 从化荔枝蜜

从化荔枝蜜是从化区特色产品，被誉为"蜂蜜之王"。1961 年，《人民日报》发表了杨朔先生的《荔枝蜜》，让从化荔枝扬名天下。从化区是著名的荔枝之乡，其荔枝种类多，品质好，从化荔枝蜜的蜜源必须为保护区范围内的荔枝花，采蜜蜂种为中华蜜蜂，产出的蜂蜜相比其他地区荔枝蜜香味更浓郁、甜度更高。2011 年 3 月 16 日，国家质检总局批准对"从化荔枝蜜"实施地理标志产品保护（国家质检总局公告 2011 年第 33 号）。质量技术要求：《地理标志产品 从化荔枝蜜》（DB44/T 885—2011）。

6. 南山荔枝

深圳市南山区种植荔枝历史悠久，生产的荔枝果大肉厚，肉质嫩滑，多汁，味浓甜，核小。南山荔枝以其品质优良、风味独特而饮誉海外，成为南山区农业支柱产业和农产品知名品牌，名列"南山农产品三宝"之首，种植面积约为 2.6 万亩，种植品种主要包括糯米糍、桂味、妃子笑等。荔枝生产经营规模化、

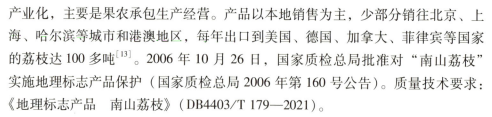

产业化，主要是果农承包生产经营。产品以本地销售为主，少部分销往北京、上海、哈尔滨等城市和港澳地区，每年出口到美国、德国、加拿大、菲律宾等国家的荔枝达 100 多吨[13]。2006 年 10 月 26 日，国家质检总局批准对"南山荔枝"实施地理标志产品保护（国家质检总局 2006 年第 160 号公告）。质量技术要求：《地理标志产品　南山荔枝》（DB4403/T 179—2021）。

7. 罗浮山荔枝

罗浮山荔枝是博罗县特产。博罗县生产的荔枝果皮鲜红或带墨绿色斑块，色泽鲜红，颗粒均匀，核小肉厚，爽脆清甜，主要以桂味、糯米糍、妃子笑和怀枝等品种为主，种植面积约为 10 万亩。2018 年 3 月，罗浮山荔枝成功获批国家地理标志保护产品称号（国家质检总局公告 2018 年第 31 号），产地范围为广东省博罗县现辖行政区域。质量技术要求：《地理标志产品　罗浮山荔枝》（DB4413/T 8—2019）。

8. 惠来荔枝

惠来荔枝主种植区地处惠来县县境西部的葵潭、隆江，中部的惠城、华湖等镇。2007 年 12 月 27 日，国家质检总局批准对"惠来荔枝"实施地理标志产品保护国家质检总局公告 2007 年第 213 号。质量技术要求：《地理标志产品　惠来荔枝》（DB4452/T 5—2021）。

9. 茂名白糖罂荔枝

茂名白糖罂荔枝是茂名地区的早熟特优品种，5 月下旬至 6 月下旬成熟并上市，果实色泽鲜红，果呈歪心形，皮薄核小，肉厚爽脆，清甜带蜜香，品质高端，被称为"蜂糖罂"，种植面积约为 30 万亩。2004 年 8 月，茂名白糖罂荔枝成功获批国家地理标志保护产品称号（国家质检总局 2004 年第 107 号）。质量技术要求：《白糖罂荔枝种植技术规程（茂名市）》（DB4409/T 15—2020）、《茂名荔枝白糖罂电商销售标准》（DB4409/T 21—2021）。

10. 庞寨黑叶荔枝

庞寨黑叶荔枝是云浮市郁南县宝珠镇特产，6 月上旬至 7 月上旬成熟上市，原产地在庞寨村。庞寨黑叶荔枝其果大核小，皮薄肉厚，果壳鲜红，味清甜，种植面积约为 3.7 万亩，种植庞寨黑叶荔枝已成为当地农民的主要收入来源。庞寨黑叶荔枝产地范围为广东省郁南县宝珠镇现辖行政区域。2016 年 12 月 28 日，国家质检总局批准对"庞寨黑叶荔枝"实施地理标志产品保护（国家质监总局 2016 年第 128 号公告）。质量技术要求：《地理标志产品　庞寨黑叶荔枝》（DB4453/T 10—2021）。

11. 新兴香荔

新兴香荔在新兴已有 600 多年历史。传说明朝永乐四年（1406 年），新兴县城州背村人黎常（时为进士），他官任福建监察御史期间，从福建引进几株皮红肉厚、品质优良的"状元红"回家乡试种，经过精心培育改良，获得成功，百姓称为香荔，并于明末至清代，被县列为贡品，岁岁上解进贡朝廷[38]。六祖惠能于公元 712 年法手亲植香荔树，高达 18.2 米，围约 3.72 米，冠有 126 平方米，距今已有 1300 多年，被列为广东省十大古树之首。古荔因与六祖之圣缘，被佛教界誉为"佛荔"[39]。新兴香荔果体小，果顶钝圆，近果顶处缝合线明显，成熟果实果皮呈深红色、龟裂片密、突尖有刺手感，果皮薄易剥而不流汁，果肉厚、白腊色、肉质爽脆，果香浓郁，种子通常退化为焦核。全县"新兴香荔"种植面积达 1 万亩，年产量约为 2000 吨。2008 年 5 月 30 日，国家质检总局批准对"新兴香荔"实施地理标志产品保护（国家质检总局 2008 年第 64 号公告）。质量技术要求：《地理标志产品　新兴香荔》（DB4453/T 03—2021）。

（二）国家地理标志证明商标

广东省共有国家地理标志证明商标 15 个，包括增城荔枝、增城挂绿、增城桂味、增城糯米糍、从化荔枝、从化荔枝蜜、谢岗荔枝、南山荔枝、斗门荔枝、茂名荔枝（鲜果、干果）、高州荔枝、德庆鸳鸯桂味荔枝、阳东双肩玉荷包荔枝、雷岭荔枝、雷岭乌叶荔枝。2010 年，南山荔枝成功注册成为国家地理标志证明商标。2018 年，增城荔枝、增城挂绿荔枝、增城桂味荔枝、增城糯米糍荔枝分别成功注册成为国家地理标志证明商标。2019 年，从化荔枝、从化荔枝蜜分别成功注册成为国家地理标志证明商标[40]。

1. 从化荔枝

从化是优质中晚熟荔枝栽培区、中国特色农产品优势区、广东省特色农产品优势区，全区荔枝品种达 40 多个，中南部以钱岗糯米糍、水厅桂味、温泉怀枝、流溪桂味、井岗红糯等优质荔枝品种为主，西部以怀枝、黑叶、妃子笑等普通荔枝品种为主。从化荔枝品质优良，种植历史悠久，是广东省荔枝最晚熟的区域。从化钱岗糯米糍、从化荔枝蜜获得国家地理标志保护产品，荔枝相关专利 18 个，区名优农产品 12 个。

2. 谢岗荔枝

谢岗镇特色农产品。谢岗镇生态环境优良，地理位置优越，生产的荔枝果实饱满，外观色泽纯正，皮薄肉厚，香甜多汁，其果大核小，晶莹剔透，香脆蜜味而闻名，广受消费者喜爱。谢岗镇种植面积约 1.3 万亩，主要品种包括桂味、糯

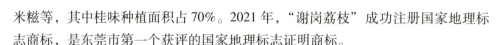

米糍等，其中桂味种植面积占 70%。2021 年，"谢岗荔枝"成功注册国家地理标志商标，是东莞市第一个获评的国家地理标志证明商标。

3. 斗门荔枝

2023 年全区荔枝种植面积约 2.1 万亩，产量超过 3500 吨，品种主要有妃子笑、怀枝、糯米糍、桂味、蜜糖埕、脆绿等，此外还有新贵优质品种御金球、仙进奉、观音绿等。2021 年，"斗门荔枝"已成功注册并成为珠海首个国家地理标志证明商标。2022 年，"斗门荔枝"作为广东省地理标志证明商标代表产品参加第 29 届中国杨凌农业高新科技成果博览会，上榜第二批全国名特优新农产品名录。为用好"斗门荔枝"地标名片，2023 年 1 月 1 日开始实施《地理标志证明商标 斗门荔枝》品牌标准。

4. 茂名荔枝

茂名是世界上最大的荔枝生产基地，全市种植面积达 140 万亩，全球每五颗荔枝，就有一颗产自茂名。2021 年 12 月，国家知识产权局对所申请的"茂名荔枝及图（LOGO）"地理标志证明商标给予注册批复。2022 年，"茂名荔枝"区域公用品牌商标、茂名荔枝（鲜果、干果）国家地理标志证明商标及《茂名荔枝区域公用品牌发展规划》正式对外发布。

5. 高州荔枝

高州荔枝是茂名市高州市的特产。高州是我国荔枝种植面积最大、种类最多的地区。其种植面积约 58 万亩，产量占广东省的 1/4，种植品种达 30 多个，以妃子笑、白糖罂、桂味三个优良品种为主，享有"中国荔乡"的美誉。2014 年，"高州荔枝"已成功注册国家地理标志证明商标，2021 年成为全省荔枝"最有价值区域公用品牌"中首个突破百亿元的品牌。

6. 德庆鸳鸯桂味荔枝

德庆鸳鸯桂味荔枝原产于官圩镇谢村，当果实成熟时，果皮颗粒中有条明显的分界线，颜色红中带绿，肉质晶莹透亮，味道清甜可口，焦核率高，带有桂花香味，且大部分的果实上都附有一个小果实，形成一大一小的鸳鸯果，因而美其名为鸳鸯桂味荔枝。2020 年 11 月，"德庆鸳鸯桂味荔枝"获得中国地理标志证明商标。

7. 雷岭荔枝

雷岭镇是广东晚熟荔枝之乡，荔枝种植面积约 4.4 万亩，经国家、省认证的无公害荔枝生产基地 2.38 万亩，标准化示范区 1000 亩，出口生产基地 2000 亩，平均年产量达 1 万吨，主要有乌叶、桂味、糯米糍、妃子笑、赤叶、水丹乌叶等

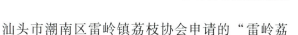

晚熟品种。2023 年 2 月 28 日，汕头市潮南区雷岭镇荔枝协会申请的"雷岭荔枝"获得中国地理标志证明商标注册。

8. 雷岭乌叶荔枝

乌叶是雷岭镇荔枝产业的重要品种，截至 2010 年，雷岭以乌叶荔枝为主，种植面积仍占全镇荔枝一半以上。近年来，雷岭大力推动荔枝品种结构优化，减少乌叶荔枝占比，将乌叶、桂味、糯米糍的比例趋向 1∶1∶1。2023 年 3 月 14 日，汕头市潮南区雷岭镇荔枝协会申请的"雷岭乌叶荔枝"获得中国地理标志证明商标注册。

（三）国家农产品地理标志

1. 东莞荔枝

东莞气候、土壤适宜荔枝生长，种植技艺精湛，生产的荔枝品质优良，获各界赞誉和各种荣誉，目前网络销售和休闲采摘已逐渐成为莞荔最主要的销售模式，形成"线上+线下"销售的"东莞经验"。2023 年，东莞荔枝种植面积约 15.58 万亩，糯米糍和桂味共计约 10 万亩，观音绿、冰荔等特色品种约 1 万亩；种类繁多，东莞植物园收集了荔枝种质资源 322 份，被圈内誉为"荔枝王国"，以糯米糍、妃子笑、桂味等优质品种为主，东莞被评为"中国荔枝之乡"[41]。在广东省主推的十大荔枝品种中，有四个选育自东莞，全市优质品种占比超 80%，处于全省乃至全国前列[42]。2017 年 4 月 20 日，中华人民共和国农业部正式批准对"东莞荔枝"实施农产品地理标志登记保护（国家农业部 2017 年第 2520 号公告）。东莞荔枝种植系统于 2020 年成功入选第五批中国重要农业文化遗产；东莞荔枝蜜酿造技艺和烘焙荔枝干技术也分别入选省、市级非遗项目。

2. 黄田荔枝

黄田荔枝一直是深圳市宝安区的荔枝魁首，具有色如丹霞、肉厚核小、剥壳不流汁、肉白如凝脂、味道甜而不腻、鲜而清爽等特点。荔枝种植面积超 2000亩，有近 5 万棵荔枝树，主要以桂味和糯米粒为主，年产量 500 吨。2018 年 9 月29 日，中华人民共和国农业农村部正式批准对"黄田荔枝"实施国家农产品地理标志登记保护（中华人民共和国农产品地理标志登记公示〔2018〕第 2号）[43]。2022 年，黄田荔枝被纳入国家地理标志农产品保护工程，广东荔枝黄田示范基地入选 2022 年"粤字号"农业品牌示范基地。

3. 镇隆荔枝

镇隆镇栽培荔枝悠久，种植荔枝有 300 多年历史，被称为"荔枝之乡"。其生产的荔枝色如丹霞，味道鲜美，口感佳，主要以生产桂味、糯米糍优质品种等为主。2023年种植面积约4.3万亩，年均产量在1万吨左右，产品以本地销售为主，部分出口新加坡、马来西亚、印度尼西亚、阿联酋和加拿大等国。2022年，镇隆成功申报了省荔枝RCEP国际合作先行实验区。2016年11月2日，原中华人民共和国农业部批准对"镇隆荔枝"实施国家农产品地理标志登记保护（中华人民共和国农业部公告第2468号）[44]。

（四）名优农产品品牌

1. 全国名特优新农产品名录

截至2023年12月，广东省共有23个荔枝产品被评为全国名特优新农产品。其中，广州市3个、东莞市1个、珠海市1个、茂名市3个、惠州市2个、阳江市5个、揭阳市1个、湛江市4个、汕尾市1个、肇庆市1个、汕头市1个。具体名单如表1所示。

表1 全国名特优新农产品名录（荔枝）

序号	县域	证书编号	产品名称	生产规模
1	增城区	CAQS-MTYX-20190191	增城荔枝	11533.33公顷
2	从化区	CAQS-MTYX-20190192	从化荔枝	20000公顷
3	从化区	CAQS-MTYX-20200354	从化荔枝蜜	5.3万群
4	大岭山镇	CAQS-MTYX-20210465	东莞荔枝	9478.07公顷
5	斗门区	CAQS-MTYX-20220475	斗门荔枝	1407公顷
6	惠阳区	CAQS-MTYX-20200382	镇隆荔枝	2866.67公顷
7	博罗县	CAQS-MTYX-20190107	博罗山前荔枝	233.33公顷
8	阳东区	CAQS-MTYX-20210454	阳东双肩玉荷包荔枝	6200公顷
9	阳西县	CAQS-MTYX-20200394	阳西妃子笑荔枝	4000公顷
10	阳西县	CAQS-MTYX-20200395	阳西双肩玉荷苞荔枝	4000公顷
11	阳西县	CAQS-MTYX-20210452	阳西白糖罂荔枝	800公顷
12	阳东区	CAQS-MTYX-20200396	阳东糯米糍荔枝	1000公顷
13	高州市	CAQS-MTYX-20190200	高州桂味荔枝	38670公顷
14	高州市	CAQS-MTYX-20210434	高州白糖罂荔枝	5333公顷
15	高州市	CAQS-MTYX-20200075	高州荔枝干	37200公顷
16	廉江市	CAQS-MTYX-20200686	廉江妃子笑荔枝	17414公顷
17	徐闻县	CAQS-MTYX-20200368	徐闻荔枝	2015公顷
18	雷州市	CAQS-MTYX-20200371	邦塘荔枝	2067公顷
19	遂溪县	CAQS-MTYX-20220483	遂溪湛川荔枝	733公顷
20	海丰县	CAQS-MTYX-20200389	海丰荔枝	4666.7公顷

续表

序号	县域	证书编号	产品名称	生产规模
21	惠来县	CAQS-MTYX-20200400	惠来荔枝	1400 公顷
22	德庆县	CAQS-MTYX-20190104	德庆鸳鸯桂味荔枝	533.33 公顷
23	潮南区	CAQS-MTYX-20230580	雷岭荔枝	1000 公顷

资料来源：根据历年《全国名特优新农产品名录》整理。

2. 广东省名特优新农产品

广东省共有 20 个荔枝产品被认定为广东省名特优新农产品。其中，广州市 5 个、茂名市 4 个、汕尾、云浮、揭阳等市各 2 个；东莞、深圳、惠州、阳江、肇庆等市各 1 个。具体名单如表 2 所示。

表 2　广东省名特优新农产品名录（荔枝）

序号	所属地区	品牌名称	申报单位
1	广州市	增城挂绿荔枝	增城区农业农村局
2	广州市	增城荔枝	增城区农业农村局
3	广州市	从化荔枝	从化区农业农村局
4	广州市	从化钱岗糯米糍荔枝	从化区农业农村局
5	广州市	从化荔枝蜜	从化区农业农村局
6	东莞市	东莞荔枝	东莞市荔枝协会
7	深圳市	南山荔枝	深圳市市场监督管理局南山监管局
8	惠州市	镇隆荔枝	惠阳区农业农村和水利局
9	阳江市	阳东双肩玉荷包荔枝	阳东区农业农村和水务局
10	茂名市	高州荔枝	高州市农业农村局
11	茂名市	茂名白糖罂荔枝	茂名市水果局
12	茂名市	电白荔枝	电白区农业农村局
13	茂名市	沙田鸡嘴荔枝	高州市农业农村局
14	云浮市	庞寨黑叶荔枝	郁南县农业农村局
15	云浮市	新兴香荔	新兴县农业农村局
16	肇庆市	德庆鸳鸯桂味荔枝	德庆县农业农村局
17	汕尾市	赤坑荔枝	海丰县赤坑镇人民政府
18	汕尾市	凤山红灯笼荔枝	汕尾市城区农业农村和水利局
19	揭阳市	惠来荔枝	惠来县农业农村局
20	揭阳市	惠来乌叶荔枝	惠来县农业农村局

资料来源：根据历届《广东省名特优新农产品入库名单》整理。

3. "粤字号"（荔枝）知名品牌

广东省不断推动荔枝品牌打造，品牌知名度不断提高，影响力不断扩大。在2019年"粤字号"县域名特优新农产品区域公用品牌百强中，共有3个荔枝县域区域公共品牌上榜，品牌价值分别是：高州荔枝以54.7亿元品牌价值位居荔枝区域公用品牌首位、从化荔枝品牌价值13.7亿元、镇隆荔枝品牌价值3.6亿元。"山前""山顶""丹荔"等6个荔枝经营产品获广东省名牌产品和"粤字号"品牌[45]。2021年共有6个荔枝区域公用品牌被评为最有价值荔枝区域公用品牌（见表3），高州荔枝品牌价值达122.2亿元，成为广东省荔枝"最有价值区域公用品牌"中首个突破百亿元的品牌，电白荔枝以78亿元、从化荔枝以68.1亿元、增城荔枝以24.8亿元、镇隆荔枝和惠来荔枝以超10亿元登上榜单[46-49]。

表3　2020～2021年"粤字号"农业品牌（荔枝）

序号	地市	单位名称	商标	产品名称
1	广州市	广州市从化华隆果菜保鲜有限公司	先一；T-ONE	流溪红荔荔枝
2	广州市	广州市从化华隆果菜保鲜有限公司	先一（图形）	妃子笑荔枝
3	广州市	广州市从化华隆果菜保鲜有限公司	先一；T-ONE	井岗红糯荔枝
4	广州市	广州市从化兴长蔬果专业合作社	三溪会河	荔枝
5	广州市	广州市谭山蜂业有限公司	谭氏	荔枝蜜
6	广州市	广州市清香农产有限公司	粤清香	荔枝干
7	广州市	广州市佳荔干鲜果食品有限公司	伟明	糯米糍荔枝干
8	广州市	广州市东林生态农业发展有限公司	卓荔	荔枝
9	广州市	广州创鲜农业发展有限公司	小佳荔	荔枝
10	广州市	广州从化润至园蜂业有限公司	润至园+RUNZHIYUAN+图形	荔枝蜂蜜
11	广州市	广州市增城基岗仙进奉荔枝专业合作社	仙进奉+XIANJINFENG	荔枝
12	东莞市	东莞市阿吉科技农业有限公司	阿吉	桂味荔枝
13	惠州市	惠州市镇隆镇经济发展公司	镇隆+拼音+图形	镇隆荔枝
14	惠州市	惠州市惠阳区镇隆山顶村荔枝专业合作社	山顶村	桂味荔枝
15	惠州市	惠州市四季鲜绿色食品有限公司	粤农+YUENONG	荔枝干
16	惠州市	惠州市四季鲜绿色食品有限公司	四季鲜+sijixian	糯米糍荔枝
17	惠州市	惠州市四季鲜绿色食品有限公司	四季鲜+sijixian	桂味鲜荔枝
18	惠州市	广东祯州集团有限公司	丹荔+DanLi	荔枝果醋饮料
19	惠州市	惠州市绿天使果蔬种植专业合作社	东坡荔	东坡荔

序号	地市	单位名称	商标	产品名称
20	汕尾市	汕尾市碧泉农业开发有限公司	荔碧泉+图形	凤山红灯笼荔枝
21	汕尾市	深圳市创新盈科技有限公司海丰分公司	盛荔+图形	荔枝
22	汕尾市	海丰县昊成种养专业合作社	岗头红花山	红灯笼荔枝
23	阳江市	阳西县西荔王果蔬专业合作社	西荔王	妃子笑荔枝
24	阳江市	广东阳江八果圣食品有限公司	八果圣	荔枝干
25	茂名市	广东泽丰园农产品有限公司	夏至荔	荔枝
26	茂名市	高州市燊马生态农业发展有限公司	马头+MATOU+图形	桂味荔枝
27	茂名市	高州市华峰果业发展有限公司	高丰+GAOFENG+图形	白糖罂荔枝
28	茂名市	高州市丰盛食品有限公司	桂康一号	荔枝

资料来源：根据《"粤字号"农业品牌目录》整理。

4. 广东荔枝品牌示范基地

为贯彻落实省委、省政府关于广东荔枝产业高质量发展的工作部署，深入贯彻落实《广东荔枝产业高质量发展三年行动计划（2021—2023年）》要求，推动广东荔枝"新三品一标"建设，擦亮广东荔枝品牌。2021年8月5日，广东省农业农村厅发布《关于公布2021年广东荔枝品牌示范基地名单的通知》，全省共有33个荔枝生产基地进入2021广东荔枝品牌示范基地名单。其中，湛江市11个、茂名市8个、阳江市3个、广州市2个、惠州市2个、东莞市2个、深圳市1个、河源市1个、汕尾市1个、云浮市1个、珠海市1个。具体名单如表4所示。

表4　广东荔枝品牌示范基地名单

序号	地市	县区	基地名称	申报主体
1	广州市	从化区	广东荔枝华隆示范基地	广州市从化华隆果菜保鲜有限公司
2	广州市	增城区	广东荔枝汇强示范基地	广州市汇强农业发展有限公司
3	深圳市	宝安区	广东荔枝黄田示范基地	深圳市黄田荔枝品牌发展有限公司
4	珠海市	斗门区	广东荔枝龙头山示范基地	珠海市斗门区斗门镇龙头山果园
5	河源市	紫金县	广东荔枝满山红示范基地	紫金县古竹满山红荔枝种植农民专业合作社
6	惠州市	惠阳区	广东荔枝优之荔示范基地	惠州市优之荔农业专业合作社
7	惠州市	惠阳区	广东荔枝绿天使示范基地	惠州市绿天使果蔬种植专业合作社
8	汕尾市	陆丰市	广东荔枝信星示范基地	汕尾市信星生态农业有限公司

序号	地市	县区	基地名称	申报主体
9	东莞市	东莞市	广东荔枝阿吉示范基地	东莞市阿吉科技农业有限公司
10	东莞市	东莞市	广东荔枝壹浩示范基地	东莞市壹浩生态农业科技有限公司
11	阳江市	江城区	广东荔枝恒荣昌示范基地	阳江市恒荣昌投资实业有限公司
12	阳江市	阳东区	广东荔枝兴农示范基地	阳江市阳东区新洲镇兴农果蔬生产专业合作社
13	阳江市	阳西县	广东荔枝西荔王示范基地	阳西县西荔王果蔬专业合作社
14	湛江市	雷州市	广东荔枝赴源示范基地	雷州市赴源农业发展有限公司
15	湛江市	廉江市	广东荔枝石城红岭示范基地	廉江市石城红岭荔枝专业合作社
16	湛江市	廉江市	广东荔枝丰业示范基地	廉江市丰业种植专业合作社
17	湛江市	廉江市	广东荔枝新桂示范基地	廉江市新民新桂水果专业合作社
18	湛江市	廉江市	广东荔枝联兴示范基地	廉江市联兴荔枝专业合作社
19	湛江市	廉江市	广东荔枝兴旺好示范基地	廉江市兴旺农业发展有限公司
20	湛江市	廉江市	广东荔枝众升菜示范基地	廉江市良垌众升果菜专业合作社
21	湛江市	廉江市	广东荔枝农创优品示范基地	廉江市农创优品种养专业合作社
22	湛江市	廉江市	广东荔枝优之品示范基地	廉江市优之品种养专业合作社
23	湛江市	遂溪县	广东荔枝湛川河谷示范基地	遂溪县湛川河谷荔枝种植专业合作社
24	湛江市	徐闻县	广东荔枝正茂示范基地	徐闻县正茂蔬菜种植有限公司
25	茂名市	高州市	广东荔枝燊马示范基地	高州市燊马生态农业发展有限公司
26	茂名市	高州市	广东荔枝丰盛示范基地	高州市丰盛食品有限公司
27	茂名市	高州市	广东荔枝伯健示范基地	高州市伯健农业发展有限公司
28	茂名市	高州市	广东荔枝深山人示范基地	高州市深山人生态农业有限公司
29	茂名市	高州市	广东荔枝为达示范基地	高州市为达农业科技发展有限公司
30	茂名市	高州市	广东荔枝千晟示范基地	高州市千晟生态农业发展有限公司
31	茂名市	高州市	广东荔枝汇达鸿示范基地	高州市汇达鸿农业科技发展有限公司
32	茂名市	化州市	广东荔枝钜园农业示范基地	茂名钜园农业有限公司
33	云浮市	新兴县	广东荔枝新荔示范基地	新兴县新荔种植专业合作社

资料来源：广东省农业农村厅。

（五）区域公共品牌

1. 广东荔枝

广东省高度重视荔枝品牌建设及荔枝产业兴旺，着力打造广东荔枝金字招牌，打造全省最具竞争力的农业优势产业，以品牌建设促进荔枝产业高质量发展。在2020年正式发布"广东荔枝"品牌标识，开始以省级区域公共品牌形象亮相。"广东荔枝"商标以工笔画荔枝插画为主体造型,体现"广东荔枝"的文化内涵,勋章化的造型传达权威感,并且灵活适用于各种物料载体,整体风格年轻而鲜活,象征"广东荔枝"走向世界,健康与美丽生态的品牌理念[50]。

"广东荔枝"标识

图片来源:南方网。

2. 茂名荔枝

茂名是世界上最大的荔枝产区,荔枝种植面积约 140 万亩,产量约占广东的 1/3,占中国的 1/5,全球每五颗荔枝就有一颗产自茂名。截至 2022 年,茂名市拥有 3 个国家地理标志认证的荔枝产品(高州荔枝、茂名荔枝、白糖罂荔枝),4 个广东省名特优新农产品区域公用品牌(高州荔枝、电白荔枝、茂名白糖罂荔枝、沙田鸡嘴荔枝)。自 2020 年以来,茂名先后发布"茂名荔枝"区域公用品牌 LOGO 及茂名荔枝区域公用品牌 IP 形象。2022 年,"茂名荔枝"区域公用品牌正式发布。茂名荔枝 LOGO 主打绿、红两色,总体以"mm"构成的大拇指、荔枝和仕女三大元素融合而成,LOGO 左上角是"茂名荔枝"印鉴,正下方则是其英文名;"mm"是茂名城市拼音的首字母,代表"茂名"之名;"拇指"之绿色代表着茂名的荔枝生产坚持生态优先、绿色发展。而"mm"之大拇指代表茂名荔枝在全国荔枝产业中的地位,承载着茂名荔枝"大、多、早、优"四个显著特点;仕女源自古代壁画中"飞天"形象,飘飘若飞天之仙,寄托茂名荔枝名扬天下、飞向世界的愿望,又合"妃子笑"之意,象征茂名荔枝"千年贡品"之特质,彰显了茂名荔枝的鲜美与高贵[51]。

"茂名荔枝"区域公用品牌 LOGO

图片来源：茂名水果大数据平台。

3. 高州荔枝

高州是世界荔枝黄金产地，是茂名市最大的荔枝产区，种植面积占茂名市约 50%，是有名的"大唐荔乡"。据史料记载，杨贵妃钟爱的荔枝就来自高州。高州荔枝享有"六个世界之最"的美誉。一是历史最久，高州种植荔枝历史达 2000 余年，唐朝成为贡品；二是面积最广，种植荔枝 55 万多亩；三是产量最高，世界每 10 颗荔枝就有 1 颗来自高州；四是品种最全，荔枝品种达 30 多个；五是品质最优，"高州荔枝"成功注册国家地理标志证明商标；六是产业最大，高州具备荔枝完整产业链与产业集群。高州荔枝区域公用品牌战略定位为"中国荔都，甜美高州"，称高州为"中国荔都"。高州荔枝区域公用品牌 LOGO，化用书法文字，将"高州"二字抽象化、符号化，融于一个设计图案之中，既体现了高州荔枝的文化厚重感，也有助于高州荔枝品牌形象的现代化传播与推广[52]。

"高州荔枝"区域公用品牌 LOGO

图片来源：高州市人民政府公众网。

4. 镇隆荔枝

惠州市惠阳区镇隆镇是"荔枝之乡","镇隆荔枝"入选2020年全国名特优新农产品名录，培育了"镇隆""东坡荔""景荔""优之荔""红美荔""山顶村"等知名品牌。2020年，镇隆镇"东坡荔"品牌LOGO正式发布。"东坡荔"品牌广告语是"镇隆荔枝醉东坡"。品牌LOGO以圆形、文字、拼音、荔枝图案组成。圆形正是延续了吉祥寓意，表达圆满之意；LOGO中用镇隆荔枝和东坡荔字样，表达东坡荔是镇隆荔枝中的精品；外围拼音意为东坡荔是广东荔枝的佼佼者；荔枝图案的设计采用水墨的古风设计。飘扬的叶子无限延展，其中除蕴含了"镇隆"拼音的开头字母"ZL"，也寓意着"东坡荔"将走出国门、走向世界的目标。色调方面，棕色为基底，是大地的颜色，土地维系着人民的生存命脉，体现了镇隆人扎根沃土、辛勤劳作，世代传承荔枝种植的技术，让镇隆获得了"荔枝之乡"的美誉，荔枝种植作为镇隆的支柱产业，已有200多年的历史；黄色代表丰收与尊贵，突出了"东坡荔"在镇隆这片沃土上茁壮成长，优中选优，成为镇隆荔枝中的精品；红色是果实之美，红色不仅是荔枝的颜色，也代表着镇隆的红色文化。镇隆是广东省重点革命老区之一，曾是中国共产党东江纵队开展农民运动和武装斗争的重要地区；绿色的含义是镇隆具有七分山、三分田、一分水的地貌，绿水青山是镇隆的名片，绿色不仅展示了漫山遍野的荔枝树，同时也是生态镇隆的代表色，实现乡村振兴的美好愿景[53]。

镇隆镇"东坡荔"品牌LOGO

图片来源：南方网。

参考文献

［1］齐文娥，陈厚彬，罗滔，宋凤仙．中国大陆荔枝产业发展现状、趋势与对策［J］．广东农业科学，2019，46（10）：132-139.

［2］陈迎．最新解析！2023全国荔枝生产形势如何？［N］．南方农村报，2023-04-23.

［3］许悦．荔枝又红了，世界三分之一的荔枝产自广东［N］．羊城晚报，2023-05-11.

［4］陈红艳，单凯蕙，王颖楠，等．甜蜜季开启！广东省市县镇村五级合力卖荔枝［N］．珠江经济台，2023-06-03.

［5］余华荣，周灿芳，万忠，刘序，陈厚彬．2015年广东荔枝产业发展形势与对策建议［J］．广东农业科学，2016，43（04）：21-24.

［6］陈厚彬，杨胜男，苏钻贤，等．2024年全国荔枝生产形势分析与管理建议［J］．中国热带农业，2024（03）：8-20.

［7］邱铨林，王磊．2023年广东荔枝营销战告捷，销售额较2022年增长5%［N］．中国日报，2023-07-28.

［8］傅鹏．在广州开启荔枝季，全世界都爱的岭南味［N］．南方日报，2023-05-17.

［9］邵一弘，黄进，欧志葵．小荔枝如何成长为大产业，广东这场大会讲清楚了［N］．南方日报，2022-01-05.

［10］王陶，姚炯昌，左两军．电商平台生鲜荔枝销售特征分析与启示［J］．广东农业科学，2018，45（07）：140-147.

［11］文英杰，欧良喜，史发超，等．国家荔枝香蕉种质资源圃（广州）的荔枝资源保存现状及创新利用［J］．植物遗传资源学报，2023，24（05）：1205-1214.

［12］严倩．荔枝种质资源与育种研究室［EB/OL］．广东省农业科学院果树研究所，2023-09-14.

［13］晁海娟．茂名，太给荔了！［N］．南方农村报，2023-04-12.

［14］刘俊，刘栋铭，黄进．2020年中国荔枝产业大会在茂名举行［EB/OL］．南方新闻网，2020-05-21．https：//baijiahao.baidu.com/s？id=1667257787756203692&wfr=spider&for=pc.

［15］李语，陈育柱．国家荔枝种质资源圃即将在广东茂名启用［EB/OL］．人民网，2021-05-15．http：//gd.people.com.cn/n2/2021/0515/c123932-347269

33. html.

［16］詹翔闵，全良波．茂名打造荔枝种业"硅谷"［N］．羊城晚报，2022-
05-31.

［17］李玉玲．这里才是东莞"荔枝王国"，"有名有姓"的品种至少260种
［N］．南方日报，2022-06-27.

［18］齐文娥，陈厚彬，李洁欣．2022年中国大陆荔枝产业发展状况、趋势
与对策［J］．广东农业科学，2023，50（02）：147-155.

［19］茂名市地方志编纂委员会．茂名荔枝［M］．茂名史志．

［20］马灿．一颗荔枝55.5万元！增城西园挂绿缘何声名远播［N］．羊城晚
报，2023-05-05.

［21］王帅．增城荔枝：后来居上的"仙进奉"［N］．农民日报，2023-
12-08.

［22］农业农村部．农业农村部办公厅关于推介发布2023年农业主导品种主推
技术的通知［EB/OL］．2023-06-05. http：//www. moa. gov. cn/govpublic/KJJYS/
202306/t20230609_ 6429776. htm.

［23］吴金华．樟木头"观音绿"，你了解多少？［EB/OL］．东莞+，2022-06-
29. https：//pub. timedg. com/s/2022-06/29/AP62bc37c6e4b0abb6e9a9e51e. html.

［24］章四平．汕尾荔枝产量预计15万吨［N］．南方农村报，2020-05-08
（06）．

［25］东莞市农业农村局．东莞名优荔枝品种——岭丰糯［EB/OL］．2021-
06-02. http：//nyncj. dg. gov. cn/zl/dggzzg/tsgz/content/post_ 3532254. html.

［26］东莞市农业农村局．东莞名优荔枝品种——冰荔［EB/OL］．2021-06-
02. http：//nyncj. dg. gov. cn/zl/dggzzg/tsgz/content/post_ 3532242. html.

［27］广东省林业局．"广东十大最美古树群"名单正式公布［EB/OL］．
2022-11-30. http：//lyj. gd. gov. cn/gkmlpt/content/4/4055/post_ 4055850. html#2441.

［28］杨珮珮．我市推进地方立法保护古荔枝树 荔枝古树"老有所依"
［N］．茂名日报，2023-06-20.

［29］邹祥亮．凸显"文化味"，吃荔枝也是吃文化｜茂名荔枝产业新趋势
［N］．南方日报，2022-07-27（A08）．

［30］陈莹莹．市人大代表开展《茂名市古荔枝树保护条例》立法调研
［N］．茂名日报，2023-07-26.

［31］邓义深．采取"一树一档一策一寓"守护千年荔枝古树［N］．茂名日

报，2023-11-06.

［32］何钻莹.最大"荔枝皇"藏身太平镇［N］.广州日报，2022-06-28.

［33］李应华."荔"久弥新，广州黄埔举办千年荔枝文化节［N］.广东新快报，2022-06-30（A08）.

［34］何瑞琪.广州黄埔这片百年古荔枝林生机盎然［N］.广州日报，2021-10-20.

［35］广州市番禺区人民政府.番禺区加强古荔枝树保护管理工作［EB/OL］.2023-01-11. https：//www. panyu. gov. cn/zwgk/zfxxgkml/xxgkml/zwdt/bmdt/qcsglhzhzfj/content/post_8755058. html.

［36］东莞市人民政府.首批东莞最美荔枝古树群名单出炉　清溪镇2个荔枝古树群上榜"最美"［EB/OL］.2023-08-18. http：//www. dg. gov. cn/zwgk/zfxxgkml/qxz/qt/gzdt/content/post_4058159. html.

［37］秦小辉.深读东莞｜170多年古荔树苍翠挺拔，曾年产荔枝3000斤被封"王"［N］.羊城晚报，2022-07-07.

［38］赵飞，张志斌，余宏达.荔中神品——新兴香荔的发展历史及农业文化遗产保护研究［J］.农业考古，2020（06）：215-220.

［39］索有为.六祖惠能故乡办香荔节　1307岁古荔树郁郁葱葱［EB/OL］.中国新闻周刊网，2019-07-06. http：//www. inewsweek. cn/observe/2019-07-06/6291. shtml.

［40］发现地标.广东省十大著名国家地理标志保护产品［Z］.2022.

［41］施美，何绮莹，郑家琪，等.美"荔"东莞何以给"荔"中国［N］.南方日报，2023-06-16.

［42］荔枝界的"宾利"，拍出"天价"的观音绿……东莞荔枝，火出圈了！［N］.南方都市报，2022-06-29.

［43］贺婷.荔枝来啦！深圳黄田荔枝本周六开始采摘上市［N］.深圳特区报，2022-06-15（04）.

［44］宋秀杰，孙秋霞，陈丹娜.广东惠州"东坡荔枝"走出国门　今年已出口2500公斤［EB/OL］.中国新闻网，2022-06-21. https：//www. chinanews. com. cn/m/cj/2022/06-21/9785331. shtml.

［45］广东省农业农村厅.关于"粤字号"2019年县域名特优新农产品区域公用品牌百强结果公示［EB/OL］.2019-11-24. https：//dara. gd. gov. cn/gkmlpt/content/2/2704/post_2704871. html#1603.

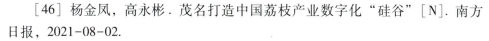

［46］杨金凤，高永彬．茂名打造中国荔枝产业数字化"硅谷"［N］．南方日报，2021-08-02.

［47］刘栋铭．茂名电白："电白荔枝"品牌价值78亿元［N］．南方日报，2021-08-03.

［48］陈振兴．68.1亿元！从化荔枝上榜最有价值荔枝区域公用品牌，并斩获多个大奖！［EB/OL］．2021-07-30. http：//www. conghua. gov. cn/zjch/chgk/xc-zx/content/mpost_7407206. html.

［49］徐静．品牌价值24.8亿元！增城荔枝斩获多个大奖！［N］．广州日报，2021-08-02.

［50］张子煜．号外！"广东荔枝"标识正式发布［N］．南方农村报，2020-04-22.

［51］赵启旭，任峻男．观察丨茂名荔枝成为世界品牌的抱负［N］．南方农村报，2022-05-22.

［52］晁海娟．中国荔都，甜美高州！高州荔枝区域公用品牌发布！［N］．南方农村报，2021-04-28.

［53］张子煜．"东坡荔"品牌logo正式发布！依托镇隆镇将覆盖惠州市［N］．南方农村报，2020-06-16.

广东荔枝文旅融合平台

雷百战*　罗旖文

摘　要： 本章主要对广东省内荔枝文旅平台进行深入分析，通过分析7个国家级和省级荔枝现代农业产业园、1个荔枝田园综合体、27个荔枝专业镇、5个荔枝贡园、20个荔枝公园和5个荔枝文化博览园（馆）等文旅元素，全面了解广东省荔枝文旅融合情况。

关键词： 荔枝产业园；荔枝专业镇；荔枝田园综合体；荔枝贡园；荔枝公园；荔枝文化博览园（馆）

一、荔枝产业园

广东省创建了7个荔枝产业园，包括广东省茂名市现代农业产业园（国家级）、茂名市荔枝优势产区产业园、广东荔枝跨县集群产业园、茂名市高州市荔枝产业园、阳江市阳西县荔枝产业园、广州市从化区荔枝产业园、广州市增城区仙进奉荔枝产业园。

（一）广东省茂名市现代农业产业园

1. 产业园概况

2018年，广东省茂名市现代产业园入选国家级现代农业产业园创建名单，并在2年后被认定为国家现代农业产业园。产业园位于茂名市，建设范围涉及高州市、茂南区和电白区3个区（县级市）11个乡镇、206个行政村。产业园规划总面积为143.46万亩，以荔枝种植为主，荔枝种植面积为39.6万亩，主要种植的品种有糯米糍、桂味[1-3]。

---

* 雷百战，广东省农业科学院农业经济与信息研究所副研究员；主要从事农业区域经济研究。

2. 文旅元素

园区产业布局包括生产种植示范区、加工物流仓储区、研发培训创新区、生态休闲旅游区、产业园管理中心等多个重点建设工程。产业园内建有国家荔枝种质资源圃、中国荔枝博览馆、中国荔枝产业大会会址 3 个国字号平台，它们通过空中廊道相连，形成"馆中有展、展中有馆"的结构布局[4]。立足园区内 700 多种荔枝资源，结合旅游、文创、科普、康养等元素，进一步增强游客参与度，感受荔枝文化魅力。

3. 运营方式

为了宣传推广茂名文化，讲好茂名荔枝故事，茂名市荔枝现代农业产业园采用多项举措吸引更多游客，具体内容有：一是积极举办系列活动，包括中国国际荔枝产业大会、荔枝产业发展专题研讨会、"520 我爱荔"诗文大赛、茂名荔枝文化形象大使选拔赛等，加快传播荔枝文化和展现茂名魅力。二是设计"茂名荔枝 LOGO"，并借助主流媒体、交通工具、城市地标建筑将茂名荔枝文化传播出去，打造"茂名荔枝·千年贡品"品牌。三是以为游客提供伴手礼为主要核心目的，开发出荔枝松糕、荔枝干、荔枝气泡饮料、荔枝酒等形式多样的休闲产品、保健产品。

广东省茂名荔枝现代农业产业园

雷百战　摄

（二）茂名市荔枝优势产业园

1. 产业园概况

茂名市荔枝优势产业园主要在国家现代农业产业园建设基础上，重点补齐茂名荔枝产业链上冷链物流及加工短板。产业园建设范围包括高州市谢鸡镇、泗水镇、根子镇、分界镇、金山街道；茂南区羊角镇、山阁镇；电白区旦场镇、坡心镇、林头镇、霞洞镇、电海街道；高新区七迳镇。产业园种植面积较多的为黑叶、白腊等中熟品种。

2. 运营方式

园区重点项目包括荔枝标准园、荔枝品种改良、荔枝精深加工、冷库冷链物流、品牌建设与宣传推介、荔枝产业大数据中心建设一体化六大项目，着力推动茂名荔枝高质量发展。目前，产业园加大力度将黑叶、白腊种植面积过多的品种转化为早熟的妃子笑、白糖罂和晚熟的桂味、糯米糍、鸡嘴荔、岭丰糯、井岗红糯、冰荔、仙进奉等优质品种，优化茂名市内荔枝品种结构，满足不同类型游客对荔枝品种的需求。

（三）广东荔枝跨县集群产业园

1. 产业园概况

产业园以广药王老吉广州荔枝产业运营总部为核心，规划建成粤西、粤东两个荔枝加工生产基地。茂名基地是全国最大的荔枝饮料生产基地，主要以荔枝原浆及荔枝灌装饮料生产加工为主，年产能900万箱。

2. 运营方式

广东荔枝跨县集群产业园通过培育荔枝产业龙头品牌"荔小吉"，让荔枝打破原有的区域性和季节性的局限，创新荔枝真果汁系列和荔枝气泡水系列，充分满足当代年轻群体的消费需求[5]。"荔小吉"还举办了全新虚拟空间"荔小吉荔枝星球"发布活动，推出荔枝科普罐。未来，消费者可以通过扫描科普罐罐身的二维码、参与云上荔枝树认养活动，进一步了解荔枝文化。

广药王老吉广东荔枝（茂名）产业园   雷百战　摄

（四）茂名市高州市荔枝产业园

1. 产业园概况

2018 年，茂名市高州市产业园被选为广东省第一批省级现代农业产业园。园区建设范围涵盖高州市根子镇、分界镇，涉及 31 个行政村，规划面积 22.2 万亩，其中荔枝种植面积 10 万亩，主要种植的有白糖罂、桂味品种[6]。

2. 文旅元素

茂名市高州市产业园以打造全省农村一二三产业融合发展先导区为目标，加快打造一个连接高速公路服务区的荔枝文化展示和物流配送集散区，建设一条展现荔乡风貌的景观大道，打造一批各具特色的荔枝园林，打造一批生态良好、荔乡风貌突出的村落，培育一批荔枝深加工企业。目前，产业园总体产能得到全面提升，通过政府财政资金和社会资本的投入，落实了名园农庄、桥头村滨河民宿群、柏桥荔枝风味餐馆、王竹塘荔枝工坊等项目建设，解决游客"吃、住"需求；建造了一批荔枝文化雕塑，设置多个新型牌坊，发展"农业+文化+旅游"产业[7]。

3. 运营方式

为了更好地打响荔枝知名度，稳定荔枝产销，产业园举办自行车骑行大赛、荔枝开摘仪式以及协助茂名市开展荔枝节形象大使选拔赛等活动，逐步提高"大唐荔乡"知名度，带动旅游业发展。与此同时，产业园全方位开发荔枝深加工产品，研发出荔枝酒、荔枝汁、荔枝酥等系列产品，打破鲜果季节性、单一性销售限制，为游客购买伴手礼提供新选择。

（五）阳江市阳西县荔枝产业园

1. 产业园概况

2019 年，阳江市阳西县荔枝产业园被选为粤东西北地区第二批省级现代农业产业园。产业园建设范围涵盖阳西县儒洞镇、上洋镇、新圩镇、织箦镇 4 个镇，占地面积 806.6 平方公里。其中，荔枝种植面积 9.3 万亩，占全县荔枝种植面积的 72%。园区以种植双肩玉荷包、妃子笑、桂味、白糖罂、糯米糍等荔枝品种为主，其中洋玉荷包、儒洞妃子笑最为出名[8]。

2. 文旅元素

阳江市阳西县荔枝产业园在沙扒湾景区附近的儒洞镇建设了一个荔枝主题农业公园，拓展农业功能，丰富阳西旅游。公园分为荔枝体验农场、荔枝文化博览园、观光采摘基地、游客服务中心四个主要板块。荔枝体验农场采用果树认领活动的形式，领养人可以在荔枝成熟季亲手采摘新鲜荔枝，拉近城镇居民和外地游客与荔枝的距离。荔枝文化博览园则是采用高科技与实物结合的方式，展示了

100 多个荔枝品种以及其历史文化、种植技术经济价值及健康价值等，让游客可以通过互动体验的方式获得知识。观光采摘基地以荔枝为主题，构建每个季节都有水果可以采摘，有花海可以欣赏的农业休闲体验。在原有民宿的基础上，游客服务中心还打造以荔枝为主题的"果真甜美"民宿以及水果主题餐厅，满足游客多种需求。

3. 运营方式

阳江市阳西县荔枝产业园大力推动荔枝产业发展，积极开展荔枝认养、荔枝推介会、荔枝产销对接大会、打造荔枝旅游路线等活动。2023 年荔枝推介会现场发布了 2 条"阳西美荔之旅路线"，深度融合荔枝文化和阳西特色风景，吸引较多游客前来参观游览。此外，产业园打造荔枝出口基地，拓宽北美市场。

阳江市阳西县荔枝产业园

雷百战 摄

（六）广州市从化区荔枝产业园

1. 产业园概况

广州市从化区荔枝产业园覆盖范围包括从化区太平镇、温泉镇、江埔街及街口街 4 个镇街，核心区种植面积 5000 亩，辐射带动周边发展种植荔枝面积 10 万亩，以种植流溪桂味、井岗红糯、钱岗糯米糍、温泉双壳槐枝为主。

2. 文旅元素

广州市从化荔枝产业园按照"一园一带三区"布局，即从化荔枝文化博览园、从化荔枝生态观光旅游带、标准化种植示范区、现代化生产加工核心区、产业振兴示范区。其中，从化荔枝文化博览园将 5G 融入荔枝产业中，开展了"5G+VR"全景直播、全景 VR 导游、智慧荔游等项目，生动描绘出从化荔枝由种植、采摘到运输的全过程，助推荔枝文化传播[9]。产业园还创新荔枝定制形式，大力发展"荔枝+"新业态，推出"荔枝+乡村""荔枝+旅游""荔枝+民宿""荔枝+粤菜"等系列产品，开辟精品荔枝旅游线路，串联吃住游乐购，促进荔枝产业融合发展。

3. 运营方式

一是开展"荔枝定制"、"荔"游从化旅游活动、荔枝营销、"云"赏荔枝花海、从化荔枝摄影展、广东荔枝"12221"市场营销等活动，发布从化荔枝导购图、荔枝纪念邮票、荔枝文旅线路，打响流溪桂味、钱岗糯米糍、井岗红糯等品种的知名度，将从化荔枝品牌推至新高度[10][11]。二是开发无添加生态荔枝果汁、荔枝汽泡酒、冻干荔枝、休闲荔枝食品、高品质冷冻荔枝等产品，研究开发荔枝多酚、荔枝乳酸饮料、荔枝多糖等功能产品以及荔枝茶、荔枝饼等休闲产品。

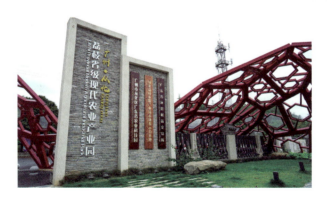

广州市从化区荔枝产业园

韩晓宇 摄

（七）广州市增城区仙进奉荔枝产业园

1. 产业园概况

广州市增城区仙进奉产业园建设范围以增城区仙村镇为主，联动朱村街等周边区域，园区总面积 1 万亩，辐射带动周边 2 万亩以上。主栽品种为仙进奉、水晶球。

2. 文旅元素

广州市增城区仙进奉荔枝产业园实施"荔枝+"模式，搭建"科技荔枝+休闲荔枝+体验荔枝"三大产业板块，建有荔枝文化博览馆、荔枝农耕文化博览园、荔枝景观大道、荔枝交易市场（电商园）、荔枝文化广场、荔枝品种园、荔枝深加工基地、荔枝种植技术培训中心、研发基地以及连片仙进奉种植基地等13个项目[12]。其中，荔枝文化博物馆用现代化的技术手段，从不同时期、不同维度解构荔枝文化，填补了增城荔枝文化专业博览馆的空白，让更多旅客了解增城悠久荔枝文化；荔枝农耕文化博览园利用4个季节、24个节气，详细介绍各类荔枝在各个时期种植的特点和注意事项；荔枝景观大道在原有朱仙公路的基础上扩展荔枝林景观带，种植上百株古老荔枝树，打造荔枝文化主题大道；荔枝文化展览园参考岭南园林建筑风格，制作安装200多种荔枝标识、农耕文化宣传牌，建设荔枝文化长廊[13]。

3. 运营方式

为全方位做好产业园内容运营，产业园围绕旅游元素，针对游客需求开发包含"游玩、购物、科普"核心要素的不同功能产品。一是在产业园建设初期根据园区所处的地理位置、自然环境特点与资源优势制定总体规划，融入岭南园林建筑特点，打造一个三产融合发展的产业园。二是将荔枝元素融入橡皮擦、图钉、鼠标垫、皮筋、首饰盒、手机支架等物品当中，形成荔枝主题水杯、荔枝形状的首饰、荔枝形状的玩具等多种荔枝文创产品，在促进荔枝文创产品形成的同时，满足游客对了解荔枝文化的需求。开发荔枝采摘、生态体验、荔枝文化节等活动，挖掘和拓展全区游客消费需求，提升综合经济效应。三是以荔枝生态采摘、休闲体验、荔枝文化科普观光、乡村度假等为主题，拓展荔枝产业的生态休闲观光等功能，延长产业链条。

广州市增城区仙进奉荔枝产业园　　　　　　　　　　　　韩晓宇　摄

二、荔枝专业镇

2019~2022 年，广东省共创建"一镇一业"荔枝专业镇 27 个。其中，广州市 4 个、东莞市 7 个、惠州市 2 个、茂名市 6 个、湛江市 1 个、云浮市 1 个、阳江市 4 个、汕头市 1 个、汕尾市 1 个。

（一）广州市从化区太平镇

1. 发展概况

目前，太平镇荔枝种植面积 5.5 万亩，主要品种有井岗红糯、钱岗糯米糍、怀枝、桂味等。太平镇作为从化区荔枝省级产业园核心区和农业产业强镇，大力推进"美荔前行"建设，打造"钱岗糯米糍"品牌，加速荔枝产业文旅融合。

2. 文旅元素

太平镇作为从化区荔枝省级产业园核心区和农业产业强镇，利用荔枝优势，打造荔枝休闲旅游产业区。围绕镇内荔枝古树资源，太平镇建设了科普教育观光长廊、荔枝生态公园、井岗红糯文创村、钱岗糯米糍古驿道等景区，配套游客体验、接待及特色荔枝文化交流中心，运用特色景点集群效应，将各个景点串联起来，加快三产融合发展。结合从化区"美荔定制"活动，太平镇积极探索"荔枝+"模式，以"荔"为媒促进农旅融合，推出"荔枝+乡村""荔枝+旅游""荔枝+民宿""荔枝+粤菜"等新型组合产品[14]。

广州市从化区太平镇龟咀古渡荔枝雕塑

雷百战 摄

（二）广州市从化区温泉镇

1. 发展概况

温泉镇荔枝种植面积 7.4 万亩，占全区的 26%，以怀枝、桂味、糯米糍品种种植为主[15]。近年来，从化区持续加大荔枝产业支持力度，持续在品质打造、品牌创建、市场拓展、文化弘扬上下功夫，打响从化荔枝"粤字号"品牌。

2. 文旅元素

温泉镇年度推出"荔枝+电商+公益+旅游+乡村""荔枝节"系列营销活动，结合镇内温泉酒店、餐饮、景区、农产品等元素，不断丰富"荔枝+N"组合产品，推出"温泉旅游护照"、荔枝特色菜、荔枝采摘地图，吸引更多游客前来赏花、摘果、观美景、品美食[16][17]。温泉镇还通过整合温泉镇至太平镇流溪河两岸荔枝资源，重点打造从化荔枝生态观光旅游带，推出多条荔枝旅游文化线路，引导游客在鲜果采摘、休闲观光的过程中充分了解温泉镇的荔枝文化。近年来，温泉镇深入开展荔枝精深加工，开发荔枝浓缩汁、荔枝酒、荔枝醋、荔枝饮料、荔枝酥、冻干荔枝、冻眠荔枝等生态产品，大力开发旅游特产礼品，为游客提供特色伴手礼。

（三）广州市增城区正果镇

1. 发展概况

正果镇荔枝种植面积约 3.75 万亩，其中桂味 2.8 万亩、糯米糍 0.6 万亩、怀枝 0.2 万亩，其余有少量名贵品种，如佛绿、挂绿、北园绿、甜岩、仙进奉等。近年来，正果镇内企业（合作社）加强品牌建设，先后注册了"银耀""增溪"两个商标，推动荔枝产业高质量发展。

2. 文旅元素

镇域内建有荔枝文化公园、兰溪古荔园、十里荔枝沟等特色荔枝景点，正果镇在保护当地古荔枝树之余，还吸引了一批游客前来游览。正果镇每年开展荔枝文化旅游节，集中展示当季荔枝、正果美食，举办民族文艺大汇演、灯光秀、水上碧道游等活动，吸引周边城市消费者到现场采摘及购买荔枝，打造"增城荔枝"金字品牌[18]。正果镇提出高水平建设荔枝沟发展平台、着力打造"荔枝+"产业融合示范区，通过大力拓展荔枝产业生态、生活功能，逐步建立"以荔兴旅、以旅助农、农旅结合"的发展格局，打造广东省具有影响力的荔枝品牌。

广州市增城区正果镇兰溪古荔枝公园　　　　　　　　陈雨文　摄

（四）广州市增城区仙村镇

1. 发展概况

仙村镇是增城荔枝种植的核心镇之一，全镇种植荔枝 1.9 万亩，其中仙进奉种植面积达 8000 亩[19]。近年来，仙村镇借助仙进奉荔枝原产地优势，打造了省级仙进奉荔枝现代农业产业园，推动三产融合发展，带动农户年增收 1 万元。

2. 文旅元素

省级仙进奉现代农业产业园规划建设荔枝文化博览馆、荔枝农耕文化博览园、荔枝景观大道、荔枝交易市场（电商园）、荔枝文化广场、荔枝品种园、荔枝深加工基地、荔枝种植技术培训中心、研发基地以及连片仙进奉种植基地基础设施建设等 13 个项目，为推动荔枝产业三产融合提供强大动力[20]。其中，荔枝农耕文化博览园呈现出荔枝在各个季节的种植特点及种植技术，为参观者提供荔枝种植技艺和荔枝文化知识；荔枝文化博览馆图文并茂展现荔枝知识，让参观者能沉浸式感受荔枝文化故事。仙村镇还积极开展荔枝文化旅游节活动，精心推出一系列荔枝特色美食、荔枝精品旅游路线，以及开展荔枝书画展，更是给游客带来层次丰富的游览体验。

广州市增城区仙村镇荔枝景观大道　　　　　　　　　陈雨文　摄

（五）东莞市大岭山镇

1. 发展概况

大岭山镇荔枝种植历史悠久，大岭山镇的糯米糍曾获得 1992 年首届中国农博会金质奖[21]。全镇荔枝种植总面积 1.2 万亩，品种以糯米糍和桂味为主，少部分为怀枝、黑叶、妃子笑、岭丰糯、青甜等。

2. 文旅元素

大岭山镇素有"荔枝之乡"的美誉，现存 100 年以上古荔树约有 6000 株，为推动荔枝文化旅游发展起到了重要作用。2023 年，大岭山以"荔枝文化"为主题，在大岭山广场举办 2023 东莞荔枝文化节。本次活动结合东莞优质荔枝品种和国潮动漫，组建独一无二的"莞荔天团"，打造特色荔枝 IP[22]。同时，会场推介了全市荔枝采摘路线、荔乡社及 VR 地图，全方位展示荔枝产业现状、艺术形象，让游客进一步了解荔枝文化及历史，唱响荔枝文化品牌。

2023 东莞荔枝文化节　　　　东莞市农业农村局　供图

（六）东莞市大朗镇

1. 发展概况

大朗镇位于东莞市中南部，荔枝种植面积历史最多时达4万亩，被誉为"荔枝之乡"。大朗镇荔枝种植1.5万亩，主栽品种有妃子笑、糯米糍、桂味、怀枝等，另有红绣球、状元红、莞香红、砸死牛、鹅蛋荔等特色品种，其中糯米糍、桂味品质最优[23]。2017年，"东莞荔枝"正式通过国家农产品地理标志认证，大朗的桂味、红绣球是首批使用"东莞荔枝"国家农产品地理标志认证的两个荔枝品种。

2. 文旅元素

大朗镇鼓励镇域内荔枝农场推广荔枝休闲采摘、发展农家乐项目，打造"从枝头到舌尖"的畅顺通道。借助本地荔枝优势，大朗年度举办荔枝文化节，大力弘扬东莞荔枝文化。2022年荔枝文化节发布原创歌曲《岭南荔枝红》、宣传片《什么是荔香大朗》和"大朗旅游美食地图"，并开展东莞市荔枝主题音乐文学创作与征集推介活动，广泛征集与荔枝有关的歌词和歌曲，进一步讲好大朗荔枝故事[24]。大朗还充分利用荔枝种植资源，规划建设荔香湿地公园、松柏朗荔枝公园、水平村古荔公园等以本地荔枝为主要元素的农旅公园，让群众在游园中更好地感受大朗的荔枝文化。

东莞市大朗荔香湿地公园
陈雨文　摄

（七）东莞市谢岗镇

1. 发展概况

谢岗镇是东莞市的"东大门"，拥有丰富的山地资源。全镇荔枝种植面积

1.3 万亩，主栽品种有桂味、糯米糍、妃子笑，其中桂味占 70%、糯米糍占 20%。谢岗镇重视品牌建设，2021 年，谢岗镇成功注册"谢岗荔枝"国家地理标志证明商标，注册"银瓶红"商标，促进谢岗荔枝的销售[25]。

2. 文旅元素

东莞"荔枝王"位于南面村谢禾山，树龄达 170 年，一次挂果最多达 3000 多斤，味道鲜嫩、口味独特，引起众多游客的关注[26]。谢岗镇依托东莞第一峰银瓶山的旅游资源，规划建设南面生态旅游休闲体验基地、银瓶湖省级湿地公园等休闲农旅融合项目，推出农产品采摘、客家文化体验、农家乐美食、岭南文化体验、休闲养生、特色民宿等服务，提升荔枝产业附加值。未来，谢岗村计划借助"谢岗荔枝"品牌打造一个集生产、娱乐于一体的现代农业园，同时，推出系列旅游线路，拉动镇域旅游业、餐饮业发展[27]。

东莞市谢岗镇荔枝王公园

东莞市农业农村局　叶博文　供图

（八）东莞市厚街镇

1. 发展概况

厚街镇荔枝种植面积约 4 万亩，荔枝品种以桂味、糯米糍为主，逐步嫁接引进冰荔、岭丰糯、井岗红糯、北园绿、唐夏红、观音绿、新糯荔等八大名优荔枝品种。2017 年，"东莞荔枝"获得国家农产品地理标志，进一步将东莞荔枝推广出去[28]。

2. 文旅元素

厚街镇年度举办荔枝节，以荔枝为"媒"，深入挖掘当地的荔枝文化内涵，积极推动厚街荔枝"走出去"。近年来，厚街镇依托大岭山、横岗水库、荔枝资源和红色文化资源，规划打造莞邑"荔枝小镇"，推出 5 条荔枝主题精品线路（红色文化游线路、绿色生态游线路、亲子休闲游线路、历史传统游线路、休闲公园游线路），融合荔枝产业与旅游业发展[29]。为更好地弘扬厚街荔枝文化，厚街非遗企业"鑫源食品"自主举办"荔枝采摘和荔枝干生晒启动日"活动，创新"荔枝+"模式，推出"荔枝+加工制造""荔枝+餐饮""荔枝+观光旅游"等产品，吸引游客前来体验"摘荔乐"，品尝荔枝星云饮、荔枝酥、荔枝干、酥皮荔枝月饼等荔枝加工品[30]。

东莞市厚街大迳荔枝文化公园　　　　　　　　　　陈雨文　摄

（九）东莞市樟木头镇

1. 发展概况

樟木头镇是东莞市著名荔枝品牌"观音绿"的原产地，经过多年推广，"观音绿"的知名度越来越高。

2. 文旅元素

樟木头镇借助观音绿荔枝原产地的优势，建设了岭南荔枝园和金河荔枝公园等荔枝平台，推动荔枝产业与农业体验游有机统一，打造樟木头文化旅游名片。近年来，樟木头镇还积极举办"观音绿"荔枝为主题的荔枝旅游文化节，举办荔枝露营节、潮流音乐嘉年华、九洞微马跑比赛、观音绿旅游、客家美食节、精品文艺节目展演等 11 项活动，吸引众多游客前来参观[31]。

东莞市樟木头镇岭南荔枝园   陈雨文　摄

（十）东莞市黄江镇

1. 发展概况

黄江镇的荔枝种植面积有 1.3 万亩，以种植糯米糍、桂味等品种为主[32]。镇内荔枝种植面积超过 30 亩的果农就有 100 多户，黄江镇在东莞镇域荔枝产业排名较为靠前。镇内 8 家合作社和 2 家荔枝生产企业，是东莞首批使用"东莞荔枝"地理标志的对象。

2. 文旅元素

黄江种植荔枝的传统可追溯到 1000 多年前的唐朝，目前全镇超过 100 年的荔枝树还有很多，荔枝文化极为深厚。近年来，黄江镇荔枝合作社积极探索发展荔枝产业新路线，推出"度假观光+荔枝采摘"的休闲度假产品，其中黄江长龙欢乐农场、华记休闲果场备受青睐，吸引了深圳、广州的市民周末前来黄江啖荔枝、吃农家菜[33]。

（十一）东莞市清溪镇

1. 发展概况

依托本地荔枝资源，清溪镇在 2022 年被评为广东省"一村一品、一镇一业"荔枝专业镇。2023 年，清溪镇荔枝种植面积 9168 亩，荔枝种植户超 750 户，主要种植的传统品种有糯米糍、桂味和妃子笑，特色品种有观音绿、冰荔、岭丰糯和仙进奉[34]。

2. 文旅元素

清溪镇荔枝种植历史悠久，镇域内有多株荔枝古树。2023 年，大王山森林公园荔枝古树群和松岗村荔枝古树群更是被评为"东莞最美荔枝古树群"[35]。大王山荔枝古树群是清溪镇荔枝古树最多的地方，种有 43 株荔枝古树，平均树龄 250 年。近年来，随着乡村振兴的建设，大王山荔枝古树群举办赏花、露营、登山等系列活动吸引市民游客。松岗荔枝古树群种有百年以上的古荔枝树 14 株，穿插在客家传统风格的庭院里，形成独具一格的园林古村落景观。

东莞市清溪镇松岗村荔枝古树　　东莞市农业农村局　供图

（十二）惠州市博罗县泰美镇

1. 发展概况

2020 年，泰美镇被评为广东省"一村一品、一镇一业"荔枝专业镇。全镇荔枝种植面积超 2 万亩，主要种植品种有桂味、糯米糍，其中优质桂味 2900 亩，优质糯米糍 2000 亩[36]。当前，泰美荔枝拥有"罗浮山荔枝"品牌，通过网络电商畅销全国。

2. 文旅元素

泰美镇依托良好的生态环境和地理优势，按照"四季飘香、季季有鲜"的发展思路，发展荔枝、葡萄、凤梨、柠檬等特色水果产业，逐渐形成规模化水果采摘基地。此外，泰美镇积极举办荔枝文化节活动和参与业博览会、农产品展销会等平台，加大对泰美荔枝的宣传，打响"罗浮山荔枝"品牌。

惠州市博罗县泰美镇雷公村（荔枝之乡）   雷百战　摄

（十三）惠州市惠阳区镇隆镇

1. 发展概况

镇隆镇荔枝种植历史悠久，全镇种植荔枝 4.3 万亩，生产的荔枝主要有糯米糍和桂味两个品种。"镇隆荔枝"先后获得了全国名特优新农产品品牌、广东省名特优新农产品区域公用品牌、广东省名牌产品等称号。

2. 文旅元素

镇隆镇现存数十株上百年的荔枝古树，其中 13 株树龄达到 600 年，是"中国荔枝之乡"。近年来，镇隆镇立足资源禀赋挖掘产品内涵，连续 10 年举办荔枝文化节，借助高铁、酒店、地铁等巨大客流量与高效传播力的媒体平台，打造特色产业形象，将镇隆荔枝推向全国[37]。镇隆镇还积极参与多届广东荔枝"12221"市场营销暨广东国际网络荔枝节及上海、杭州、重庆等地推介活动，整合东坡荔产品、文化、衍生品营销，进一步打开新市场。镇隆"红美荔"企业还打造出荔枝干、荔枝蜜、荔枝月饼、初丹8度荔枝酒等深加工产品，成为惠州礼品市场的新宠，相继被评为惠州手信50强和惠阳十大手信[38]。除了全面提高荔枝知名度，镇隆镇还利用镇域内河流、小溪古荔枝林，建设一个集娱乐健身、集会休闲、荔枝文化、人文情怀于一体的荔枝公园，带动当地旅游业发展[39]。

惠州市惠阳区镇隆镇黄竹沥古荔枝公园　　　　　　　　　雷百战　摄

（十四）茂名市高州市根子镇

1. 发展概况

根子镇位于全国水果第一市——广东省高州市东南部，荔枝种植历史可追溯到秦末。根子镇荔枝种植面积达7万亩，拥有世界最大的连片荔枝林和荔枝产业带，主要以白糖罂、白腊、妃子笑荔枝品种为主[40]。镇域整合荔枝种植、仓储、物流等资源，打造了"根子贡荔""根子有荔""蒸姑娘"等特色品牌。

2. 文旅元素

根子镇境内采用唐代建筑风格打造城墙、门楼，门楼旁摆放了一座栩栩如生的"一骑红尘"雕像，为游客重塑朝廷进贡荔枝的情景[41]。部分村落按照岭南古民居风格进行改造，进一步向游客展示岭南特色文化。作为"中国荔枝第一镇"，根子镇深入挖掘荔枝文化，坚持把"卖产品"与"卖文化"相结合，在广东省十大农业公园——高州荔枝主题公园内打造了柏桥贡园、红荔阁柏桥荔枝文化广场、核心区游客接待中心等四大功能区，为游客提供了荔枝采摘、农耕文化学习的平台[42]。镇域内还建设了中国荔枝博览馆、荔枝种质资源圃、荔枝邮局等文旅景点，提升荔枝文化品牌形象。根子镇还组织开展敬树神、荔枝定制、荔枝汉服秀、荔枝画展等活动，发布《我爱荔》歌曲及荔枝文创雕塑，进一步宣传和推介大唐荔乡和根子荔枝文化[43]。

茂名市高州市根子镇及柏桥贡园　　　　　　　　雷百战　摄

（十五）茂名市高州市平山镇

1. 发展概况

平山镇位于高州水库腹地，三面环水的生态环境孕育出的白糖罂荔枝果大肉厚、清甜多汁，且成熟期早，深受消费者青睐。2023 年，全镇荔枝种植面积2.5 万亩，产量约 2 万吨，品种以白糖罂为主。近年来，平山镇借助当地资源优势，瞄准大湾区市场，抓好荔枝产业，打造"平山生态荔枝"品牌[44]。

2. 文旅元素

为持续打造荔枝品牌，平山镇每年召开荔枝品牌推荐会。2023 年，平山镇在仁耀垌村举行荔枝推介会，开展了荔枝王评比大赛和荔枝定制活动，打造"平

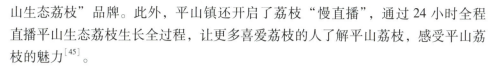

山生态荔枝"品牌。此外，平山镇还开启了荔枝"慢直播"，通过24小时全程直播平山生态荔枝生长全过程，让更多喜爱荔枝的人了解平山荔枝，感受平山荔枝的魅力[45]。

（十六）茂名市高州市谢鸡镇

1. 发展概况

谢鸡镇是高州市荔枝主产区之一，全镇荔枝种植面积超3.6万亩，荔枝种植品种超过20种，其中以桂味、白糖罂、妃子笑和黑叶为主。立足本地资源优势，谢鸡镇罗迪坑村打造了"百年老树桂味荔枝"和白石坡"金坑荔枝"品牌。

2. 文旅元素

谢鸡镇种植历史悠久，镇内罗迪坑村的荔枝老树村中超过百年树龄的桂味荔枝古树有206株，60~100年树龄的老树有1000多株。自2022年起，谢鸡镇年度举办荔枝文化节，通过开展荔枝定制活动、播放宣传视频、发布谢鸡镇荔枝采购指南，大力推广谢鸡镇荔枝文化[46]。

（十七）茂名市电白区霞洞镇

1. 发展概况

全镇荔枝种植面积8万多亩，主要品种是黑叶，占总面积60%以上，其次是白腊、白糖罂、仙进奉、三月红、妃子笑、桂味、挂绿、糯米糍等。

2. 文旅元素

霞洞镇位于茂名市电白区西北部，在汉代已有荔枝种植，霞洞上河贡园是茂名市四大荔枝古贡园之一。霞洞镇计划统筹整合镇内2000多株千年荔枝树，形成一条20多公里长的"8"字形荔枝观光带，沿荔枝观光带建设种养结合互补的生态养鸡场，给游客提供荔园窑鸡烤薯活动[47]。结合迈宵、高田、荣夏、长格、化普等村新荔枝带资源，沿途建设荔枝观光亭，打造霞洞上河贡园，打响霞洞荔枝品牌。霞洞上河贡园围绕荔枝古树修筑了多条小栈道，立起了各株荔枝树简介石碑，吸引了众多城里人来野餐聚会[48]。霞洞镇每年召开荔枝品牌推荐会，不断丰富推荐会内容，举办荔枝摄影、荔枝宴、荔枝定制等活动，集中展示荔枝的品种及其加工品，向游客展示电白荔枝文化品牌[49]。

（十八）茂名市电白区旦场镇

1. 发展概况

旦场镇位于电白区中南部，依山傍海，拥有着优越的土地和气候条件。全镇荔枝种植面积3.8万亩，主要有黑叶、白腊、白糖罂、妃子笑、桂味等荔枝名优品种。

茂名市电白区霞洞上河贡园   雷百战 摄

2. 文旅元素

旦场镇计划在白腊塘村油麻坡打造一个集康养、文化、荔枝产业于一体的中国·来荔湖文旅康养项目，主要建设国家现代农业产业园（中国首个荔枝智慧园）广东省院士创新基地、茂名荔枝·冰荔贡园、4.0智慧农业科创生态园、配套酒店及基础设施建设，将大力推动旦场镇的荔枝和旅游业发展[50]。

（十九）茂名市电白区林头镇

1. 发展概况

林头镇荔枝种植面积5.8万亩，其中，黑叶2.58万亩，占总面积的44.5%；白腊1.29万亩，占总面积的22.2%；妃子笑、白糖罂、桂味等1.93万亩，占总面积的33.3%。

2. 文旅元素

为加快推进林头镇荔枝的品牌建设，林头镇党委积极推动荔枝种植户与旅游公司合作开展休闲旅游，共同发布荔枝旅游线路。未来，林头镇将规划建设4个荔枝产业园区，打造8个荔枝休闲观光果场，设计2条观光采摘路线，推动荔枝农旅深度融合[51]。

（二十）湛江市廉江市良垌镇

1. 发展概况

良垌镇荔枝种植面积约 9.56 万亩，年产量达 10 万吨，种植的品种主要为妃子笑、广良红、桂味、白糖罂、黑叶、白腊、怀枝等。其中"妃子笑"种植面积达 8 万多亩，是粤西地区最大的"妃子笑"生产基地和出口基地，每年出口荔枝达 3000～5000 吨。

2. 文旅元素

2019 年，良垌镇创建了"良荔"荔枝公共品牌，并年度举办荔枝品牌推介会，借助荔枝文化汉服展演、荔枝品鉴、不断扩大"良荔"品牌影响力[52]。良垌镇以荔枝大世界农业公园为依托，紧抓"魅荔"休闲游，充分利用"荔枝+N"模式打造荔枝文化和乡村旅游深度融合的精品线路。其中，良垌镇中塘村推出荔枝采摘、革命文化研学、农事体验、特色美食品尝等乡村游项目，每年吸引众多游客前来休闲游玩[53]。

湛江市廉江市良垌镇及荔枝大世界农业公园　　　　　　雷百战　摄

（二十一）云浮市郁南县宝珠镇

1. 发展概况

宝珠镇素有"荔乡"之美誉，庞寨荔枝更是国家地理标志保护品牌。目前，宝珠镇荔枝种植面积 3.8 万亩，已形成庞寨、宝珠、大林、大用四个村公路沿线长达 12 公里的"荔枝走廊"。

2. 文旅元素

为打响黑叶荔枝品牌，宝珠镇实施文化品牌带动战略，以"聚宝藏珠、山水荔乡"为定位，建设荔枝文化馆、荔枝主题公园，举办"荔枝品尝节"、产销对接签约活动，大力宣传和推介庞寨黑叶荔枝，提升庞寨黑叶荔枝知名度[54]。宝珠镇荔枝节还计划丰富荔枝旅游项目，举行荔枝摄影、美"荔"骑行和探宝寻"珠"徒步等活动，加快文旅产业发展[55]。此外，宝珠镇抓住在旅游手信方面的机遇，激发荔枝文化创新创造活力，开发荔枝工艺创意产品，延伸产业增值链条至荔枝木雕刻工艺品。

云浮市郁南县宝珠镇庞寨村　　　　　　　　　　　　　雷百战　摄

（二十二）阳江市阳西县儒洞镇

1. 发展概况

2023 年，儒洞镇荔枝种植面积 4.4 万亩。儒洞镇荔枝种植品种以妃子笑、玉荷包、白糖罂、桂味、岭丰糯、仙进奉、井岗红糯、红蜜荔等优良品种为主，打造了"西荔王""爽缘""洋冠红"等荔枝品牌。

2. 文旅元素

借助沙扒创建旅游强镇的发展东风，儒洞镇建设粤西首家现代农业休闲观光园，以荔枝、稻米为主题，深度融合休闲观光采摘、科普教育、旅游度假、文化养生多种元素。为推动阳江荔枝与观光休闲农业相结合，提高阳江荔枝全国知名度和推介阳西生态旅游品牌，儒洞镇连续几年举办荔枝文化节，使荔枝品牌影响力逐年提升[56]。

阳江市阳西县儒洞镇荔枝长廊

雷百战　摄

（二十三）阳江市阳东区新洲镇

1. 发展概况

目前，新洲全镇荔枝种植面积达 3.7 万亩，主要以种双肩玉荷包为主，另外还有妃子笑、桂味、糯米糍等优质品种。双肩玉荷包荔枝独特的品质、口感及外形使其先后获得"中国地理标志证明商标"称号和"广东省名特优新农产品"区域公用品牌。

2. 文旅元素

近年来，新洲镇探索"种养、加工、休闲"的立体融合发展模式，整合镇域内小而散的果园，打造了 10 多个示范园，促进三产融合发展。2020 年，新洲镇举办广东国际网络荔枝节——阳江·阳东线下产销对接暨线上直播活动，为当地荔枝种植户、合作社提供销售对接平台，进一步宣传推介新洲镇双肩玉荷苞之乡品牌知名度，让新洲镇的荔枝"走出去"[57]。

（二十四）阳江市阳东区雅韶镇

1. 发展概况

雅韶镇依山傍海，资源丰富，也是"中国双肩玉荷包荔枝之乡"。雅韶镇荔枝种植面积达 1.4 万亩，主要以种双肩玉荷包为主，荔枝总产量 3000 多吨，总产值 6500 万元。

2. 文旅元素

结合阳东区"漆彩渔乡"乡村振兴示范带建设，雅韶镇积极探索"农业+文

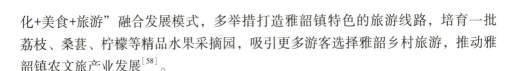

化+美食+旅游"融合发展模式，多举措打造雅韶镇特色的旅游线路，培育一批荔枝、桑葚、柠檬等精品水果采摘园，吸引更多游客选择雅韶乡村旅游，推动雅韶镇农文旅产业发展[58]。

(二十五) 阳江市阳东区塘坪镇

1. 发展概况

荔枝种植是塘坪镇的主要产业之一，全镇种植面积约7000亩，是双肩玉荷包原种发源地。全镇以种植双肩玉荷包为主，年产量达350万公斤。

2. 文旅元素

塘坪镇北甘村种植荔枝历史悠久，村内荔枝古树数量多，树龄在400年以上的荔枝古树超1000株，百年树龄的荔枝古树更是超2000株[59]。其中，有一株740年树龄的荔枝古树，是当地有名的"双肩玉荷包始祖母树"。目前，北甘村规划建设荔枝树公园，结合村里连片鱼塘，打造古荔文化村和"十里荷花"景观。开展古树认养、农家乐、亲子体验等乡村旅游项目，完善当地民宿条件，将北甘村打造成阳东区塘坪镇的一张旅游文化名片[60]。

阳江市阳东区塘坪镇北甘村（双肩玉荷包荔枝发源地）　　　　雷百战　摄

(二十六) 汕头市潮南区雷岭镇

1. 发展概况

雷岭镇种植荔枝已有500多年历史，现有荔枝种植面积4.4万亩，主要种有桂味、糯米糍、妃子笑、黑叶等荔枝品种。"雷岭荔枝"已获得国家级和省级

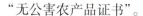

"无公害农产品证书"。

2. 文旅元素

雷岭镇统筹整合现有资源，以荔枝为抓手，打造荔枝主题公园，将休闲观光旅游、摘荔枝、吃农家菜等旅游项目融入荔枝产业链中，推动荔枝全产业链发展。截至 2023 年，雷岭镇已连续 16 年成功举办了雷岭荔枝文化旅游节，初步形成"荔枝+旅游"发展格局。2023 年的荔枝节中，雷岭镇推出荔枝采摘、荔枝品尝、草地露营、场景摄影等项目，吸引大批游客慕名前来游玩[61]。

（二十七）汕尾市海丰县赤坑镇

1. 发展概况

赤坑镇种植荔枝面积 3 万多亩，主要种有糯米糍、妃子笑、桂味等传统优势品种以及红灯笼、仙进奉、红美人、迟美人、冰荔、盈荔等 30 多个特色新品种，是全县荔枝种植专业大镇、粤东地区荔枝种植大镇。

2. 文旅元素

赤坑镇积极发展荔枝产业，鼓励荔枝种植户完善产业链，推进"荔枝+"农文旅融合发展。镇域内妙荔现代农业园采用共享果园的理念，开展荔枝树认领活动，向荔枝领养者提供认领荔枝树的生长、管理、采收全过程展示，同时，荔枝领养者还能来果园内亲自参与荔枝种植、采摘，打造赤坑镇荔枝名片[62]。

三、荔枝田园综合体

（一）建设概况

高州市"大唐荔乡"国家田园综合体核心区是国家田园综合体建设试点项目，位于广东省茂名高州市，其核心区是根子镇。全镇荔枝种植面积为 7 万亩，主要种植的荔枝品种是白糖罂和白腊。

（二）文旅元素

"大唐荔乡"按照"1+5+10"总体布局打造田园综合体，即 1 个贡园，荔枝古诗主题园、状元道、四方园、荔枝文化休闲园、塘壁园 5 个不同主题的古荔园和 10 个标准示范园和观光示范园，打造具有区域影响力的全产业链形态的荔枝产业集聚区和荔枝主题田园综合体[63]。借助"大唐荔乡""千年贡品"的文化底蕴和历史故事，"大唐荔乡"深入发掘荔枝文旅资源，推出荔乡风情主题村落、荔乡景观环道、贵妃广场、荔枝风情村、荔枝工坊、荔枝物流中心、大唐荔枝广场等荔枝主题旅游项目，将"大唐荔乡"国家田园综合体打造成为具有岭南特色的田园风情综合体网红打卡点[64]。下一步产业园计划加快贵妃广场、柏

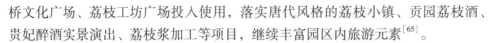

桥文化广场、荔枝工坊广场投入使用，落实唐代风格的荔枝小镇、贡园荔枝酒、贵妃醉酒实景演出、荔枝浆加工等项目，继续丰富园区内旅游元素[65]。

（三）运营方式

一是推出"大唐荔乡"赏花叹蜜品荔之旅，通过荔乡景观环道、贵妃广场、荔枝风情村、荔枝工坊、荔枝物流中心、大唐荔枝广场等配套项目的建设，打造高州市旅游名片，每年吸引游客超过 2000 万人次。二是年度举办农事节庆活动、电商推介会等形式，将区域品牌打响擦亮，吸引更多游客前来游玩。

高州市根子镇百荔园"力士献荔"雕塑   雷百战 摄

四、荔枝贡园

目前保存最为完整的荔枝古贡园主要包括高州根子柏桥贡园、高州泗水滩底贡园、高州分界南山贡园、电白霞洞上河贡园、茂南羊角禄段贡园。清朝两广总督诗人阮元有诗云："新歌初谱荔枝香，岂独杨妃带笑尝。应是殿前高力士，最将风味念家乡。"意思是唐朝杨贵妃所食荔枝为贡园提供。

（一）高州根子柏桥贡园

1. 基本情况

高州根子柏桥贡园位于高州市根子镇柏桥岭腰村，种植面积约 80 亩，是目前全国种植面积最大、历史最悠久、保存最完好、老荔枝树最多、品种最齐全的古荔园之一。成园于隋唐年间，至今已有 2200 多年历史。该园是广东、广西、海南等省份扩种荔枝的母本园之一，被誉为"活的荔枝博物馆"。园中现存 500

年以上树龄的荔枝树 39 株，其中 1300 年以上的 9 株，种植的荔枝品种包括白糖罂、黑叶、白腊、桂味、三月红、糯米糍等，尤以白糖罂为主，最老的 1 株白糖罂荔枝树树龄有 1380 多年，周边有连片荔枝林 3000 多亩[66]。

2. 旅游元素

荔枝贡园由何姓六世祖开始接管经营后，今已传到 21 世。2000 年前后，贡园建设了硬底化的栈道供游客参观，不断完善旅游基础设施，提升旅游服务软硬件水平。贡园根据各株古树的形态特征为每株树取不同的名字和寓意，如"迎客荔""别有洞天""千手观音""汉俚同根""五马归槽"等[67]。依托四大古荔园打造以荔枝古树为核心的荔枝"农旅文创一体化"旅游带，打响了"520 我爱荔"荔枝文化 IP，形成了"旅游+荔枝""文化+荔枝"等"荔枝+"融合发展模式。千年荔枝古树，至今仍焕发勃勃生机，造福于民[68]。

3. 运营方式

贡园实行"一古树一守护人"的网格化管理模式，为各株荔枝古树建卡归档、设置警戒线，做好荔枝古树传承保护工作。贡园内有株 800 年树龄的"荔王"，曾参与 2002 年由茂名市委、市政府和珠江电影制片公司联合拍摄的剧情电影《荔枝红了》走红，吸引不少慕名来贡园参观游玩的游客与其合影打卡。近年来，贡园举办荔枝古树采摘权拍卖会，2022 年"荔王"树果拍出 188 万元天价[69]。

高州根子柏桥贡园（荔王：树龄 800 年；千手观音：树龄 600 年） 雷百战 摄

（二）高州泗水滩底贡园

1. 基本情况

高州泗水滩底贡园位于高州市泗水镇大联村委会滩底村，至今已有 1000 年的历史，种植面积 250 亩，荔枝古树成群，现存百年老树超过 100 株，千年老树 30 多株，其中树龄最大的荔枝古树"王母赐"，树形仿似撑天巨伞。主要品种为黑叶，其他还有白糖罂、三月红、新兴、妃子笑、桂味等十多个品种。

2. 旅游元素

滩底贡园可分为三个区域。一区内有 3 株较为突出的大树，其中两株有铁护栏保护，一株树龄为 1780 年，另一株树龄为 1800 年，是该贡园中现存最老的树[70]。二区、三区打造成现代农业生产基地和集旅游、娱乐休闲于一体的美丽公园，在古树下设有石台石凳，在林中铺有路径，不断完善旅游基础设施。

3. 运营方式

每年农历五月荔枝丰收后，滩底就会举办"祭荔枝神"活动，由族老或当地最有威望的人来祭拜园内最老、最茂盛而且结果最多的荔枝树，祈祷明年风调雨顺。通过这个活动，引来广大群众前来观赏，1996 年香港翡翠台《大江南北》摄制组更是慕名前来滩底专门拍摄"荔枝丰收祭"的全过程，有 6 万多人参加了这项活动，场面十分壮观、热烈。

高州泗水滩底贡园（仙进奉：树龄 1780 年）　　　　　　　雷百战　摄

（三）高州分界南山贡园

1. 基本情况

高州分界南山贡园位于茂名高州市分界镇鸡公河流域南山、新坡段，方圆

2 公里，是岭南地区现存最大的荔枝古树群之一。园内种有 800 多株古荔枝树，千年以上树龄的就有 106 株。其中东方三树下村的"桂味王"古荔枝树，是岭南地区迄今树龄最老的桂味荔枝树。

2. 旅游元素

贡园荔枝树历史悠久、数量众多、树干粗壮、树型奇美、果质优良，极具旅游观赏价值。园内"桂味王"古荔枝树，历经千年，树干粗壮，三位成人合抱不过，树枝盘虬卧龙，树冠亭亭如盖，覆地 1 亩多，吸引游客慕名前来[71]。

3. 运营方式

贡园位于国家和省级荔枝现代农业产业园加工区，具有较为完善的荔枝产业链，开发出系列加工产品、文化创意产品、休闲旅游产品等。未来，南山贡园将深入挖掘当地荔枝资源，联合旅游开发公司，打造乡村荔枝旅游景点，发展农业生态观光旅游，树立分界的荔枝文化品牌[72]。

高州分界南山贡园（桂味王）

雷百战　摄

（四）电白霞洞上河贡园

1. 基本情况

电白霞洞上河贡园位于电白区霞洞镇中部、浮山岭南麓、沙琅江北岸，种植面积 1000 多亩。园里原有古树上万株，现存 571 株，大部分树龄在 500~800 年，当中最古老的荔枝树树龄为 1780 年，此园荔枝有黑叶、白腊、仙进奉等多个品种[73]。

2. 旅游元素

诗人杜牧名句"一骑红尘妃子笑，无人知是荔枝来"中的荔枝，便是产自茂名的古荔贡园。从汉朝开始，霞洞上河贡园的荔枝便进贡朝廷。贡园的荔枝树千姿百态，有的像雄鹰展翅，有的像孔雀开屏，有的像随风舞动的少女[74]。虽然荔枝古树树龄老，但是依然生机勃勃，郁郁葱葱。园区内建成供群众休闲娱乐和游客观光的荔枝公园，并开展荔枝采摘活动，吸引游客前来观光和摘荔尝鲜。

3. 运营方式

为进一步弘扬茂名荔枝文化，首先，霞洞上河贡园举办荔枝文化形象大使选拔赛、贡园诗会、荔枝节，融合"荔枝+文旅"，打响霞洞荔枝品牌。其次，古荔公园现有的广场将改建成展览馆，展示销售荔枝鲜果、荔枝加工品及荔枝文创产品，打造荔枝旅游手信品牌。

电白霞洞上河贡园（岭南荔母：树龄 1780 年；黑叶：树龄 1300 年）　雷百战　摄

（五）茂南羊角禄段贡园

1. 基本情况

茂南羊角禄段贡园位于茂南区羊角镇北部，种植范围包括禄段村、妙义村的武馆园，西瓜地村的车田园，下水牛坡村的龟尾园，荔枝林共 500 多亩。园内最古老树龄为 1250~1280 年，百年以上古荔枝树有 2000 多株，千年以上古荔枝树有 363 株[75]，以黑叶和白蜡品种为主。2020 年，广东省农业科学院果树研究所和广东省荔枝分子标签工程技术中心检测发布了《荔枝古树树龄检测分析报告》，指出茂南羊角禄段龟尾园内有一株树龄为 1933 年的荔枝古树，是目前中国存活的树龄最大的荔枝树，也可能是全世界最古老的荔枝树[76]。

2. 旅游元素

羊角禄段贡园是茂名四大古荔园之一，四周名胜古迹遍布，包括泗马塘、横山庙（灵山庙）、禄段堡、武馆园、田心冼太庙、马头岭、鸡公河、黄坑仔水库。灵王庙现存明代冷煅黄铜"五虎山"浮雕茶壶、白铜大灯盏、民国广东省省长陈济棠赠送的汉白玉香炉等文物，现为茂名市文物保护单位。武馆园相传众多历史文化故事，较为出名的有：唐代名宦高力士曾拴过马的"拴马树"位于此地；明朝何氏始祖三兄弟在此设馆练武，抗击倭寇；红色革命英雄何文友为保护战友，在此地壮烈牺牲。除了历史文化故事，贡园里有一株苍劲的古荔树，被当地群众称之为"情侣树"，早在 1000 年前在此完成嫁接，向游客展示大自然鬼斧神工的魅力[75]。

3. 运营方式

为做强禄段贡园荔枝品牌，羊角镇深入实施贡园及周边环境整治提升工程，全面优化贡园生态环境质量，提升游客体验的满意度。禄段贡园加强农业科技投入，计划打造"五化"高标准智慧荔枝果园，利用园内 50 余种荔枝种质资源培育新品种，引进井岗红糯、岭丰糯、仙进奉、冰荔、凤山红灯笼等优质品种，向荔枝种植户提供优质荔枝品种芽条，全面改良荔枝品种[68]。茂南区政府委托广州地理研究所制定荔枝产业发展规划，以禄段贡园为核心，统筹茂名现有贡园，盘活全市荔枝古树资源，打造全国首个荔枝主题的国家农业公园[75]。

茂南羊角禄段贡园（黑叶：树龄 1836 年）

雷百战　摄

五、荔枝公园

荔枝在栽培和种植管理过程中留下的景观资源多，其中有荔枝树本身的生态景观资源，也有文人墨客对荔枝纷纷赞扬的诗词书画，是荔枝文化景观的重要组成部分，该类荔枝林具有一定的规模和种植历史，最主要的是荔枝林具有显著的景观观赏价值，结合周边的其他自然景观、人工景观以及生态景观，形成具有经济价值和欣赏、游览价值的荔枝园人文景观。荔枝公园既有供城乡居民休闲的荔枝主题公园，也有荔枝古树（群）聚集的古荔景观，也有历史传说典故景观和展示乡村振兴的红色景点。荔枝公园一般设有入口牌坊、登山石径、下山车道、荔枝广场、景观平台、乡村祠堂、游览驿站、景观小品等。在建设过程中，公园侧重于凸显岭南特色，充分利用荔枝林原有自然资源和基础设施，在保持荔枝林原生态的基础上，围绕荔枝主题，增添别具匠心的文化景点和公共设施，供游人欣赏、游玩和休憩。

全省以荔枝为主题的荔枝公园有 20 座以上。其中包括从化荔枝皇公园、增城挂绿广场、增城区荔枝文化公园、增城正果镇兰溪古荔枝公园、黄埔贤江古荔枝公园、东莞市厚街镇大迳荔枝文化公园、东莞市大朗镇水平村古荔公园、东莞市大朗镇松柏朗荔枝公园、东莞市谢岗镇南面村荔枝王公园、东莞市樟木头镇金河荔枝公园、东莞东坑镇荔枝公园、深圳市荔枝公园、深圳市南山区西丽生态公园、深圳荔香公园、深圳梅林公园古荔区、黄竹沥荔枝古树公园、惠州市荔枝文化公园、宝珠镇庞寨法治文化公园、雷岭镇赤坪村荔枝公园、茂名市电白区荔枝文化公园等。

（一）从化荔枝皇公园

1. 公园概况

从化荔枝皇公园位于广州市从化区太平镇木棉村，园区栽种品种主要为糯米糍和桂味。公园内的"荔枝皇"荔枝树龄 470 多年，树干基径为 5.15 米，高12.5 米，冠幅直径 33.6 米，占地面积 886.23 平方米，是世界上最大的荔枝古树。"荔枝皇"四周还有 200 多棵，其中距离"荔枝皇"十几米远的地方有一株树龄 300 多年的荔枝古树，被称为"荔枝皇后"[77]。

2. 文旅元素

距离公园内"荔枝皇"不远处有一座刻有"孝行流芳"的牌坊，建于清光绪十七年（公元 1891 年），相传是光绪皇帝被木棉村一个名叫谢树藩的孝义故事感动下令修建的。景区内修有一排阁楼"荔皇阁"，阁楼里刻有木棉村的简介以及地方民风特色等，向游客展示当地文化[78]。为打响荔枝品牌，荔枝皇公园积极响应从化区"荔枝+公益"活动的号召，开展荔枝拍卖会、荔枝认购定制、荔枝捐赠等系列活动，助推精品荔枝的现代农业品牌发展[77]。未来荔枝皇公园将结合龟咀古镇建设，园区融入休闲观光、科普教育、体验式农业等多种元素，规划建设荔枝皇公园周边河道、风雨亭、旅游服务中心，打造特色荔枝旅游品牌。

从化荔枝皇公园（荔枝皇：树龄 470 多年）　　　　　陈雨文　摄

（二）增城挂绿广场

1. 公园概况

增城挂绿广场位于增城荔城街的商业中心，整个广场规划总用地面积 45900平方米，建筑面积约 38000 平方米。广场中心种有一株 400 多年的"增城挂绿"母树，是增城西园挂绿母树第一代挂绿，因当年以 55.5 万元一颗拍卖成功而闻名于世[79]。

2. 文旅元素

增城挂绿广场分为三大功能区：商业广场区、城市标志性雕塑区和"西园挂绿"母树观赏区。位于挂绿广场的东南端，以驰名中外的"西园挂绿"母树为主体，为种植园、护园河和观园廊三个部分，构成一个开放式的观赏园。

由此可以近距离看到具有400多年历史的西园挂绿母树。商业广场城市位于整个挂绿广场的中部，由标志性的雕塑、花坛、旗坛等建筑而成，采用下沉式的建筑风格，可作为商业宣传及城市节日庆典的表演区，也是人们休憩的理想场所。

增城挂绿广场（挂绿母树：树龄400多年） 　　　　　　陈雨文　摄

（三）增城区荔枝文化公园

1. 公园概况

增城区荔枝文化公园（原名荔城生态公园）总占地面积703亩，与增城广场、增城公园形成"晶"字形相邻。公园内大约有4000棵处于生长旺盛期、树龄40年左右的荔枝树，种植品种主要为怀枝、桂味、糯米糍等10多个名优品种。

2. 文旅元素

公园种有檀树、乐昌含笑、三角枫、白玉兰等观赏性绿化苗木，山顶设有赏荔亭、观荔长廊，林道两旁还有人工栽植的桂花和自然生长的山花，漫步其间倍感清新与幽静。近年来，园区不断完善基础设施，给园路铺设了沥青，加装了路灯，增设了运动场、凉亭、厕所、生态停车场等公共设施，逐步满足群众对休闲娱乐场所的需求。主园路上长达500米的防撞墙也被粉刷成彩色，成为周边市民纷纷前往打卡的"网红彩虹墙"[80]。园内还有多座雕塑，在赏荔亭东侧有一座有苏东坡石像，雕像右边放着一篮荔枝，背后大石上刻着著名的七言绝句《食荔枝》，进一步弘扬增城的荔枝文化，展现荔乡风情。

增城区荔枝文化公园（赏荔阁、彩虹墙）　　　　　陈雨文　摄

（四）增城正果镇兰溪古荔枝公园

1. 公园概况

增城正果镇兰溪古荔枝公园位于正果镇兰溪村，是第一个村级古荔枝公园，面积约 3000 平方米，以种植桂味、糯米糍、挂绿、水晶球、怀枝等品种为主。公园存活着一批古荔枝树，其中 7 株树龄都在 500 年以上，树龄 800 年的有 3 株，树龄高达 1600 年的有 2 株，品种是桂味和糯米糍。

2. 文旅元素

增城正果镇兰溪古荔枝公园的千年荔枝古树在全省占据重要位置，园内一年四季郁郁葱葱，空气清新，美景怡人，适合喜欢户外运动的人来此游玩[81]。依托兰溪古荔枝公园，兰溪村村民纷纷开设农庄，售卖土特产，有些推出特色体验项目，从而吸引更多游客。

增城区正果镇兰溪古荔枝公园　　　　　雷百战　摄

（五）黄埔贤江古荔枝公园

1. 公园概况

黄埔贤江古荔枝公园位于永和街贤江社区，保留两大古荔枝群——黄旗山下荔枝群以及后底山荔枝群，是广东省乃至全国都罕见的保存完好的大规模连片古荔枝林。百年古荔枝群连片面积达 3000 亩以上，成年荔枝超过 2 万余株，树龄达 300~500 年的古荔枝树就有近千株，其已挂牌树龄百年以上的古树有 1140 株[82]。主要种植品种有双肩红糯米糍、桂味、甜岩、亚娘子、雪怀子等 12 个品种，其中双肩红糯米糍和桂味比例最大。

2. 文旅元素

黄埔贤江古荔枝公园大门口设有古香古色的公园牌坊，往里走便是成片的绿色荔枝林。沿着登山石阶往上走，两侧枝叶繁茂的荔枝古树和若隐若现的溪水，让游客感受自然之美[83]。为了保护古荔枝林资源，公园在建设中在不伤害荔枝林原生态的基础上添加凉亭、石凳、路灯等基础设施，打造一个具有岭南特色的荔枝公园。

黄埔贤江古荔枝公园（荔香亭、尚书怀亭）   陈雨文 摄

（六）东莞市厚街镇大迳荔枝文化公园

1. 公园概况

厚街镇大迳社区有大迳荔枝文化公园和荔山公园。其中，大迳荔枝文化公园占地 75 亩，过百年的荔枝树 50 株，300 年以上树龄的荔枝树 4 株。主要有桂味、糯米糍、冰荔、仙进奉、莞福红等 10 多种优质荔枝品种。

2. 文旅元素

大迳荔枝文化公园规划有冰荔区、大迳红区、观音绿区、仙进奉区、桂味区、糯米糍区、怀枝区七大分区。公园内设置有东莞荔枝形象IP、荔枝发展历史展示牌、创意雕塑，是集生态观光、荔枝古树保护、名优新品种培育、科普研学等功能于一体的荔枝文化公园[84]。

东莞市厚街镇大迳社区荔山公园　　　　　　　　　陈雨文　摄

（七）东莞市大朗镇水平村古荔公园

1. 公园概况

东莞市大朗镇水平村古荔公园占地面积30亩，种有140多棵荔枝树，其中150年以上树龄荔枝树120多株，以糯米糍、桂味、怀枝、红绣球等品种为主。

2. 文旅元素

围绕荔枝主题，东莞市大朗镇水平村古荔公园设置了中心广场、荔枝诗词、荔香丰物、荔枝文化雕塑等不同区域，增添了别具匠心的景点和公共设施，让游客可以在游玩期间学习大朗的荔枝文化[85]。

东莞市大朗镇水平村古荔公园　　　　　　　　　陈雨文　摄

（八）东莞市大朗镇松柏朗荔枝公园

1. 公园概况

东莞市大朗镇松柏朗荔枝公园占位面积约 40 亩，种有荔枝树 200 多棵，其中 200 年的怀枝树有 140~150 株，主要种植怀枝、糯米糍、三月红和妃子笑等荔枝品种。

2. 文旅元素

东莞市大朗镇松柏朗荔枝公园内除了有郁郁葱葱的荔枝树，还建有生态鱼塘、鹅卵石散步路径、公共健身器材、亭台楼阁等配套设施，为本地居民和周边社区居民提供休闲、娱乐场所，丰富了群众的文化生活。公园在近几年还植入了党建元素，通过增设雕塑、小景，打造党建主题教育基地，扎实推动党建教育走深走实[86]。

东莞市大朗镇松柏朗荔枝公园

陈雨文　摄

（九）东莞市谢岗镇南面村荔枝王公园

1. 公园概况

东莞市谢岗镇南面村荔枝王公园位于南面村谢禾山村，面积 6000 多平方米。公园内有一株树龄超 170 年的怀枝古树，高近 10 米，平均冠幅约 16 米，是东莞单株产量最高的荔枝树。

2. 文旅元素

东莞市谢岗镇南面村以"荔枝王"公园为中心，修建入园步行道路及文化长廊等景观，整治公园周边鱼塘，全方位提升连片园区的自然环境和生态质量。谢岗镇以"银瓶红"品牌创立为契机，结合银瓶山森林公园、银山湿地公园、滨河公园的美丽景观和南面村"荔枝王"公园，推出多条旅游线路，推动全镇荔枝文旅发展[87]。

东莞市谢岗镇南面村荔枝王公园　　　　陈雨文　摄

（十）东莞市樟木头镇金河荔枝公园

1. 公园概况

东莞市樟木头镇金河荔枝公园位于东莞观音山国家森林公园山下，园区有3000亩荔枝林，主要种植观音绿、糯米糍、桂味等优质荔枝。

2. 文旅元素

东莞市樟木头镇金河荔枝公园内铺设大理石、文化石以及原有的河卵石，配套花带、坐凳、木屋等设施以及停车位，保障游客参观体验感受。金河荔枝园下一步还将改造成一座观音绿高标准智慧果园，通过科技化种植荔枝，加速荔枝观光旅游、科普教育的一体化发展，打响观音绿品牌，吸引更多的游客[88]。

东莞市樟木头镇金河荔枝公园　　　　陈雨文　摄

（十一）东莞东坑镇荔枝公园

1. 公园概况

东莞东坑镇荔枝公园建设范围包括初坑村、寮边头村、长安塘村、新门楼村、井美村、东坑村共 943.5 亩的"家门口"荔枝公园。

2. 文旅元素

截至 2023 年，东坑镇已建成 6 座荔枝公园，分别是初坑村龙坑荔枝公园（思进园、香荔园）、初坑小塘荔枝公园、井美村红荔公园、长安塘村荔枝公园、东坑村荔枝公园、新门楼荔枝公园[89]。各个荔枝公园融合不一样的元素，示范带动全镇 36 个荔枝园提档升级。井美村红荔公园是东坑镇首个结合红色文化与荔枝产业建成的公园，园内增设林下活动空间、草坪空间、老年活动中心、小菜园、环游步道、文化元素景墙及场景，还建造了一座荔枝雕塑，向群众讲述 1975 年东坑镇献荔枝给毛主席的故事，吸引一批游客前来倾听红色故事[90]。寮边头村茶亭荔枝公园融合运动休闲与党史教育、农耕文化传承，设置党建教育、荔枝种植、农田保护与水莲观赏 4 个不同的功能区。下一步，东坑镇计划围绕荔枝和本地特色建筑，结合"四小园"建设，将初坑村荔枝园打造成集香荔园、思进园、文武庙于一体的生态文化公园系统。

东莞东坑镇井美村红荔公园　　　　陈雨文　雷百战　摄

（十二）深圳市荔枝公园

1. 公园概况

深圳市荔枝公园位于福田区红岭中路（市政府旁），全园占地面积 28.8 公顷，常用于举办灯会和花展。以 589 株荔枝老树为主景树，深圳市将荔枝公园打造融合传统园林风格和现代元素于一体的深圳新地标。

2. 文旅元素

公园环境优雅、鸟语花香，是深圳都市的绿色氧吧，深受市民喜爱。园内建有亭台楼阁、水榭亭台、小桥流水、花廊竹径、古树名木、奇石怪桩等20余处观赏景点[91]。园内有2个最为著名的景点，分别是荔香阁、荔湖。荔香阁高三层，为观赏全园景观所用，在荔枝成熟的时候，游客可以拾级而上到阁楼高层，观赏园区的"绿海荔红"；荔湖面积10公顷，是一座人工湖，近几年还建造了揽月桥、音乐喷泉、激光水幕、绕湖灯光夜景等设施，是深圳赏月的绝佳地。荔枝公园多次邀请园林、诗词、楹联、书法等专家对园区内景点题名，并邀请书法大师在此泼墨挥毫，大大地提升了公园的文化品位。荔枝公园每年举办花展和荔枝采摘活动，每年6~7月荔枝成熟和南山荔枝节期间，荔枝公园可以让游客入园亲自采摘、品尝荔枝。

（十三）深圳市南山区西丽生态公园

1. 公园概况

深圳市南山区西丽生态公园也叫荔枝世界生态园，位于广东省深圳市南山区西丽湖畔西丽果场内，占地面积4300亩，种植荔枝40000多棵、龙眼5000多棵，形成以了以荔枝、龙眼为主导产业，生态旅游业为辅的生态公园。荔枝种植品种以妃子笑、糯米糍、桂味、怀枝、黑叶为主。

2. 文旅元素

深圳市南山区西丽生态公园在保留生态原貌的背景下，建设荫生植物园、沙漠植物园、珍奇瓜果园、农家饭馆、垂钓中心和接待中心，及完善的旅游景点和配套设施。每年6~7月，果园里4万多棵荔枝树成熟，吸引众多游客前来采摘荔枝。为了增加休闲观光乐趣，公园设置玻璃观景台，提供360度无死角眺望深圳的观景平台。结合山地风格，公园为儿童打造游乐区域，在丰富园内体验活动的同时，提高儿童身体素质。公园还建有一个垃圾分类科普体验馆，通过让市民游客亲身体验垃圾分类，唤醒市民环保意识[92]。垃圾分类科普体验馆附近有占地3亩的生态种植区，种植有粮食作物、绿色蔬菜，让孩子们更直观地感受农作物生长过程，培养孩子们爱惜粮食、尊重劳作成果的意识[93]。

（十四）深圳荔香公园

1. 公园概况

深圳荔香公园位于深圳市南山区中心地带，总面积约为22万平方米。是集休闲、观赏、健身、娱乐为一体的现代化生态公园。园内有1000多株荔枝古树，是深圳特区内最大的古荔枝群之一。

2. 文旅元素

深圳荔香公园以植物造景为主，建有荔枝园、棕榈园、杜鹃园等园林景观，还建设篮球场、跑道、网球场、健身场等运动设施，满足市民运动健身、休闲娱乐的需求。园内还设有亭、廊、花架、广场等设施，以满足人民游憩和观赏的需求。公园最大的亮点是在北大门广场座高 9.9 米的"南山明珠"，其上半球"果肉"凝如碧玉，下半球"荔壳"则是刻满岭南四季风情的浮雕，底部有喷泉相托，远望近瞻，皆成佳境[94]。

（十五）深圳梅林公园古荔区

1. 公园概况

深圳梅林公园古荔区位于深圳梅林片区，面积约 121 公顷，是一个以荔枝林为特色的城市公园，于 2004 年底开放。

2. 文旅元素

深圳梅林公园由四个相对独立的区域组成，分别是古荔区、彩色梅林区、听涛区和芳香区。古荔区占地面积约 27 公顷，保留了近千株原生态的百年古荔枝树，园区古树郁郁葱葱，林下空旷平坦，是深圳市少有的荔林草坪自然景观[95]。修建了荔林活动区、老人活动广场、儿童广场、四季广场、健身活动区、登山道、谷地溪流、东大门"荔枝飘香"景墙、"二十四孝"长廊等景点，保留了"三圣宫"人文古迹。古荔区内还建有一个梅林书院，总面积 700 平方米，内设文学区、综合区、少儿区、特色区及电子阅览区五大功能区域，为阅读爱好者提供一个环境舒适的阅读场所。

（十六）黄竹沥古荔枝公园

1. 公园概况

黄竹沥古荔枝公园位于惠州市惠阳区镇隆镇井龙村，总占地面积 19 亩，种有 35 株 300 年以上树龄的荔枝古树，其中有 13 株树龄超 600 年。公园种植品种大多是怀枝，还种有部分糯米糍、桂味等优质品种。

2. 文旅元素

黄竹沥古荔枝公园作为镇隆荔枝文化的重要组成部分，积极举办荔枝文化节。2020 广东国际网络荔枝节之丝路行暨惠州（镇隆）首届东坡荔枝文化节（第十一届镇隆荔枝文化节）活动开幕式就在黄竹沥古荔枝公园举行[96]。文化节期间，还举办了荔枝擂台赛、养生文化讲座及"十大种植匠"评比大赛等多项活动，助力"镇隆荔枝"文化品牌的打造。

黄竹沥古荔枝公园   雷百战　摄

（十七）惠州市荔枝文化公园

1. 公园概况

惠州市荔枝文化公园位于惠州市惠城区沥林镇企岭村，由荔枝老果园改造而来，占地面积 7000 多平方米，园内荔枝树树龄超过百年。企岭村投资 60 多万元购置健身器材，平整道路，修剪荔枝树，展示红色文化。

2. 文旅元素

每年到了荔枝成熟的时候，公园内的荔枝树挂满荔枝鲜果，香味弥漫山野。公园还建有正气亭、廉政石刻等景点，展示大革命到抗日战争、解放战争时期，企岭村民积极投身革命的事迹，弘扬红色革命精神。

（十八）宝珠镇庞寨法治文化公园

1. 公园概况

宝珠镇庞寨法治文化公园是在宝珠镇庞寨村荔枝果园的基础上进行改造。公园以原生态山水景观为主体，融入荔枝文化、石文化、园林景观文化和法治文化，打造集科普教育、休闲娱乐于一体的法治文化公园。

2. 文旅元素

公园内建有荔枝丰收场景雕塑、荔枝文化馆，开展"庞寨黑叶荔枝"地理标志展示及宝珠镇荔枝文化宣传；公园还设置有法治格言雕塑、警句小标牌和法治宣传栏，向游客和村民宣传《宪法》《民法典》等法律知识[97]。

庞寨法治文化公园（黑叶荔枝母树　荔枝文化馆）　　　　雷百战　摄

（十九）雷岭镇赤坪村荔枝公园

1. 公园概况

雷岭镇赤坪村依托村 300 多亩荔枝山林果园，结合"小丹霞""小瀑布"、雷岭河等自然景观，"崩山沟"战役原址等红色遗迹，规划建设特色鲜明的荔枝主题公园，首期建设村级文化广场、荔枝公园入口景观、登山栈道、红色文化宣传阵地和停车场等。

2. 文旅元素

雷岭镇赤坪村结合乡村振兴实施和"百千万工程"建设成果，不断完善建设公园基础设施和休闲配套设施，建成集荔枝采摘、生态观光、红色文化宣传、休闲娱乐等功能于一体的荔枝主题公园。

（二十）茂名市电白区荔枝文化公园

1. 公园概况

茂名市电白区荔枝文化公园项目是电白城区的重点项目之一，位于包茂大道与迎宾大道交汇处，环境优美，公园连片占地面积 1000 多亩。

2. 文旅元素

茂名市电白区荔枝文化公园建设有山顶观景台、环山荔林小径、文化牌坊、荷花池等设施。荔枝季，站在荔枝文化公园山顶观景台上俯瞰，漫山遍野的荔枝果海和繁华秀美的水东城区尽收眼底，美不胜收。荔枝文化公园有浓厚的荔枝文化氛围，园内文化牌坊、山顶观景台浮雕，向广大市民和游客展示名家诗画对联和脍炙人口的民间传说。

六、荔枝文化博览园（馆）

广东省现有 5 个荔枝博览园（馆），包括中国荔枝博览馆、从化区荔枝文化博览园、增城荔枝农耕文化博览园、增城荔枝文化博览馆、东莞岭南荔枝园。

（一）中国荔枝博览馆

1. 基本情况

中国荔枝博览馆位于广东省茂名市高州市根子镇，占地面积 1800 平方米，建筑总面积 4760 平方米，是国家荔枝种质资源圃的重要组成部分。

2. 文化元素

中国荔枝博览馆共三层，规划分为荔史、荔事、荔知、荔人、荔业、荔韵、荔梦 7 个展厅，主体以仿唐建筑，与两侧荔枝林相映成趣[98]。一楼有荔史、荔事、荔知、荔人、荔业，共 5 个展厅，集中展示了我国荔枝发展史、文化典故、获得成就等延伸至古代艺术品和当代非遗荔枝形象。二楼的荔韵和荔梦展厅陈列了与荔枝相关的诗画、文学作品和荔枝加工产品，并采用 VR 技术，展现荔枝种植、培育到收获的过程，让游客沉浸式感受荔枝历史文化。

3. 景观特色

博览馆二楼设置了 700 多米空中廊道，将博览馆和国家荔枝种质资源圃的产区荔枝展示区连在一起，让游客从虚拟回到现实。沿着栈道走，游客可以依次看到国家荔枝种质资源的 18 个产区荔枝实体展示。各个产区都按照生产地、生产国的文化和风土人情进行设计，游客可在栈道上切身感受各地荔枝产区的风貌。为方便游客参观，栈道上设置了 3 座观景亭，其中两座观景亭之间安装了 100 米透明玻璃栈道，为游客带来漫步荔枝园空中的新奇感。

中国荔枝博览馆　　　　　　　　　　　　　　　雷百战　摄

（二）从化区荔枝文化博览园

1. 基本情况

从化区荔枝文化博览园占地面积约 300 亩，荔枝引种超过 100 多种，拥有品种丰富的种质资源圃。园区以荔枝为主导产业，建设荔枝产业研究院、荔枝大数据中心、荔枝文创基地、5G 数字农业智能化示范果园等多个项目[99]。

2. 文化元素

从化区荔枝文化博览园主要功能定位为"一库两园三平台"："一库"是荔枝产业优质种质资源库；"两园"是荔枝科技创新产业园、5G 智慧荔枝园；"三平台"是现代荔枝种植技术示范推广平台、荔农致富创业指导培训平台、从化特色农产品交易平台。荔博园以荔枝产业为主体，结合 VR、多媒体、无人机等技术，开展科普研学，展现从化文旅路线全貌和荔枝种植、采摘、运输的全过程。博览园引种 116 个全国各地的荔枝品种，其中 1 棵 80 年树龄的荔枝树在农技人员的高接换种后，可结出三月红、流溪红荔、新球蜜荔、草莓荔、观音绿、怀枝和桂味 7 个品种的荔枝果实[100]。博览园区内还建有特色餐馆，推出荔枝木烧鹅招牌菜。经过荔枝木烤制的烧鹅皮脆肉嫩，皮、肉、骨连而不脱，入口即离；且皮脆、肉嫩、骨香、肥而不腻，受到游客和学生追捧。荔博园还开设了特色产品展示区，摆放荔枝干、荔枝饼、荔枝红茶等加工产品、文创产品以及其他从化土特产，满足游客购物需求。

从化区荔枝文化博览园

陈雨文　摄

（三）增城荔枝农耕文化博览园

1. 基本情况

增城荔枝农耕文化博览园位于增城仙进奉荔枝现代农业产业园，总建设面积约 250 亩。博览园内种有国内外 250 多种荔枝品种，主要有挂绿、仙进奉、桂味、糯米糍等优质荔枝品种。

2. 文化元素

博览园由一条主干道（节气大道）和四个主题广场区构成"一轴四文化十二中心"。其中，"一轴"以节气大道作为全园主要游览轴，两旁分散布置代表二十四节气的花信风，贯穿四广场和十二中心的景观点；"四文化园"按照"春夏秋冬"四季分为春种园、夏长园、秋收园、冬藏园4个园区；"十二中心"按照十二节点对4个园区进行细分，并根据二十四节气设置不同的荔枝农耕文化浓缩景观（见表1）[101]。

增城荔枝农耕文化博览园（二十四节气　雕塑）　　　　陈雨文　摄

表1　各园区内的农耕文化浓缩景观

名称	序号	节气	景观
春种园	1	立春、雨水	节气景墙、春酒小品雕像、耦犁小品雕像、农耕体验区
	2	惊蛰、春分	节气景墙、日晷
	3	清明、谷雨	节气景墙、"春兰"凉亭节气景墙、秋千
夏长园	4	立夏、小满	节气景墙、连廊、荔枝园品种简介牌、水车
	5	芒种、夏至	节气景墙、祈福台
	6	小暑、大暑	节气景墙、荔枝文化长廊
秋收园	7	立秋、处暑	节气景墙、蜂蜜园、悬秤称人像
	8	白露、秋分	节气景墙、五谷丰登坊
	9	寒露、霜降	节气景墙、荔枝农耕文化园、柿子园
冬藏园	10	立冬、小雪	节气景墙、打糍粑·挂腊肉小品雕塑
	11	大雪、冬至	节气景墙、祈福树
	12	小寒、大寒	节气景墙、吃汤圆小品雕塑

（四）增城荔枝文化博览馆

1. 基本情况

增城荔枝文化博览馆是广州市第一个荔枝文化博览馆，是展示荔枝文化的重要载体。博览馆位于增城荔枝农耕文化博览园内，占地面积 500 平方米。

2. 文化元素

增城荔枝文化博览馆按照世界、中国、岭南、增城、仙村的顺序，分为序厅、第一、第二、第三、第四、第五等六个展厅，分别展示各个地区在不同朝代的荔枝文化[102]。序厅主要展示全球荔枝及其文化发展历史；第一展厅也称"荔之品"，展示数十种荔枝品种的特征介绍与其分布情况；第二展厅也称"荔之情"，展示与荔枝相关的民俗和典故；第三展厅也称"荔之韵"，展示与荔枝相关的诗词、粤曲、书画和工艺品等；第四展厅也称"荔之芯"，展示各种荔枝的生长习性、栽培技术以及其延伸加工产品，如荔枝干、荔枝酒、荔枝醋、荔枝罐头、荔枝饮料等；第五展厅也称"荔之苑"，重点介绍增城荔枝古树、仙村新风貌、荔枝古树起源考证等，还向游客讲述仙村葛仙文化、龙舟文化等。

增城荔枝文化博览馆　　　　　　　　　　　　　　　　　韩晓宇　摄

（五）东莞岭南荔枝园

1. 基本情况

东莞岭南荔枝园位于东莞市樟木头镇，园区占地面积 1000 多亩，是集荔枝产业、休闲观光、酒店民宿、亲子游乐于一体的综合生态智慧果园。

2. 文化元素

东莞岭南荔枝园建有观音绿种植标准示范基地，建造壹浩庄园观音绿荔枝文化馆，对广大市民和游客详细科普樟木头"观音绿"荔枝品牌[103]。岭南荔枝园积极发展荔枝精深加工，开发有观音绿荔枝月饼、荔枝曲奇、荔枝雪花酥、荔枝果醋、荔枝干、荔枝糖果、荔枝果酒、荔枝 XO、荔枝蜜等系列荔枝产品。

东莞岭南荔枝园（文化馆　荔枝加工产品）　　　　陈雨文　摄

参考文献

[1] 广东省情网. 广东省茂名市现代农业产业园 [EB/OL]. 茂名市人民政府地方志办公室，2022－11－11. http：//dfz. gd. gov. cn/gdcy/yq/gjj/content/post_ 4044596. html.

[2] 羊城派. 【荔之新】数字荔枝增收增效 [EB/OL]. 新浪网，2021－05－18. http：//k. sina. com. cn/article_5787187353_158f17899020019ra3. html.

[3] 黄俊杰. 粤有臻园·一园一报道｜广东 6 大产业园荔枝优品重磅推介来啦！[EB/OL]. 南方＋，2021－05－18. http：//static. nfapp. southcn. com/content/202105/18/c5278132. html.

[4] 广东省农业农村厅. 茂名打造荔枝种业"硅谷" 国家荔枝种质资源圃汇集全球 700 多个种质资源 [EB/OL]. 羊城晚报，2022－05－31. http：//dara. gd. gov. cn/snnyxxlb/content/post_3940580. html.

[5] 王老吉荔小吉生产基地在茂名投产 全国最大荔枝饮料生产基地建成 [EB/OL]. 红网，2022－05－30. https：//baijiahao. baidu. com/s？id＝1734242826843395559&wfr＝spider&for＝pc.

[6] 广东省农业农村厅. 高州荔枝省级现代农业产业园：加快推进"八个一"建设方案 整合文旅资源提升"大唐荔乡"品牌 [EB/OL]. 金羊网，2020－01－03. https：//dara. gd. gov. cn/mtbd5789/content/post_2795227. html.

[7] 甜美高州. 高州这个镇打造产业实力雄厚的世界荔乡和大唐荔乡，是你家乡吗？[EB/OL]. 2019－04－17. https：//baijiahao. baidu. com/s？id＝1631024141812868665&wfr＝spider&for＝pc.

[8] 黄楚璇. 荔枝良种覆盖全国领先！阳西荔枝产业园将打造优势荔枝产业带，以品牌效益驱动乡村振兴 [EB/OL]. 南方＋，2019－06－25. https：//static. nfapp. southcn. com/content/201906/25/c2352086. html?colID＝6379.

[9] 陈志深. 一园一果，增收致富！从化荔枝省级现代农业产业园"成绩单"亮眼 [EB/OL]. 南方＋，2020－10－28. https：//static. nfapp. southcn. com/content/202010/28/c4215482. html.

[10] 宋璟. 广州从化：启动 2020 定制荔枝活动 [EB/OL]. 中国发展网，2020－04－02. http：//www. chinadevelopment. com. cn/news/zj/2020/04/1633337. shtml.

[11] 曾卫康，从宣，苏韵桦. 小荔枝推动大产业：从化区以荔枝为推手助力现代农业产业高质量发展 [EB/OL]. 大洋网，2022－05－25. https：//

new. qq. com/rain/a/20220525A08AQG00.

［12］广州市增城区农业农村局. 仙进奉荔枝："小特产"成就"大产业" ［EB/OL］. 2020－07－02. http：//www. zc. gov. cn/gzzcnync/gkmlpt/content/6/6450/post_6450740. html#3710.

［13］广州市增城区人民政府经济技术开发区管委会. 荔枝小镇掀起了"红盖头"［EB/OL］. 增城日报, 2019－07－19. http：//www. zc. gov. cn/zx/zcyw/content/post_3856148. html.

［14］农村工作通讯. 广东从化区太平镇 做活"美荔"产业 增加"钱袋"重量 ［EB/OL］. 中国农村网, 2022－02－14. http：//journal. crnews. net/ncgztxcs/2021/dessq/nycyqz/944416_20220214014233. html.

［15］尤丹娜. 从化温泉荔枝火热上市中, 正值最佳赏味期, 快拨热线下单 ［EB/OL］. 南方+, 2021－06－22. https：//static. nfapp. southcn. com/content/202106/22/c5448814. html.

［16］王智汛. 推出"温泉旅游护照", 从化温泉荔枝节开幕 ［EB/OL］. 信息时报讯, 2022－07－06. https：//www. sohu. com/a/564639024_120091004.

［17］曾卫康, 高鹤涛, 李文玲, 温泉镇宣. 大洋网. 2023年从化温泉镇第二届荔枝节开幕 ［EB/OL］. 大洋网, 2023－06－22. https：//news. dayoo. com/gzrbrmt/202306/22/158549_54497938. htm.

［18］区融媒体中心, 陈惠瑜. 2022增城正果水上荔枝文化旅游节明天开幕! 6大亮点抢先看 ［EB/OL］. 广州增城发布, 2022－06－23. https：//new. qq. com/omn/20220623/20220623A0CE7D00. html.

［19］王静. 广州增城仙村荔枝专业镇：小荔枝大产业, 农业发展新高潮 ［EB/OL］. 2022－10－25. http：//chanye. agri. china. com. cn/2022－10/25/content_42143939. htm.

［20］广州市增城区人民政府增城经济技术开发区管委会. 2020广州（增城）荔枝文化旅游节在仙村镇启幕 ［EB/OL］. 仙村镇, 2020－06－24. http：//www. zc. gov. cn/zx/bmdt/xcz/content/post_6432029. html.

［21］东莞市农业农村局. 岭南味道, 东莞大岭山荔枝知多少?［EB/OL］. 网易新闻, 2021－11－17. http：//nyncj. dg. gov. cn/zzzl/content/post_3659150. html.

［22］施美, 黄伟兴, 廖凌娜. 东莞给"荔", 盛会启幕! 东莞（大岭山）2022荔枝文化节启动 ［EB/OL］. 南方+, 2022－06－23. https：//www. 163. com/dy/article/HAIENS03055004XG. html.

［23］东莞市农业农村局. "荔"爱东莞｜东莞荔枝晒家底［EB/OL］. i 东莞，2021－06－03. http：//nyncj. dg. gov. cn/zzzl/content/post_3532549. html.

［24］东莞市大朗镇人民政府. "荔枝红了"来大朗镇佳果游园荟领略别样文旅风情［EB/OL］. 2022－06－23. http：//www. dg. gov. cn/dgdlz/gkmlpt/content/3/3828/post_3828693. html#2541.

［25］广东省林业局. 年产荔枝3000斤！这棵古荔树被封"王"［EB/OL］. 羊城晚报，2022－07－08. http：//lyj. gd. gov. cn/news/forestry/content/post_3965263. html.

［26］秦小辉，王俊伟. 深读东莞｜170多年古荔树苍翠挺拔，曾年产荔枝3000斤被封"王"［EB/OL］. 羊城派，2022－07－07. https：//baijiahao. baidu. com/s?id=1737625248341495225&wfr=spider&for=pc.

［27］余宝珠，徐芙蓉. 打好四张牌！东莞谢岗：以荔为媒助力乡村振兴［EB/OL］. 羊城派，2022－06－08. https：//www. 163. com/dy/article/H9C2NBNF0550AXYG. html.

［28］丘想明. 以荔为媒，厚街大迳社区致力打造"荔枝之乡"［EB/OL］. 南方+，2020－06－12. https：//static. nfapp. southcn. com/content/202006/12/c3640189. html?group_id=1.

［29］王俊伟，厚街宣. 东莞："美丽乡村 品荔厚街"2022厚街镇荔枝文化节启动［EB/OL］. 羊城派，2022－06－24. https：//www. 163. com/dy/article/HALLCO8U0550AXYG. html.

［30］东莞市农业农村局. 荔枝熟了！厚街企业助力"荔枝+"，升级产业链［EB/OL］. i 东莞，2021－06－08. http：//nyncj. dg. gov. cn/zzzl/content/post_3535276. html.

［31］谢英君，邹俊圣，蒋鑫，刘影. "美'荔'樟城 粒荔传情"，东莞樟木头镇2023荔枝旅游文化节启动［EB/OL］. 大洋网，2023－06－21. https：//news. dayoo. com/gzrbrmt/202306/21/158545_54497352. htm.

［32］郑国好，韦基礼，黄政正. 蝉鸣深处荔枝熟 夏日黄江别样红［EB/OL］. 南方日报，2020－06－24. https：//new. qq. com/rain/a/20200624A0BPNO00.

［33］蔡子航，韦基礼. 想要边摘边吃？黄江荔枝采摘点请查收［EB/OL］. 南方+，2022－06－22. https：//www. 163. com/dy/article/HAG9AUAI055004XG. html.

［34］中国东莞政府门户网站. 清溪镇设临时荔枝销售点助力果农增收"清溪荔枝"初上市［EB/OL］. 2023－06－06. http：//www. dg. gov. cn/zwgk/zfxxgkml/

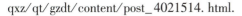
qxz/qt/gzdt/content/post_4021514. html.

［35］首批东莞最美荔枝古树群名单出炉　清溪镇 2 个荔枝古树群上榜"最美"［EB/OL］. 中国东莞政府门户网站，2023 － 08 － 18. http：//www. dg. gov. cn/zwgk/zfxxgkml/qxz/qt/gzdt/content/post_4058159. html.

［36］朱莉萍，张建林，方正，等. 博罗泰美：夏至荔枝挂满头，又闻"象山"荔枝香［EB/OL］. 搜狐，2022 － 06 － 23. http：//news. sohu. com/a/560240544_121124604.

［37］广东省名牌产品. 品质好、档次高，看他们如何打造镇隆荔枝的特色文化！［EB/OL］. 2019 － 12 － 04. https：//www. sohu. com/a/358353440_680561.

［38］黎秀敏，陈文慧，谭伟山，等. 深调研镇隆荔枝"闯世界"，面临"山寨"冲击如何破？［EB/OL］. 南方都市报，2022 － 07 － 13. https：//www. 163. com/dy/article/HC5QD9DR05129QAF. html.

［39］黄海林. 惠州百年古荔枝树约 2.5 万株！专家支招：开发经济价值带动保护［EB/OL］. 南方都市报，2020 － 06 － 30. https：//www. sohu. com/a/404984662_161795.

［40］茂名发布. 产销并重，中国荔枝第一镇根子镇全方位备战荔枝季！［EB/OL］. 澎湃，2021 － 04 － 15. https：//m. thepaper. cn/baijiahao_12214720.

［41］丘立贺，何康源. 美景初现！高州这地方成了网红景点，周末约起！［EB/OL］. 甜美高州，2019 － 12 － 25. https：//baijiahao. baidu. com/s?id = 1653818554318870360&wfr = spider&for = pc.

［42］姚超贤，龙步云，顾大炜，等. 荔枝为媒，高州全域旅游意渐浓［EB/OL］. 南方+，2018 － 07 － 28. https：//www. sohu. com/a/243834956_100116740.

［43］茂名发布.【520·我爱荔】荔枝定制、荔枝主题邮局、大唐荔乡嘉年华……根子镇花样玩法迎荔枝季！［EB/OL］. 澎湃，2021 － 05 － 15. https：//m. thepaper. cn/newsDetail_forward_12695355.

［44］程琬茹，陆昊明，高州市融媒体中心，赖斑，黄春埝，等. 高州平山：举行荔枝推介会　擦亮品牌　做强产业［EB/OL］. 搜狐，2023 － 05 － 23. http：//society. sohu. com/a/678265423_121123749.

［45］茂名市高州市平山镇人民政府. 高州平山：生态荔枝"慢直播"，从云端伴"荔"开启美"荔"新生活！［EB/OL］. 2022 － 05 － 10. http：//www. gaozhou. gov. cn/mmgzpszzf/gkmlpt/content/1/1026/post_1026663. html#4062.

［46］刘敬源，温国，朱武军. 高州市谢鸡镇举行第二届荔枝文化节助"荔"

服务 荔枝定制成"香饽饽"客商预订明年全镇 900 万斤果［EB/OL］. 2023-06-17. https：//www. mm111. net/2023/06/17/991329207. html.

［47］广东省农业农村厅. 茂名霞洞荔枝专业镇：生产观光两不误，产业促农增收［EB/OL］. 2022. http：//dara. gd. gov. cn/ztzx/ycyp/cztj/content/post _ 39 39924. html.

［48］茂名发布. 电白霞洞镇上河古荔园：他义不容辞守护着千年古荔［EB/OL］. 澎湃，2022-05-15. https：//m. thepaper. cn/baijiahao_ 18101574.

［49］李健，赖广昭，邓博方. 广东茂名市电白区：以荔为媒提升城市品牌形象［EB/OL］. 民生周刊，2022－06－01. https：//baijiahao. baidu. com/s？id = 1734424208947201827&wfr = spider&for = pc.

［50］广东省投资项目在线审批监管平台. 茂名市电白区旦场镇中国·来荔湖文旅康养项目［EB/OL］. 2023－06－13. https：//gd. tzxm. gov. cn/PublicityInformation/resultDetail2. html？id = 1668526040420560897&audit = ba&flag = gk&textShow Flag = undefined.

［51］邓建青，张伟钊. 购销火爆！林头镇以党建红促荔枝香 农民减产不减收［EB/OL］. 南方＋，2022－05－31. https：//view. inews. qq. com/a/20220 531A0B7IF00？refer = wx_ hot.

［52］欧丹丹. 廉江：良垌镇小荔枝撑起农业"新天地"［EB/OL］. 湛江农业农村南方号，2021－05－09. https：//static. nfapp. southcn. com/content/202105/ 09/c5231865. html.

［53］李思华，白珂. 荔枝季，带你玩转廉江［EB/OL］. 湛江旅游官方微信公众号，2022-05-25. https：//www. sohu. com/a/551036401_ 121124404.

［54］雷贤辉，王谢思齐，等. 郁南美丽圩镇｜宝珠镇：打造"聚宝藏珠山水荔乡"［EB/OL］. 南方＋，2021－05－28. https：//www. 163. com/dy/article/ GB20V4PI055004XG. html.

［55］王谢思齐，叶锦生，等. 宝珠荔枝节来了！郁南荔枝再次出口北美［EB/OL］. 南方＋，2022－06－18. https：//xw. qq. com/cmsid/20220618A09W0I00？ pgv_ ref = amp.

［56］广东省文化和旅游厅. 阳江阳西县 15-16 日将举办第三届荔枝旅游文化节［EB/OL］. 南方网，2016－06－12. https：//whly. gd. gov. cn/news_ newdsxw/ content/post_ 2832846. html.

［57］钟俊柳，谭凡争. 新洲：线上直播暨线下产销对接 当日签约荔枝订单

1000 吨［EB/OL］. 阳东发报，2020－06－25. https：//static. nfapp. southcn. com/con-tent/202006/25/c3690690. html.

［58］雅韶镇：农文旅深度融合，乡村振兴跑出"加速度"［EB/OL］. 阳江日报 . 2023 － 04 － 28. https：//news. yjrb. com. cn/articles/zt/xczjc2021/20230428/409180. html.

［59］陈子玲 . 阳东区：驻塘坪镇帮镇扶村工作队为乡村振兴注入新动能——发展种养兴产业 打造古荔文化村［EB/OL］. 阳江新闻网，2021－10－30. http：//www. yangjiang. gov. cn/zwgk/ywdt/xqdt/content/post_572910. html.

［60］许倩，许必妹，邱钰婷，等 . 阳东区：塘坪镇有座百年清朝古建筑——北甘许氏培远堂 见证三个世纪的历史变迁［EB/OL］. 阳江新闻网，2022－06－09. http：//www. yangjiang. gov. cn/zjyj/rwls/tswh/content/post_622028. html.

［61］许佳勋，肖卫东，吴杭，等 . "小荔枝"谋划大未来! 雷岭荔枝文化旅游节今天开幕， "农文旅"融合超给"荔"［EB/OL］. 搜狐，2023－07－01. https：//www. sohu. com/a/693275738_121123875.

［62］郭杨阳 . 汕尾"镇"能量③丨海丰赤坑：科技赋能，产业提效! 荔枝强镇更给"荔"［EB/OL］. 南方日报，2023-6-14. https：//static. nfapp. southcn. com/content/202306/14/c7788393. html.

［63］地道农旅 . 贡品变商品，果园变乐园，看大唐荔乡田园综合体如何实现产值飞跃?［EB/OL］. 搜狐，2020－05－21. https：//www. sohu. com/a/396796699_120086998.

［64］茂名荔枝：千年贡品今胜昔 2020 茂名荔枝线上直播预售活动将于4 月 19 日启动［EB/OL］. 南方农村报 . 2020－04－18. http：//epaper. nfncb. cn/nfnc/content/20200418/Articel08002MT. htm.

［65］李文才 . 茂名供电优化营商环境，助力国家级荔枝现代农业产业园建设［EB/OL］. 南方＋，2019－06－12. http：//static. nfapp. southcn. com/content/201906/12/c2313641. html.

［66］高州生活网 . 高州两大核心保护区，你知道在哪吗［EB/OL］. 搜狐，2021－11－10. https：//www. sohu. com/a/500294151_120331555.

［67］李阳诗，唐晓宇，陈珍珍 . 守护千年古木，守住"绿色乡愁"! 高州根子古荔守护人讲述守护情［EB/OL］. 南方＋，2023－04－18. https：//www. 163. com/dy/article/I2KOFDBS055004XG. html.

［68］茂名市林业局 . ［茂名］采取"一树一档一策一寓"守护千年荔枝古

树［EB/OL］．广东省林业局，2023-05-12. http：//lyj. gd. gov. cn/news/news-paper/content/post_4179830. html.

［69］关杜花，温国，张越．根子贡园一棵古荔树采摘权经过70多次竞价188万元，成交［EB/OL］．茂名网，2022-05-21. https：//www. mm111. net/2022/05/21/991224064. html.

［70］李慧敏，许泰，杨永新．滩底贡园1800年古荔焕新枝［EB/OL］．茂名网，2022-01-14. https：//www. mm111. net/2022/01/14/99633452. html.

［71］邓美芸，邱茜，朱海铃，等.2022.做好种质资源保护工作 探索古树管护长效机制［EB/OL］．南方日报，2022-04-01. http：//news. sohu. com/a/534372237_161794.

［72］好心高凉．高州分界镇委书记变身"主播"带货！当日成交量达1100多吨！［EB/OL］．甜美高州，2020-05-26. https：//baijiahao. baidu. com/s?id =1667711112607690137.

［73］南方+.电白霞洞上河贡园：千年古荔又挂果了｜茂名电白荔枝节特辑［EB/OL］．腾讯网，2021-05-18. https：//new. qq. com/rain/a/20210518A0 CT-FP00.

［74］程向明．探秘茂名世界最大古荔园：电白霞洞上河村"古荔贡园"［EB/OL］．香港商报网，2020-05-20. http：//www. hkcd. com/content/2020-05/20/content_1193675. html.

［75］廖君，丘立贺，黄信涛．【点赞茂名之名村】禄段村岭南最大古荔枝园［EB/OL］．搜狐，2019-05-28. https：//www. sohu. com/a/316946542_120027878.

［76］张仲昌，江健平，等．【喜迎二十大】打好乡村振兴"组合拳"，茂名生动诠释1+1>2［EB/OL］．搜狐，2022-09-08. http：//news. sohu. com/a/583410318_121117456.

［77］何钻莹，吴彬，苏韵桦，等．"大树底下听古仔"⑧｜470岁"荔枝皇"藏身从化太平镇［N/OL］．广州日报，2022-06-28. https：//baijiahao. baidu. com/s?id =1736845401419840295&wfr=spider&for=pc.

［78］从化旅游．打卡荔枝皇公园，探索岭南荔枝文化印记［EB/OL］．搜狐，2021-06-08. https：//www. sohu. com/a/471113267_121148272.

［79］魅力增城．豪气增城！戳进来，千年珍果，价值千万西园挂绿荔枝全民大派送！［EB/OL］．2016-06-20. https：//m. sohu. com/a/84677758_391241.

［80］广州市增城区人民政府．荔枝文化公园换新貌 群众休闲运动又添好

去处［EB/OL］. 增城日报，2019－12－13. http：//www. zc. gov. cn/zx/zcyw/content/post_5580905. html.

［81］广视新闻. 千年古荔　见证小村修"正果"［EB/OL］. 新浪网，2020－05－02. https：//k. sina. com. cn/article_1712155722_v660d6c4a01900n0we. html.

［82］广州黄埔发布. 免门票！黄埔16个"最美田园"上新！周末踏青去［EB/OL］. 腾讯网，2022－03－04. https：//new. qq. com/rain/a/20220304A06BIS00.

［83］何瑞琪，永和，陈钧圣. 广州黄埔这片百年古荔枝林生机盎然［EB/OL］. 广州日报，2021－10－20. https：//baijiahao. baidu. com/s？id＝17141278179386178 95&wfr＝spider&for＝p.

［84］张龙，杨金先，陈韵豫. 厚街大迳荔枝文化公园正式对外开放［EB/OL］. 厚街融媒，2023－06－20. https：//webzdg. sun0769. com/web/news/content/420498.

［85］陈启亮，黄政正，孙沛川. 大朗畅游指南②｜水平村古荔公园：百年古树，荔乡情怀（附视频）［EB/OL］. 南方＋，2022－04－29. http：//static. nfapp. southcn. com/content/202204/29/c6451093. html.

［86］大朗新闻. 大朗松柏朗荔枝公园成打卡好去处［EB/OL］. 南方＋，2021－05－14. https：//static. nfapp. southcn. com/content/202105/14/c5259415. html.

［87］谢岗政法. 谢岗：高产冠军"荔枝王"焕发新活力，国标品牌助"荔"乡村振兴［EB/OL］. 南方＋，2023－06－28. https：//static. nfapp. southcn. com/content/202306/28/c7836546. html.

［88］樟木头政务服务中心. 岭南荔园全产业链发展观音绿荔枝产业　实现农企互惠、提质增收［EB/OL］. 东莞樟木头，2022－01－04. http：//www. dg. gov. cn/zmt/ywdt/zcxw/content/post_3701575. html.

［89］东莞市农业农村局. 东坑："家门口"荔枝公园成了村民休闲避暑好去处［EB/OL］. 东莞市农业农村局，2023－06－15. http：//nyncj. dg. gov. cn/zl/2021xczx/gzdt/content/post_4025978. html.

［90］东莞之窗. 东莞市东坑镇：打造高品质荔枝公园，激活精致魅力小镇新内涵［EB/OL］. 澎湃，2021－06－25. https：//m. thepaper. cn/baijiahao_13297630.

［91］深圳荔枝公园［EB/OL］. 中国园林网，http：//design. yuanlin. com/HTML/Opus/2010-6/Yuanlin_Design_3213. HTML.

［92］深圳园林. 深圳园林参与建设，西丽生态公园正式对外开放！［EB/OL］. 搜狐，2020－05－02. https：//www. sohu. com/a/392586186_726397.

［93］晶报．实地感受"粒粒皆辛苦"暑期带孩子们去这片"世外桃源"吧［EB/OL］．深圳报业，2021－07－14．http：//jb. sznews. com/MB/content/202107/14/content_1061633. html.

［94］胡笑兰．七一文学 | 荔香公园·风情万种 | 胡笑兰专栏［EB/OL］．七一网，2022－07－22．https：//www. 12371. gov. cn/Item/607534. aspx.

［95］深圳市城市管理和综合执法局．梅林公园"梅林书院"正式开放［EB/OL］．2023－04－24．http：//cgj. sz. gov. cn/zwgk/gzdt/content/post_10557986. html.

［96］游璇钰．造林造景并举　增绿增收双赢［EB/OL］．惠州市人民政府，2022－03－15．http：//www. huizhou. gov. cn/zjhz/qjmb/content/post_4573832. html.

［97］云浮市郁南县宝珠镇．宝珠镇2020年法治政府建设报告［EB/OL］．云浮市郁南县宝珠镇，2021－03－06．http：//www. gdyunan. gov. cn/yfnbz/gkmlpt/content/1/1436/mpost_1436499. html#3343.

［98］陈莹莹，柯柱基，张越．5月初试行开馆！来中国荔枝博览馆，沉浸式体验大唐盛世情景［EB/OL］．茂名晚报，2022－04－22．https：//mp. weixin. qq. com/s?—biz = MzIzMjA3OTE0NQ == &mid = 2651075747&idx = 1&sn = 570e1560d5f4e7840cdd4e0ebb92bf2e&chksm = f36afee5c41d77f36be5ce0addffd04ee95a0d66385f6a6dc25559a22e0ce5c4068bbb578e89.

［99］黄利谊，邝健华，黄彦祯，等．广州从化荔博园开园！继续打响从化荔枝"金字招牌"！［EB/OL］．广州从化发布，2020－06－29．https：//www. gzdaily. cn/site2/pad/content/2020-06/29/content_1309822. html.

［100］广州日报．太神奇！从化这颗荔枝树竟然可以结出七种果！位置就在…［EB/OL］．搜狐，2022－07－08．http：//news. sohu. com/a/565347340_121123811.

［101］龙永辉，黄耀枢，刘樱洁，等．超适合亲子游！7个宝藏打卡地，带你玩转增城仙村［EB/OL］．搜狐，2023－05－02．https：//travel. sohu. com/a/672217022_121117491.

［102］黄家荣，刘樱洁，周芝，等．荔枝文化博览馆预计明年对外开放，五大展厅叙尽荔枝古与今！［EB/OL］．搜狐，2019－12－04．https：//www. sohu. com/a/358410544_100195564.

［103］樟木头政法．聚焦樟木头高质量发展——壹浩生态农业科技有限公司获评"粤字号"农业品牌示范［EB/OL］．南方＋，2023－02－22．https：//static. nfapp. southcn. com/content/202302/22/c7383154. html.

荔枝食品与文创产品

张　宁* 雷百战

摘　要： 本章梳理了近年来广东从一颗荔枝延伸到多种荔枝主题的系列产品，包含了荔枝园农产品、荔枝加工产品、荔枝文创产品、荔枝文化景观以及荔枝文艺创作等方面的发展与延伸，有效地提高了荔枝产业的经济附加值和文化价值。

关键词： 荔枝园农产品；荔枝加工产品；荔枝文创产品；荔枝文化景观；荔枝文艺创作

一、荔枝园农产品

近年来，广东部分荔枝精品果园将荔枝树资源优势转变为产业优势，拓展现代生态农业发展新模式，在荔枝树下开展养蜂采蜜、养鸡鸭、套种中药材、栽培食用菌等多种林下经济，不仅销售果园自产的林下农产品，而且成为当地"土特产"品牌的明星代言人，为推进乡村振兴战略实施提供新的增长动力。

1. 荔枝蜜

广东荔枝蜜采集主要分布在广州、东莞、惠州、茂名等地。其中，从化荔枝蜜入选国家地理标志农产品[1] 和全国名特优新农产品[2]；"东莞荔枝蜜酿造技艺"入选第七批省级非物质文化遗产代表性项目名录[3]。荔枝蜜是我国荔枝主产区特有的蜂蜜种类。荔枝蜜芳香馥郁，其味甘甜，带有清淡的荔枝花香，微带荔枝果酸味，既有蜂蜜之清润，又因蜜蜂酿蜜时添加了蜜蜂自己特有的成分，故荔枝蜜没有荔枝的燥热，是老幼皆宜的天然保健食品。荔枝蜜素有美容养颜、补气益血等功效，对促进消化吸收、增进食欲、镇静安眠、提高人体免疫力、促进幼

---

* 张宁，广东省农业科学院农业经济与信息研究所研究实习员，硕士；主要从事农业区域经济研究。

婴儿的成长发育有着积极的辅助作用。荔枝蜜有多种食用方法，可温水冲调，也可制作蜂蜜果茶、佐佳肴等[4]。

荔枝蜜 　　　　　　　　　　　　　　　　　陈雨文　摄

2. 荔枝菌、灵芝

荔枝菌素有"岭南菌王"之称，一般生长于荔枝林下潮湿的土壤上，常与白蚁窝共生。荔枝菌每年出现在荔枝成熟前后，生长时段仅有1个月。荔枝菌保鲜较难，做法多种多样，味道极其清鲜、爽口[5]。荔枝菌主要分布于广州增城、从化、惠州博罗、茂名高州等荔枝主产区。同时，部分荔枝果园在荔枝林试验仿野生栽培灵芝取得成功。

荔枝果园荔枝菌、仿野生栽培灵芝　从化荔博园　李树峰　供图

3. 铁皮石斛

铁皮石斛被誉为九大仙草之首，能增强免疫力、促进消化、护肝利胆、抗风

湿、降低血糖血脂、抗肿瘤、保护视力、滋养肌肤和抗衰老等。在自然条件下主要生长于一些高大乔木阴湿的树干或石灰岩上，因而在人工繁育栽培条件下也可模拟自然环境条件进行栽植。部分荔枝果园充分利用荔枝林下生态空间，在不影响荔枝正常生产种植的情况下，在荔枝树干上仿野生栽培铁皮石斛，实现相融共生，能有效提高荔枝果园的经济效益。

荔枝果园仿野生栽培铁皮石斛

从化荔博园　李树峰　供图　陈雨文　摄

宝珠镇庞寨村荔枝林下产业及铁皮石斛栽培

雷百战　摄

4. 板蓝根

板蓝根具有清热解毒、凉血、利咽的功效，适合在 50%～70% 遮光度的林间生长。荔枝林下空地仿野生栽培板蓝根，不仅能有效保护耕地，还能有效提高果园经济效益。

荔枝林下仿野生栽培板蓝根　　　　　　　　　雷百战　摄

5. 荔枝鸡

部分荔枝果园开展"果林—林下养鸡—鸡粪肥土—改善土壤质地"的立体种养模式，充分利用果园林下空地养鸡，鸡在荔枝林下啄食饲草、昆虫，适当补充粗饲料，产出优质鸡肉和鸡蛋产品，既能降低肉鸡的饲养成本，又能改良荔枝果园土壤，实现以林养鸡、以鸡促林、以鸡增收[6]。

荔枝林下放养走地鸡及雕塑　　　　　　　　　雷百战　摄

二、荔枝加工产品

（一）基本情况

1. 政策支持

《广东荔枝产业高质量发展三年行动计划（2021-2023年）》提出升级荔枝

加工设施。实施荔枝主产区产地初加工扩面行动，鼓励农民合作社、家庭农场购买荔枝小型制干加工设备生产灯笼肉、荔枝干等中间产物，作为精深加工原料供应末端加工企业，用于制作荔枝面包、荔枝果脯、荔枝巧克力、荔枝雪糕等新产品。支持荔枝小型加工企业发展果去皮、果去核、鲜果变冻果、果变汁、果变浆、果变干等产地初加工项目。布局一批荔枝深加工项目，改进提升荔枝汁、荔枝酒、荔枝醋等传统产品加工工艺和品质，加大荔枝壳、荔枝核等副产物功能成分深加工，开展荔枝全果中多酚、多糖等活性成分研究，开发荔枝保健食品、特膳特医食品、护肤品、日化品等高附加值产品。在茂名、广州、阳江、惠州、湛江、揭阳、汕尾、东莞、云浮等荔枝主产区及农垦垦区依托大型荔枝加工企业建设荔枝精深加工生产线，推动荔枝精深加工业发展[7]。

2. 加工现状

荔枝加工可以有效增加荔枝上市期，扩大销售半径，荔枝从季节性生产变成全年性销售。《云果：2023 年中国荔枝产业数据分析报告》显示，广东的荔枝加工企业共有 346 家，在全国荔枝加工企业中所占的比重约为 37.61%，大多集中在茂名、广州、惠州、东莞等地[8]。目前，全省荔枝加工比例约为 5%，以荔枝干、荔枝酒、荔枝醋、荔枝饮料等加工为主，精深加工产品开发不足，加工副产物荔枝核仅当作原材料出售给制药企业，荔枝壳等当废弃物丢掉。广药王老吉广东荔枝跨县产业园（茂名）生产基地是全国最大的荔枝饮料生产基地，以荔枝原浆及荔枝灌装饮料生产加工为主，已推出 20 种"荔小吉"系列产品，灌装生产线规划产能 900 万箱/年。

荔枝醋加工生产线　东莞市农业农村局　叶博文　供图

3. 产品类型

目前，荔枝初加工的产品主要有荔枝干、冻干荔枝、荔枝罐头、荔枝原浆等；荔枝精深加工的产品主要有荔枝酒、荔枝果汁、荔枝酥、荔枝月饼、荔枝红茶、荔枝醋、荔枝米酿、荔枝果酱、荔枝燕窝等。

（二）初级加工产品

荔枝初加工品包括荔枝干、冻干荔枝、荔枝罐头、荔枝原浆。

1. 荔枝干

荔枝干作为广东最有名的加工制品，是荔枝鲜果经干燥脱水处理后制成的干果，其水分降低至15%左右，糖分浓缩至66%左右，加工荔枝干的品种，多采用怀枝、糯米糍，尤以糯米糍为佳，其制成品肉厚核小、蜜甜醇香，适宜较长期保存。荔枝干常被用来煲汤、制酒、泡茶，有养血健脾、促进消化、行气消肿等功效。从公元前二三世纪，荔枝干的制作已经问世，从北宋开始，荔枝加工技术逐渐成熟。宋代蔡襄《荔枝谱》中记载了四种荔枝的加工方法：红盐法、白晒法、蜜煎法和晒煎法，以此来延长荔枝的保存时间。徐勃《荔枝谱》记载的焙干法"择空室一所，中爝柴数百斤，两边用竹箕各十，每箕盛荔三百斤，密围四壁，不令通气。焙至二日一夜，荔遂乾"[9]。现有荔枝主要干燥方式多采用日晒和热干燥（火焙或热风干燥），其中，日晒和热风干燥品质较佳，火焙次之[10]。广东荔枝干加工地主要分布于从化、增城、东莞、惠东、高州等荔枝主产地。

生晒荔枝干　　　　　　东莞鑫源食品有限公司　供图

2. 冻干荔枝

冻干荔枝是在真空状态、-35℃环境下，利用物理升华干燥的原理，直接将鲜荔枝水分由固态转化为气态，从而达到脱水干燥的效果。采用真空冷冻干燥技术来加工荔枝冻干产品，此方法既可以保持荔枝原有的香味、营养成分、色泽等，又可常温保存，易复水，远远优于传统干燥方式[11]。广东冻干荔枝加工地主要分布于从化、增城、电白、阳西、郁南等地。

热风烘干桂味和白糖罂荔枝干　　　　雷百战　摄

冻干荔枝脆　　雷百战　摄　东莞壹浩农业　供图

3. 荔枝罐头

荔枝罐头是水果罐头的一种，是以荔枝果肉为主要原料，经原料挑选→洗果→剥壳、去核→分级、清洗→修整→装罐、加糖液→排气→封罐→杀菌→冷却→检验等步骤加工所制，能最大限度地保持新鲜荔枝的口感与营养成分[12]。韦崇云[13]、王德培[14]针对荔枝罐头加工过程中果肉颜色变红、影响罐头品质等问题，在保证传统荔枝罐头风味的前提下对罐头生产中添加剂和制作工艺进行优化，并对排气、封罐、杀菌、冷却等工艺进行试验，取得糖水荔枝罐头较优的加工技术工艺。荔枝罐头具有补充营养、消肿解毒以及生津止渴等功效。

荔枝罐头   雷百战 摄

4. 荔枝原浆

荔枝原浆是荔枝经过选果、剥壳、去核、清洗、匀浆、杀菌等步骤加工所制，荔枝原浆是制造荔枝饮料、荔枝酒、荔枝醋等的原材料。

荔枝原浆   雷百战 摄

（三）精深加工产品

荔枝精深加工品包括荔枝酒、荔枝醋、荔枝果汁、荔枝饮料、荔枝红茶、荔枝米酿、荔枝花胶、荔枝燕窝、荔枝果酱、荔枝酥、荔枝饼、荔枝芝麻糕、荔枝月饼、荔枝曲奇、荔枝原料药品等。

1. 荔枝酒

荔枝酒一般是以优质鲜荔枝为原料，在全程冷链、全程无菌、全自动化条件下，经过挑拣、清洗、脱壳、去核、榨汁、发酵、蒸馏、陈酿等多道工序加工而成。既保证了荔枝的清新香味又防止了荔枝营养价值的流失。其具有滋补、抗衰老、消食杀菌、生津止渴等功效[15]。其相关史料最早可溯及唐代，自明代中后期随着烧酒（蒸馏酒）技艺的传入和改进，荔枝酒备受文坛追捧，及至清初成为御酒，其亦由此于岭南而广为北传[16]。荔枝酒系列产品包含荔枝发酵果酒、干白荔枝酒、冰纯荔枝酒以及荔枝蒸馏酒、荔枝白兰地、荔枝黄酒等。广东加工荔枝酒产地分布于增城、从化、惠州、茂名等地。其中，增城荔枝蒸馏酒制作技艺被列入增城区第六批区级非物质文化遗产代表性项目[17]。

茂名大唐荔乡荔枝白兰地、荔枝黄酒

雷百战　摄

2. 荔枝醋

荔枝醋是在酒精发酵基础上，进行醋酸发酵、陈酿、调配等工序加工而成的果醋饮品。其口味酸中有甜、甜中带酸。荔枝醋含丰富的维生素C和蛋白质，不仅具有补充能量、增加营养的功效，还具有增强机体免疫功能，提高抗病能力的作用[18]。广东加工荔枝醋产地分布于广州、东莞、惠州、茂名等荔枝主产区。

惠州、从化和东莞荔枝酒　　　　　雷百战、陈雨文　摄

荔枝果醋　　　　　雷百战　摄

3. 荔枝饮料

荔枝饮料是将荔枝去皮、去核、匀浆，加酶酶解，加菌发酵，过滤后获得荔枝发酵饮料、汽水等。全国比较有名的有佛山三水的国潮荔枝味汽水"珍珍荔枝"、武汉二厂的"励志汽水"、内蒙古大窑的"大窑荔爱""大窑荔想"汽水和荔小吉的"海盐荔枝"果汁饮料等。广东加工荔枝发酵饮料分布于茂名、阳江、惠州、广州等地市。广药王老吉广东荔枝（茂名）产业园是全国最大的荔枝饮

料生产基地，已推出 20 种"荔小吉"系列产品，灌装生产线规划产能 900 万箱/年。

荔枝饮料、荔枝汽水　　　　　　　　陈雨文　雷百战　摄

4. 荔枝果汁

目前，较有特色的荔枝果汁是桑葚蓝莓荔枝果汁，应用 NFC 非浓缩还原工艺和 HPP 超高压灭菌工艺水果榨汁，果汁杀菌在低温的环境下进行，有效保留了水果 90% 原有的营养成分和风味。其中，果汁含桑葚原汁 70%、荔枝原汁 15%、蓝莓原汁 15%。

桑葚蓝莓荔枝果汁　　　　　　从化荔博园　李树峰　供图

5. 荔枝红茶

荔枝红茶是广东的特产果味红茶，研制于 20 世纪 60 年代，是采用英德英红

九号鲜叶和新鲜荔枝，经特殊工艺精制而成的纯天然果茶。其颜色呈红褐色，拥有清爽的口感，美味清甜，冷热皆宜，一年四季都适合饮用。荔枝红茶既有红茶的保健养生功效，也有花草茶的美容养颜功能，还有消除疲劳、强心解痉、抗菌抑菌、调节脂肪代谢、抑制癌细胞等多种作用。

荔枝红茶　　　　　　　　　　　　　　　　　　　　　陈雨文　摄

6. 荔枝米酿

荔枝米酿是以水、荔枝浆和（或）荔枝浓缩汁、米酒为主要原料，添加木糖醇、椰果、浦城桂花、藕粉、浓缩苹果汁、维生素 C 等加工而成的健康饮品。

荔枝米酿　　　　　　　　　　　　　　　　　　　　　雷百战　摄

7. 荔枝花胶

荔枝花胶是以水、荔枝浓缩汁、花胶为主要原料，添加木糖醇、浓缩苹果汁、银耳、枸杞子、莲子、红枣、燕麦、椰果等 10 多种辅料加工而成的健康饮品，有滋阴养颜、润肺止咳、增强免疫力等功效。

荔枝花胶　　　　　　　　　　　雷百战　摄

8. 荔枝燕窝

　　荔枝燕窝是以水、荔枝浓缩汁、燕窝为主要原料，添加木糖醇、胶原蛋白肽、琼脂等加工而成的健康饮品，富含唾液酸和胶原蛋白肽，美味养身。

荔枝燕窝　　　　　　　　　　　雷百战　摄

9. 荔枝果酱

　　荔枝果酱是将荔枝果肉、糖及酸度调节剂混合后，用超过 100℃高温熬制而成的凝胶物质，是果品比较普遍的一种深加工方式，有利于延长果品的供应时间，能促进消化液分泌，有增强食欲、帮助消化之功效。

10. 荔枝酥

荔枝酥（雪花酥）是由荔枝、面粉、黄油等制作而成的点心，口感酥松，香甜适口，且带有荔枝香气，是逢年过节、走亲访友的最佳礼品。

荔枝酥　　　　　　　　　　东莞鑫源食品有限公司　供图

从化荔枝酥、德庆桂味荔枝酥　　　　　　雷百战　摄

11. 荔枝月饼

荔枝月饼是在馅料中加入脱水椰丝、冬瓜蓉、荔枝肉等制作而成，烘焙过程中保证荔枝果肉温度低于40℃，不仅保留了荔枝的香味，又保证了月饼的口感和食味，具有口感层次分明、软糯微甜、果味浓香等特点。东莞开发出"观音绿"荔枝月饼系列产品，从化、高州等地食品企业也开始加工销售荔枝月饼。

荔枝月饼　　　　　　　　　　　　东莞壹浩农业　供图

荔枝月饼　　　　　　　　　从化荔博园　李树峰　供图

高州荔枝流心月饼　　　　　源丰食品　供图　雷百战　摄

12. 其他荔枝食品

目前，广东荔枝企业生产加工的荔枝食品还包括荔枝芝麻糕、荔枝饼、荔枝曲奇等，受到消费者喜爱。

荔枝芝麻糕、高州荔枝饼　　　　　　　　雷百战　摄

荔枝曲奇　　　　　　　东莞壹浩农业　供图

13. 荔枝原料药品

荔枝核的功效是温中、理气、散寒止痛。治胃脘痛、睾丸肿痛、疝气痛、妇女血气刺痛等。含有荔枝核成分的药品有补脾益肠丸。

荔枝核成分药品（补脾益肠丸）　　　　　　雷百战　摄

（四）荔枝美食

荔枝美食是以荔枝为主材料的各式菜品。宋朝时，人们已经用荔枝做菜肴，如荔枝白腰子、荔枝焙腰子、排蒸荔枝腰子、"荔枝皮"咸菜鲊等[19]。现在，荔枝熟食的做法多样，如荔枝虾球、荔枝木烧鸡、荔枝炒虾仁、荔枝汁烧肉排、荔枝莲子粥、百花酿荔枝等。此外，近年来，广东省多个地区举办了荔枝美食烹饪大赛，以独特的外形和口味，打造粤式荔枝菜。如2022年东莞市在樟木头举办首届荔枝美食烹饪劳动技能大赛，竞赛分热菜和冷菜（甜品）两个类别，创意菜肴获市民游客称赞。

1. 荔枝虾球

荔枝虾球是广东菜系列之一的客家菜，原出自广东深圳，后经传播，兴盛于广州。将荔枝搭配鲜虾，水果与海鲜的味道相互包裹，再加以炸制而成。其外形似荔枝，口味甜辣，色泽红亮，质地滑嫩。荔枝有补肾、改善肝功能、加速毒素排除、促进细胞生成、使皮肤细嫩等作用，而虾含有丰富的蛋白质、钙质丰富。

荔枝虾球

从化荔博园　李树峰　供图　雷百战　摄

2. 荔枝木烧鹅

荔枝木烧鹅是从化荔博园的一道看家菜。选用 90~95 日龄的正宗清远乌鬃鹅，配上秘制酱料，用荔枝木慢火烧制 50 分钟，将荔枝木的香甜木香气充分融入鲜嫩肉质中，烤制出独具风味的果木烧鹅。经过荔枝木烤制的烧鹅皮脆肉嫩，皮、肉、骨连而不脱，入口即离；且皮脆、肉嫩、骨香、肥而不腻。

荔枝果木烧鹅　　　　　从化荔博园　李树峰　供图

3. 荔枝木烧鸡

荔枝木烧鸡是广东的一道知名菜品，将走地鸡用盐、油简单调味，然后把荔枝的干树枝放入瓦罐中点燃，将鸡放入烤熟食用，使荔枝的果木香甜味与鸡的原香味完美融合，广受食客追捧。

荔枝木烧鸡   雷百战　摄

4. 百花酿荔枝

百花酿荔枝是使用新鲜荔枝和鲜虾，虾肉经特别处理后，酿入荔枝肉内，再上锅蒸，最后淋上鸡汤和鸡蛋清，点缀上蟹籽，其味道鲜美，清香扑鼻。

三、荔枝文创产品

文创产品指依托文化创意与设计服务，以实体化物质为呈现方式的、具有文化内涵和艺术品质的产品。由荔枝文化形象元素可演绎出众多荔枝文化产品，根据不同消费群体的市场需求定位，初步分为以下四大类：手工艺品类、家居装饰类、文创文具类、生活用品类。

（一）手工艺品类

手工艺品是指具有文化内涵和艺术价值的工艺产品，如荔枝广绣、荔枝贝雕、荔枝摆件、荔枝茶宠等。

1. 荔枝广绣

广绣是中国"四大名绣"之一，岭南荔枝是广绣创作的源泉之一。荔枝广绣结合了中国农耕文明与传统艺术表达方式，是城市旅游、商务交往、政务礼仪、国际访问的高端佳品，也是广府文化传播与推广的重要载体。如《岭南水乡》《荔香浓》《挂绿蝉鸣》《吉荔图》《红荔鹦鹉》《羊城荔香图》等荔枝广绣作品[20]。

荔枝广绣　　　　　　　　　　　　　　　雷百战　摄

2. 荔枝贝雕

　　贝雕是广雕的一个种类，是选用有色贝壳经剪取、车磨、抛光、堆砌、粘贴等工序加工而成的工艺品，具有构图生动、色彩炫丽、形状奇异、自然美观的特点。将荔枝元素融入贝雕中，创作出具有岭南特色的荔枝贝雕工艺品。

荔枝贝雕　　　　　　　　　　　　　　　雷百战　摄

3. 荔枝摆件

荔枝摆件是指用石材、陶瓷、树脂等材料雕刻塑造出荔枝形象的摆件,其荔枝形态栩栩如生,"荔"同"利",其寓意爱情承诺、生活幸福美满、健康长寿、吉祥之意。

荔枝家居摆件　　　　　　　　　　　　雷百战　摄

荔枝工艺品　　　　　　　　　　　　雷百战　摄

4. 荔枝茶宠

"茶宠",顾名思义就是茶水滋养的宠物,是一种可爱的、迷人的、会变色的"茶具",能让喝茶的人眼前一亮。与其他茶具不同的是,茶宠不作为使用工具,而是作为装饰品出现。传统上,在喝之前用来加热茶具的水、茶叶的漂洗和任何剩下的茶叶都被倒在茶宠上,茶的颜色和气味会改变茶宠的外观。当把热水倒在荔枝茶宠上时,它会变成一个"新鲜"的荔枝,有红色的皮、绿色的叶子和白色的果肉,酷似新鲜荔枝。茶宠的制作材料是树脂,其表面使用一种高分子热变色材料,当温度升高时,这种材料会变色,热水浇在上面的时间越长,水越热,这种材料的颜色持续变化的时间就越长[21]。

荔枝茶宠   雷百战　摄

（二）家居装饰类

家居装饰是指以荔枝元素为设计灵感的家居装饰品，如荔枝装饰画、荔枝根雕、荔枝茶台、荔枝餐具、荔枝抱枕、荔枝公仔等。

1. 荔枝装饰画

装饰画是现代建筑空间装饰领域不可或缺的艺术表现形式，可以有效强化室内建筑空间的审美性，彰显艺术品位，极具装饰美感和艺术价值。荔枝装饰画是以"岭南荔枝"元素为主题，彰显荔枝文化品位[22]。

荔枝主题装饰画   陈雨文　摄

2. 荔枝根雕

根雕是中国传统雕刻艺术之一，是以树根的自生形态及畸变形态为艺术创作对象，通过构思立意、艺术加工及工艺处理，创作出的艺术形象作品。荔枝木质坚硬，色泽鲜红，是制作家具的上等材料，明清时期的家具多取材于荔枝。凡百年以上的老荔枝木，其树根盘缠树结，造型较好，比一般红木更具观赏价值。荔枝木根可以雕刻人物、佛像、花鸟等，也可做成屏风、烟灰缸、台灯、功夫茶几等，极具实用性与装饰性。荔枝木根所散发的果木香气有助于调节人体各项机能平衡，能促使人的情绪平和、安祥、沉静，更有帮助禅定、助益睡眠的作用。2019年，荔枝木家具传统制作工艺被列为增城区第三批区级非物质文化遗产代表性项目。

3. 荔枝茶台

荔枝茶台取材于荔枝木树身或树根，荔枝木盘根错节，造型独特，每一张茶台都是独一无二的。茶文化和荔枝文化互相交融，无形中提升品茶人品味。

荔枝根雕作品　　　　　　　　　　　雷百战　陈雨文　摄

4. 荔枝餐具

荔枝餐具包括各种容器类器具（碗、碟、杯、壶等）和手持类用具（筷、刀、叉、勺等）等。荔枝餐具主要包括荔枝图案的水杯、茶具、碗盘等，多为陶瓷制品，外观喜庆大气，美感、文化感十足。

5. 荔枝抱枕

抱枕是家居生活中常见用品。常见的仅有一般枕头的一半大小，抱在怀中可以起到保暖作用，也可以当靠背。在抱枕产品设计上融入荔枝元素，不仅增加了产品美观度，也给消费者带来荔枝独特美感和农业文化认同感。

荔枝主题茶具　　　　　　　　　　　雷百战　摄

荔枝卡通主题水杯　　　　　　　　　陈雨文　摄

荔枝图案抱枕　　　　　　　　　　　雷百战　摄

6. 荔枝公仔

公仔源自 20 世纪 70 年代的香港和澳门。荔枝公仔是以荔枝为设计元素，面料采用棉质或摇粒绒等材质，内部以棉花或超细纤维棉等填充制成的软体填充公仔，极具文化内涵、故事性和个性，深受儿童、青少年、成人等群体喜爱。

荔枝公仔　　　　　　　　　　　　　　　　雷百战　摄

（三）文创文具类

指具有荔枝文化内涵的文具用品，如邮票、明信片、信封、年历、笔记本、便签纸、贴纸等。

1. 荔枝邮票

邮票是一个时代的窗口，记录着大千世界、人物历史。广东积极探索文创产品新形式，将荔枝与邮票相结合，方寸邮票间展现荔枝文化。2016 年，中国邮政《水果（二）》特种邮票选题荔枝，增城成为"中国荔枝邮票"的原发地。2021 年高州根子镇开设荔枝邮局，同时设计了一批荔枝主题的邮票、信封和明信片。2022 年 7 月从化推出首套个性化荔枝邮票，本套邮折共收藏了《荔枝文化博览园》《北回归线塔》《荔博园科创中心》《荔枝蜜》《荔枝皇》《荔枝花》《从化荔枝（双壳槐枝）》《从化荔枝（流溪红荔）》《从化荔枝》《从化荔枝（井岗红糯）》《从化荔枝（桂味）》《从化荔枝（糯米糍）》12 枚邮票。

《水果（二）》　　　　　　　　　　图片来源：中国邮政

从化荔枝邮票　　　　　　从化荔博园　李树峰　供图

2. 明信片

明信片是一种可以直接投寄的带有图像和文字的卡片，图像有摄影、手绘、设计等多种形式，用来展示形象、理念、品牌和产品等地方特色，是一种典型的广告媒体。如茂名高州市设计了"大唐荔乡"主题明信片套装，一盒10张，采用摄影卡片的形式展示中国荔枝博览馆、荔枝贡园等网红打卡点。

（四）生活用品类

通过荔枝品牌主题打造，延伸出的一系列生活类文创产品，包括各系列包包、伞具、扇子、服饰、手机壳、手机吊饰、充电宝等。如2020年，东莞谢岗镇注册"银瓶红"荔枝商标，多维度打造了独一无二的区域农产品IP。2021年黄埔文旅公司以"萝岗荔枝"为设计元素，推出"荔久弥新"照初心系列文创产品。

荔枝文创生活用品　　　　　　雷百战　摄

四、荔枝文化景观

荔枝在文化景观中的表达手法多样，如荔枝文化小品、荔枝文化标识等，游人在荔枝林景观中漫步、品味、观赏，体会荔枝文化带来的精神享受，同时感受地方荔枝文化特色。

（一）荔枝景观小品

1. 荔枝形态表达

荔枝形态表达是以写实、抽象、具象、放大化等形式展现荔枝形态，其造型独特、颜色鲜艳，博人眼球、突显魅力，形成标志性、网红景观节点。

荔枝形态景观表达　　　　　　　　　　　　　陈雨文　摄

荔枝形态景观表达　　　　　　　　　　　　　雷百战　摄

2. 历史场景塑造

历史场景塑造是通过雕塑、墙绘等形式，塑造历代文人墨客对荔枝赞美的诗词曲赋和荔枝故事民俗，增强游客在荔枝主产地游玩时的亲身体验感和荔枝文化认同感。如立体展示"东坡醉荔""力士献荔""一骑红尘妃子笑，无人知是荔枝来"等历史文化故事。

荔枝历史文化场景塑造　　　　　　　　　　　　　雷百战　摄

3. 生产场景再现

生产场景再现是通过雕塑、墙绘等表达方式，生动展现荔农在荔枝季摘荔、盛荔、运荔、卖荔的生产场景，其景观普遍点缀于荔枝林、荔枝公园和镇村建筑外墙，通过场景再现传递岭南荔枝产业发展的生机与活力。

荔枝生产场景雕塑　　　　　　　　　　　　　　陈雨文　摄

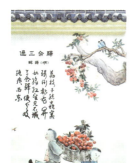 

荔枝生产场景墙绘　　　　　　　　　雷百战　摄

4. 荔枝美景表达

荔枝美景表达常见于荔枝专业镇（村）的建筑外墙、主干道两边建筑物外立面，通过墙绘形式营造荔枝丰收景象，展现硕果累累的荔枝美景，表达果农收获的喜悦心情。

荔枝丰收美景墙绘　　　　　　　　　雷百战　摄

荔枝丰收美景墙绘　　　　　　　　　陈雨文　摄

5. 荔枝品牌宣传

荔枝品牌宣传是在部分荔枝主产区高速出口、镇（村）入口或者交通主干道处，通过建设欢迎语招牌、特色雕塑小品或者绘制墙画，配上朗朗上口的宣传口号，宣传本地荔枝品牌。

黄埔区永和街道贤江社区荔枝品牌宣传招牌　　　　　雷百战　摄

茂名荔枝品牌宣传雕塑　　　　　雷百战　摄

良垌镇荔枝品牌宣传墙绘　　　　　雷百战　摄

6. 荔枝爱情文化

近年来，茂名市创新运用 IP 思维推动"520 我爱荔"品牌建设，将荔枝文化融入爱情文化品牌，"用荔枝表达爱"逐渐成为茂名约定俗成的文化表达。用荔枝鲜果制作的礼盒、鲜花，逐步成为年轻人在 5 月 20 日这天表达爱慕之情的选择。2023 年 5 月 20 日，茂名市举办第三届"520·我爱荔"集体婚礼，运用"醒狮""媒婆""花轿"等传统文化元素，打造年轻人喜爱的新中式婚礼，将传统和创新结合，进一步深化茂名荔枝爱情文化。参加本次集体婚礼的 52 对夫妻中既有新人夫妻，也有金婚、银婚的老年夫妇。

《荔尽一生　枝爱一人》　　　　　　　　　陈雨文　摄

《520 我爱荔　荔枝鲜果》　　　　　　　　　雷百战　摄

（二）荔枝文化标识

荔枝文化标识是集建筑、雕塑、色彩、艺术等于一体的现代化工艺设施，能够起到定位指引、文旅宣传和文化点缀等作用。荔枝文化标识在景观中主要有荔枝元素村标、荔枝元素路灯和荔枝文化点缀。

1. 荔枝元素村标

荔枝元素村标是乡村的"精神堡垒"，拥有着独一无二的外形，承载着村落的历史文化、人文风俗等。结合荔枝形态来制作村标，展现村内独特的荔枝文化，打造了充满荔枝特色的入村标识。

荔枝元素村标   雷百战 摄

2. 荔枝元素路灯

荔枝元素路灯是通过在路灯上安装荔枝标识牌和制作荔枝样式灯具展现荔枝文化和形态，以此丰富景观空间，突显荔枝文化魅力。

荔枝元素路灯   雷百战 摄

3. 荔枝文化点缀

荔枝文化点缀是利用宣传板展示荔枝历史、产品、技术等内容，材质多以木材、不锈钢材为主，通过科普形式提升荔枝文化氛围。

荔枝励志口号　　　　　　　　　　　　　　　　　陈雨文　摄

荔枝励志口号　　　　　　　　　　　　　　　　　雷百战　摄

五、荔枝文艺创作

荔枝文艺创作包括荔枝摄影、荔枝书画、荔枝音乐、荔枝电影及荔枝动漫。

（一）荔枝摄影

近年来，广东省各地市积极开展荔枝主题摄影比赛和展览，以摄影艺术为窗口，展现荔枝成熟、田间采摘、荔枝收获等特色场景，用镜头留下"美荔"瞬间，以艺术形式推动荔枝文化产业发展。如 2019 年增城区举办荔枝文化摄影比赛、2020 年东莞市举办"岭风荔影"大岭山风情摄影展和 2023 年中国荔乡首届乡村摄影季启动仪式暨荔枝主题摄影展等。

《荔枝熟了》阮笑敬　摄　　　　　　　《童趣》邹庆辉　摄

2019 增城荔枝文化摄影部分获奖作品

增城区农业技术推广中心　供图

《荔园晨曲》罗海燕　摄　　　　　　《荔园新村》林奕余　摄

2023 年中国荔乡首届乡村摄影季启动仪式暨荔枝主题摄影展部分作品

雷百战　摄

（二）荔枝书画

荔枝是我国艺术家书画创作的常见题材。2022 年 6 月，茂名市文化广电旅游体育局、广东省美术家协会和广州美术学院共同主办"520·我爱荔"第三届大唐荔乡美术作品展；2023 年 5 月，高凉书画院、根子荔乡美术馆和茂名市茂南区美术家协会共同主办"520·我爱荔"中国荔乡书画作品展。展览画作类型有中国画、水彩、油画、版画等。画作基本以荔枝为题材，从不同画风挖掘荔枝的文化底蕴，从不同角度展现大唐荔乡的风土人情、荔枝美景，宣传茂名荔枝品牌，助力乡村产业振兴。并以美术展、书画展为契机，吸引更多画家到大唐荔乡写生，推动乡村艺术文化发展。

肖雯萱《夏荔》2022（"520 我爱荔"第三届大唐荔乡全国美术作品展银奖）

雷百战　摄

尤爱兰《吉利图》2023（"520·我爱荔"中国荔乡书画作品展） 雷百战　摄

周瑞《冯柏乔先生诗》   梁增培《张志诗贡园行》

2023 年"520 我爱荔"中国荔乡书画作品展   雷百战 摄

（三）荔枝音乐

荔枝音乐的主要代表作品有《荔枝红了》《食荔枝》《荔枝味的夏天》《又是一年荔枝红》《岭南荔枝红》《挂绿之夏》《点虫虫》《荔枝谣》。

1.《荔枝红了》

《荔枝红了》由胡贵春作词、高福友作曲、陈姗姗演唱，2017 年发行。"荔枝红了红满天，……荔枝甜甜，荔枝酸酸，酸也甜来甜也酸，甜也酸。……人在他乡根脉相连，花开花落岁岁年年，梦中我的荔枝园"[23]。《荔枝红了》民族风浓郁，节奏明快，唱出美丽荔枝园丰收的喜悦，展现出岭南家乡欣欣向荣的景象。

2.《食荔枝》

苏轼被贬岭南惠州，写出了《四月十一日初食荔枝》《新年五首》《食荔枝二首》等多首赞美荔枝的诗。其中，《食荔枝二首》其二"日啖荔枝三百颗，不

辞长作岭南人。"最为脍炙人口，抒发了苏东坡先生对岭南环境的热爱。《食荔枝》是陈辉权由传统经典粤曲《荔枝颂》改编，将传统曲艺与流行元素融合，更像是一首粤语流行歌曲。"身外是张花红被，轻纱薄锦玉团儿，入口甘美，齿颊留香世上稀，日啖荔枝三百颗，不辞长作岭南人。"国家一级演员、红派艺术传人郭凤女演唱，歌声清丽悠扬，令人回味无穷；童声演唱清新雅丽，甜甜粤味。

3.《荔枝味的夏天》

《荔枝味的夏天》是 2022 年岭南荔枝节推广曲，以"音乐+电商"的新形式助农，给网友带来一个"荔枝自由"的夏天，为广东荔枝打造一张崭新的音乐名片。《荔枝味的夏天》的歌词简要，直接谱写了各个种类的荔枝特色；旋律动感，流畅连贯，给听众抓耳的感觉，表现出大众对果品的喜爱。例如，歌曲中"果大肉厚，仙进奉；爽口是妃子笑；香气浓，唐夏红；白糖罂，色暖皮薄；翡脆，鲜脆味美核小"一段歌词，被网友称为最全荔枝赏味攻略[24]。

4.《又是一年荔枝红》

"2022 华音粤章·精品音乐会《又是一年荔枝红》"在广州大剧院精彩首演。序曲《又是一年荔枝红》是由广东音乐曲艺团有限公司创意编排，该曲提取自传统粤曲《荔枝颂》，以广东音乐为基础、民族管弦乐为载体，展现广东山水与人文风貌。"又是一年荔枝红"音乐会已经成为广东音乐曲艺团近年来致力打造的艺术品牌，通过广东音乐、广东曲艺等节目形式，展现岭南文化和非遗艺术的无穷魅力[25]。

5.《岭南荔枝红》

《岭南荔枝红》是东莞（大朗）音乐文学创作基地的最新创作硕果之一，是由广东省东莞市词作者王志明作词的原创歌曲作品。《岭南荔枝红》及 MV 在"荔枝红了"2022 年大朗镇首届佳果游园荟暨"文艺矩阵·荔香岭南"东莞市音乐文学创作与征集推介活动期间正式对外发布。《岭南荔枝红》以岭南佳果荔枝为创作题材，以新时代乡村振兴为创作背景，旋律采用岭南民歌曲调，优美动听，歌手音色清甜，热情奔放极富感染力。"红了岭南的山，红了岭南的水，……东山嘛红，那是妃子笑；南坡嘛红，那是鲜桂味；……西岭嘛红，那是糯米糍；北坳嘛红，那是黑子魁，一串串挂满了枝头，引来山歌漫天飞。"该首歌曲通过展现岭南丰富的荔枝品种，很好地宣传了山水岭南的人文风貌，生动展示了荔香大朗的诗情画意和魅力风情，也歌颂了新时代人民群众追求美好生活的强烈愿望[26]。

6.《挂绿之夏》

在 2023 广州增城荔枝文化旅游季品牌活动中，增城区推出了原创歌曲《挂绿之夏》。歌曲由新生代唱作歌手"前男友"创作，以说唱方式巧妙介绍了挂绿、桂味、甜岩、糯米糍、仙进奉、水晶球、状元红、犀角子、红绣球、素馨香、桂花香、凤凰球、北园绿、蜜糖埕、金包银、妃子笑、尚书怀 17 个增城知名的荔枝品种。歌曲以荔枝为纽带，通过时尚潮流的韵律和强烈的节奏感，展现增城的青春活力和城市品位，助力推动粤港澳大湾区人文融合。2023 年 7 月，《挂绿之夏》获广州市第四届群众原创音乐舞蹈大赛金奖；2023 年 12 月，歌曲再次获首届粤港澳流行音乐唱作大会决赛头奖[27]。

7.《点虫虫》

粤语童谣"点虫虫，虫虫飞，飞到荔枝基，荔枝熟，摘满屋，屋满红，陪住个细蚊公"。童谣中的"荔枝基"指的就是种荔枝的地方，而"细蚊公"就是 BB 仔的意思，因为以前广州人习惯以细为尊，所以最细的 BB，反而尊称为公。有个传说是这么说的，当时曾经有位老人家老来得女，结果这小女孩却怎么都不笑，一直哭个不停，怎么办呢？当时街坊就说有位"婉姐"，说这位"婉姐"哄小孩特别在行，找到她了以后，婉姐上门之时拿着一篮荔枝，孩子看到荔枝的时候非常想吃，看着觉得很高兴就笑了。婉姐还教她玩点虫虫、虫虫飞，因为逗笑了孩子，所以后来很多人家都去学这个童谣，结果都非常奏效，每次都奏效，最后大家就一路传唱至今[28]。

8.《荔枝谣》

《荔枝谣》是由林小棉作词、阮平作曲的一首粤语童谣。"身着红裤仔薄纱白肚仔，挂在树上俏食到嘴里甜，人人见了你啊都把你来夸。大家叫你做荔枝荔枝，红荔枝荔枝红你生的真美丽，多少个美梦里你把我缠绕。经常听嬷嬷讲你那动人的故事啰，果靓甜美是果中之王啊哩……"童谣描写岭南风物、赞美岭南风情，曲风清新，旋律轻快，唱出了孩子们心中对岭南的热爱。

（四）荔枝电影

《荔枝红了》由广东省茂名市编制并拍摄，于 2002 年 6 月 20 日上映。影片讲述了一个叫作贡园村的荔枝树从历经磨难，到改革开放后，在新的领导人带领下，又重新蓬勃发展起来。党员干部带领人民群众提高生产技术、修路、拓宽销售渠道、招商引资、发展荔枝的产业化经营，最后创造了荔枝品牌的故事。该电影获得第八届中国电影"华表奖"优秀故事片奖[29]。

《荔枝红了》电影宣传海报　　　　　　　　雷百战　摄

（五）荔枝动漫

《小康来了》由东莞市聚缘动画科技有限公司创作，是一部原汁原味的莞产原创动画，极具本土特色。动漫以东莞的青山绿水为主要元素，以果园为背景，以东莞本土特产"荔枝"为创作原型，通过小康成长过程中一个个幽默、积极的小片段，巧妙地将东莞荔枝文化传播出去。莞小康的形象覆盖全国，聚缘动画科技有限公司先后与巴马饮用水、澳洲红酒、黄江荔枝等多家企业达成动漫品牌授权协议，其中莞康巴马饮用水成为第十届漫博会指定用水[30]。

参考文献

［1］国家质检总局．关于批准对昌平草莓、富岗苹果、店子长红枣、从化荔枝蜜、六堡茶实施地理标志产品保护的公告［2011-03-17］．国家质检总局2011年第33号公告．

［2］农业农村部农产品质量安全中心．2020年第二批全国名特优新农产品名录［2020-09-18］．农业农村部农产品质量安全中心公告（第6号）．

［3］广东省人民政府．关于批准并公布广东省第七批省级非物质文化遗产代表性项目名录的通知［2018-05-12］．粤府函〔2018〕116号．

［4］百度百科．荔枝蜜［EB/OL］．［2024-04-22］．https：//baike.baidu.com/item/%E8%8D%94%E6%9E%9D%E8%9C%9C/33949?fr=aladdin.

［5］百度百科．荔枝菌［EB/OL］．［2024-04-22］．https：//baike.baidu.com/item/%E8%8D%94%E6%9E%9D%E8%8F%8C/7265024?fr=ge_ala.

［6］谢民，杨照海，陈进喜，等．荔枝果园三黄鸡主要疫病防控规范达标示范创建［J］．广西农学报，2013，28（04）：46-49.

［7］广东省农业农村厅．关于印发广东荔枝产业高质量发展三年行动计划（2021-2023年）的通知［EB/OL］．［2020-12-28］．https：//dara.gd.gov.cn/tzgg2272/content/post_3164871.html.

［8］农小蜂智库．2023年中国荔枝产业数据分析简报［EB/OL］．云果：2023年中国荔枝产业数据分析报告，［2023-06-21］．https：//baijiahao.baidu.com/s?id=1769305891217135714.

［9］方遥．蔡襄《荔枝谱》与徐𤊹《荔枝谱》［J］．福建师大福清分校学报，2010（05）：108-112.

［10］陈广．荔枝干的加工技术要点［J］．农村百事通，2019（05）：42.

［11］黄松连．荔枝肉真空冷冻干燥工艺研究［J］．广西轻工业，2008（07）：3-4.

［12］卢素珊，涂桢楷，赵锡和，等．我国荔枝加工技术研究现状［J］．现代农业装备，2022，43（02）：14-17+48.

［13］韦崇云．糖水荔枝罐头制作工艺研究［J］．科技风，2013（22）：33-35.

［14］王德培，张伟锋．糖盐水荔枝罐头工艺研究［J］．食品与机械，2006（04）：102-105.

［15］百度百科．荔枝酒［EB/OL］．［2024-04-22］．https：//baike.baidu.

com/item/%E8%8D%94%E6%9E%9D%E9%85%92.

［16］齐文娥，周松芳．岭南荔枝酒的酿造与传播史初论［J］．美食研究，2022，39（02）：7-12.

［17］广州市增城区人民政府．关于公布增城区第六批区级非物质文化遗产代表性项目名录的通知［2021-05-18］．增府函〔2021〕10号.

［18］百度百科．荔枝醋［EB/OL］．［2024-04-22］．https：//baike.baidu.com/item/%E8%8D%94%E6%9E%9D%E9%86%8B.

［19］许惠民．历史上荔枝进入我国北方的几个问题［J］．农业考古，1989（02）：287-290.

［20］邱铨林．荔枝广绣农耕文明与岭南佳果的结合［EB/OL］．中国日报网，［2023-05-29］．https：//gd.chinadaily.com.cn/a/202305/29/WS64746b0da310537989376768.html.

［21］小肥宅教授．荔枝茶宠的走红［EB/OL］．［2020-04-09］．https：//baijiahao.baidu.com/s?id=1663482872211817077&wfr=spider&for=pc.

［22］朱玉玲．综合材料装饰画在室内空间装饰中的效果呈现［J］．建筑科学，2023，39（03）：195.

［23］胡贵春，高福友，陈姗姗．《荔枝红了》［EB/OL］．词曲网．［2016-03-21］．http：//www.ktvc8.com/article/article_457196_1.html.

［24］徐子茗．最全荔枝赏味攻略！且听歌曲《荔枝味的夏天》［EB/OL］．南方+，［2022-06-07］．https：//static.nfapp.southcn.com/content/202206/07/c6564439.html.

［25］成小珍，伍尚文．《又是一年荔枝红》首演　奏响岭南华彩乐章［N/OL］．信息时报．［2022-07-05］．https：//www.xxsb.com/content/2023-03/17/content_207119.html.

［26］陈启亮．大朗镇原创歌曲《岭南荔枝红》发布，一睹为快［EB/OL］．南方+，［2022-06-23］．https：//static.nfapp.southcn.com/content/202206/23/c6615533.html?colID=0&firstColID=12845&appversion=11100&enter ColumnId=14&from=weChatMessage.

［27］陈颖诗，王菲菲，雷杰．我区创作歌曲《挂绿之夏》获粤港澳流行音乐唱作赛头奖［N/OL］．增城日报．［2023-12-20］．http：//www.zcwin.com/content/202312/20/c206988.html.

［28］花生宝贝．"点虫虫，虫虫飞…"的下一句，你还会唱吗［EB/OL］.

搜狐网，［2019-01-21］．https：∥www. sohu. com/a/290443404_476400.

　　［29］百度百科．荔枝红了［EB/OL］．［2024-04-22］．https：∥baike. baidu. com/item/% E8% 8D% 94% E6% 9E% 9D% E7% BA% A2% E4% BA% 86/ 4092749?fr＝ge_ ala#lemma-summary.

　　［30］韦基礼．东莞原创动画片《小康来了》［EB/OL］．南方+，［2020- 06-15］．https：∥www. 163. com/dy/article/FF6M8ENA055004XG. html.

荔枝文化遗产

雷百战* 张 宁

摘 要：我国有2300多年的荔枝栽培历史，留存有丰富的物质文化遗产。文化遗产是中华优秀传统文化的重要载体。荔枝文化遗产不但包括岭南荔枝种植系统、历史上各时代有关荔枝的重要实物、艺术品、文献、图书等物质文化遗产，也包括传统技艺、诗词歌赋、传说故事、地方民俗等非物质文化遗产。

关键词：荔枝发展历史；荔枝物质文化遗产；岭南荔枝种植系统；荔枝传统技艺；荔枝文学作品；荔枝艺术作品；荔枝传说故事；荔枝地方民俗

一、荔枝发展历史

我国是世界上最早栽培荔枝的国家，在我国又以广东较早。在古文献中，荔枝最先名为"离支"，见于西汉司马相如的《上林赋》"隐夫薁棣，答遝离支"[1]；西晋著名文学家左思的《蜀都赋》"旁挺龙木，侧生荔枝"[2]，又以"侧生"代指荔枝，后又有荔支、丹荔、火山荔、轻红等多种别称，后又写作"荔枝"。汉朝荔枝作为贡品进贡朝廷；唐宋时期，荔枝种植达到高峰，荔枝相关诗词歌赋大量涌现，如北宋出现的我国第一部荔枝专著《荔枝谱》，直到清朝道光年间先后有16部荔枝谱，对荔枝的栽培技术、品种分类、保鲜贮藏、供销情况、分布范围等详细介绍；元明清时期，发现其药用价值，价格仍然昂贵。李时珍在《本草纲目》中有记载"荔枝补脾益肝、生津止呃、消肿痛、镇咳养心"。

历代劳动人民在选种、育种、栽培技术、加工利用等方面创造和积累了丰富的经验。在选种、育种方面，郭义恭在所撰《广志》里述及"焦核、春花、胡偈、鳖卵"等品种；北宋前期，郑熊所撰《广中荔枝谱》载有广东产荔枝二十

---

* 雷百战，广东省农业科学院农业经济与信息研究所副研究员；主要从事农业区域经济研究。

二种；其后十几年，张宗闵撰《增城荔枝谱》著录的荔枝品种有100个之多。在栽培技术方面，明末清初屈大均《广东新语·木语》中记载"近水则种水枝，近山则种山枝"，把荔枝分为适合在水边栽培的"水枝"和山中栽培的"山枝"两种不同的生态型。在加工利用方面，有荔枝干、荔枝酒等加工品。如荔枝干有风干、晒干和焙干等制作方法，蔡襄《荔枝谱》的记载"白晒者——烈日乾之，以核坚为止"[3]。

蔡襄《荔枝谱》、徐勃《荔枝谱》　　　　　　　雷百战　摄

二、荔枝相关物质文化遗产

荔枝色如朱丹，"荔"谐音"利"，有"红红火火""大吉大利""多子多孙""一本万利"等美好寓意。在我国故宫博物院、广东博物馆、国内外其他博物馆、艺术馆、美术馆等收藏大量有关荔枝元素的文物，拍卖市场也有与荔枝有关的私人藏品，都是我国宝贵的荔枝物质文化遗产。

（一）故宫博物院荔枝藏品

故宫博物院收藏荔枝元素的文物有270多件（部分藏品见表1）。荔枝元素藏品以明清代为主，明代99件、清代127件。藏品包括唐代鎏金荔枝纹带板、宋代吴元瑜荔枝图卷、明宣德剔红荔枝纹圆盒、明代朱瞻基《三鼠图》卷、明永乐青花折枝花果纹梅瓶、清康熙成化款斗彩葡萄荔枝纹杯、清乾隆紫砂百果壶、清代犀角镂雕荷花荔枝纹杯、近现代齐璜荔枝双喜图轴等文物精品。其中，明宣宗朱瞻基的《三鼠图》卷由三件画作组成。第一幅纸本墨笔《苦瓜鼠图》系宣宗28岁喜得长子后所作，鼠、瓜寓意"多子"。第二幅绢本设色《菖蒲鼠荔图》，石旁拴着一只正大口吃红荔的小鼠。第三幅磁青纸本《食荔图》，用强烈的黑白对比，突出一只正在食红荔的白鼠。画中老鼠偷食苦瓜及红荔饶有趣味，画者将并不为人待见的老鼠的憨态与顽皮神态鲜活地表现出来，"荔枝"有"一本万利"之义，故老鼠啃食荔枝，具有吉祥寓意[4]。

明犀角镂雕荷花荔枝纹杯　　　　　　　　清代堆彩荔枝纹圆盒

故宫博物院藏

表 1　故宫博物院部分荔枝藏品

序号	藏品名称	类别	年代
1	鎏金荔枝纹带板（26 件）	金银器	唐代
2	鎏金荔枝花果纹方带板（9 件）	金银器	唐代
3	三彩印花荔枝纹圆洗	陶瓷	唐代
4	吴元瑜荔枝图卷	绘画	宋代
5	赵佶荔枝山雀图卷	绘画	宋代
6	赵构荔枝图卷	绘画	宋代
7	白玉透雕荔枝纹嵌饰	玉石器	宋代
8	犀角雕玉兰花果纹杯	雕刻工艺	明早期
9	青花折枝花果纹梅瓶	陶瓷	明永乐
10	青花枇杷绶带鸟图盘	陶瓷	明永乐
11	永乐款剔红荔枝纹圆盒	漆器	明永乐
12	青花花果纹带盖梅瓶（2 件）	陶瓷	明宣德
13	剔红荔枝纹圆盒（20 件）	漆器	明宣德
14	剔红荔枝纹碗（2 件）	漆器	明嘉靖

序号	藏品名称	类别	年代
15	朱瞻基三鼠图卷	绘画	明代
16	青玉荔枝纹方盒（2件）	玉石器	明代
17	许伯寅荔枝山鸟扇	绘画	明代
18	嘉靖款剔红荔枝纹杯（2件）	漆器	明代
19	白玉双荔枝（2件）	玉石器	明代
20	青玉镂雕枝叶荔枝杯	玉石器	明代
21	剔红荔枝纹圆盒（12件）	漆器	明代
22	成化款斗彩葡萄荔枝纹杯（2件）	陶瓷	清康熙
23	紫砂百果壶	陶瓷	清乾隆
24	反瓷镂空荔枝式杯（5件）	陶瓷	清乾隆
25	吴俊卿荔枝扇页	绘画	清代
26	犀角镂雕荷花荔枝纹杯	雕刻工艺	清代
27	堆彩荔枝纹盒（21件）	漆器	清代
28	罗聘荔枝图轴	绘画	清代
29	吴俊卿荔枝图轴	绘画	清代
30	青玉双荔枝（2件）	玉石器	清代
31	带皮白玉荔枝（2件）	玉石器	清代
32	乾隆御用嘉庆御用款青玉荔枝纹执壶	玉石器	清代
33	铜镀金嵌玉石玻璃盆珊瑚荔枝盆景	盆景	清代
34	齐璜荔枝双喜图轴	绘画	近现代
35	齐璜画荔枝行书扇	书法	近现代

注：根据故宫博物院藏品总目、数字文库整理。

（二）广东省博物馆荔枝藏品

广东省博物馆结合自身馆藏资源，深入挖掘荔枝历史底蕴、文化内涵和岭南特色，广东省博物馆于2017年和2020年先后举办"不辞长作岭南人——荔枝文化展"，旨在通过展览助力荔枝产业高质量发展，推进文旅融合，提升"广东荔枝"的知名度和影响力。展览从自然、艺术、生活三个角度，揭开荔枝的自然奥秘，解读荔枝的艺术形象，探究荔枝的社会文化内涵。2020年的荔枝文化展精选荔枝主题展品180件/套，集中展示了广东省博物馆馆藏的荔枝题材文物精品，包括荔枝元素陶瓷、玉器、漆器等文物，如明永乐青花花果纹梅瓶、清道光粉彩折枝花果墩式碗、明沈周荔枝苍鹅图、清华嵒鹦鹉荔枝图、现代齐白石荔枝图等，还借展了绘有鼠荔图的故宫博物院藏"朱瞻基三鼠图卷"、佛山市祖庙博物馆藏"清木雕彩绘荔枝挂落"等一批精品文物。除了文物精品外，策展人还精心挑选了一批现代非遗大师作品进行展示，如剪纸、广绣、广彩等非遗艺术品，让观众进一步了解荔枝艺术从古至今的传承与发展。

广东省博物馆有关荔枝藏品有40多件（见表2）。包括明永乐青花花果纹带盖梅瓶、明中期青玉雕荔枝桃形杯、清雍正釉里红折枝花果纹天球瓶、清金属胎雕漆荔枝纹小碗（一对）、清华嵒鹦鹉荔枝图轴、清吴应逵《岭南荔枝谱》等文物精品，还包括民国、近现代和当代的一些荔枝元素各类藏品。

明末清初竹雕荔枝香薰　　　　　　　明青玉雕荔枝桃形杯

广东省博物馆藏

表2　广东省博物馆部分荔枝藏品

序号	藏品名称	类别
1	明永乐青花花果纹带盖梅瓶	陶瓷
2	明中期青玉雕荔枝桃形杯	玉石器、宝石
3	明沈周荔枝苍鹅图	绘画
4	明末清初竹雕荔枝香薰	竹木雕
5	清康熙宜兴紫砂象生陶瓜形壶	陶瓷
6	清雍正釉里红折枝花果纹天球瓶	陶瓷

序号	藏品名称	类别
7	清乾隆雕漆双桃纹盖盒	漆器
8	清"顺记造"款广府彩绘贴金木雕雀鹿荔枝纹挂落	竹木雕
9	清彩绘木雕《荔镜记》雀替	雕刻工艺
10	清金属胎雕漆荔枝纹小碗（一对）	漆器
11	清白玉雕双荔枝	玉石器
12	清雕荔枝池长方砚	文具
13	清道光《岭南荔支谱六卷》	古籍善本
14	清道光端石荔枝砚	文具
15	清代粉彩折枝花果纹墩式碗	陶瓷
16	清光绪十六年卖荔枝树连地契	档案文书
17	清黄璧荔枝图轴	书法、绘画
18	清华喦鹦鹉荔枝图轴	书法、绘画
19	清晚期石湾陶荔枝纹挂壁	陶器
20	民国"万诚兴"荔枝干广告纸	文件、宣传品
21	20世纪60年代珠江桥牌荔枝酒商标纸	文件、宣传品
22	齐白石荔枝图轴	绘画
23	现代李笑玲、练汉峰作《水秀花香荔枝红》剪纸	剪纸
24	1999年广彩"蝉鸣荔熟"纹盘	瓷器
25	石湾窑王榕茂制"红利当头"荔枝果树陶塑	陶瓷

注：根据《广东省博物馆》官网和网络资料整理。

（三）其他博物馆荔枝藏品

国内外其他包括大英博物馆、纽约大都会艺术博物馆、国内相关省市县博物馆等36所，荔枝相关藏品100多件（见表3）。藏品包括北宋赵佶《荔枝图》、明天启褐釉荔枝形水盂、元钱选《荔枝图卷》、明永乐青花四季花果纹莲花式盘、明宣德青花荔枝纹双耳扁瓶、北宋郭知章墓金御仙花荔枝纹金带板、南宋荔枝纹环形金饰、元代卵白釉印花荔枝纹高足杯、明永乐甜白划花葡萄花果纹菱花口盘、清染色象牙透雕荔枝盒、清木雕彩绘荔枝挂落、民国石湾窑彩釉小鸟荔枝挂壁、吴昌硕纸本水墨设色荔枝轴、齐白石荔枝蜻蜓、现代邓白丹荔鸣蝉图轴等。

表3 国内外其他博物馆等的部分荔枝藏品

序号	藏品名称	博物馆名称
1	明永乐青花荔枝纹抱月瓶	大英博物馆
2	宋代 宋徽宗《荔枝山雀图》	纽约大都会艺术博物馆
3	明成化 黄地青花花果折枝纹盘	中国国家博物馆
4	明永乐 青花四季花果纹莲花式盘	台北故宫博物院
5	齐白石荔枝蜻蜓（20世纪30年代）	中国美术馆
6	清紫檀雕荔枝花鸟纹插屏背板	北京艺术博物馆
7	近代齐璜荔枝枇杷立轴	湖南博物院
8	明代 嵌宝镶玉荔枝形鎏金铜枕顶	湖北省博物馆
9	北宋 郭知章墓金御仙花荔枝纹金带板	江西省博物馆
10	南宋 御仙花金带 安徽休宁朱晞颜墓出土	安徽博物院
11	金代 定窑荔枝折枝纹盘模	河北博物院
12	明黄花梨雕花靠背椅	上海博物馆
13	南宋金御仙花纹带銙	南京博物院
14	明永乐甜白刻花葡萄花果纹菱花口盘	苏州博物馆
15	龙泉窑青釉折枝荔枝纹菱口盘	广西壮族自治区博物馆
16	民国荔枝木雕花公座椅	海南省博物馆
17	元龙泉窑青瓷葵边荔枝盘	浙江省博物馆
18	明代 文徵明《荔枝图》	济南市博物馆
19	宋代 蔡襄《荔枝谱》版刻	福建博物院
20	西夏 荔枝纹金带板 银川市西夏陵区6号陵出土	宁夏博物馆
21	南宋 荔枝形金腰带扣饰	重庆三峡博物馆
22	南宋 赵大亨《荔院小憩图》	辽宁省博物馆
23	明嘉靖祝允明草书《晚晴赋》《荔枝赋》卷	深圳博物馆
24	清荔枝木家具	中国荔枝博览馆
25	明宣德 青花荔枝纹双耳扁瓶	增城荔枝文化博览馆
26	清木雕彩绘荔枝挂落	佛山市祖庙博物馆
27	当代广绣《古祠流芳·荔枝》文化册	广东民间工艺博物馆
28	现代石湾窑彩釉塑荔枝陶瓶	广东石湾陶瓷博物馆
29	清居巢《荔熟蝉鸣》	广州艺术博物院
30	居廉设色一本万利图团扇（1894年）	东莞市博物馆

注：根据相关博物馆、艺术馆、美术馆官网和网络资料等整理。

明宣德青花荔枝纹双耳扁瓶

增城荔枝文化博览馆藏　雷百战　摄

清荔枝木家具　　　中国荔枝博览馆藏　雷百战　摄

（四）苏富比拍卖相关荔枝藏品

近十多年来，苏富比相关荔枝藏品拍卖 50 多件（见表 4）。拍卖的藏品包括明 16 世纪剔红荔枝纹盖盒、明永乐青花折枝瑞果纹梅瓶、清乾隆青白玉带皮荔枝、齐白石荔枝蜻蜓等。

表 4 近十多年苏富比部分拍卖的荔枝藏品

序号	名称	年代	拍卖年份
1	剔红荔枝图印泥盒《大明万历年制》后加款	明 16 世纪	2018
2	剔红荔枝纹盖盒	明 16 世纪	2019
3	剔红荔枝纹小杯	明 16~17 世纪	2017
4	剔红荔枝纹小圆盒	明 17 世纪	2014
5	青花折枝瑞果纹梅瓶	明永乐	2014
6	传周柱制黄花梨嵌宝荔枝图倭角长方盘	明嘉靖	2018
7	剔红雕漆锦地荔枝图高足杯	明嘉靖	2013
8	白玉浮雕荔枝方牌	明末清初	2020
9	法周柱制紫檀嵌宝荔枝图盖盒	明末清初	2016
10	剔红雕漆荔枝纹盖盒	清乾隆	2014
11	青白玉带皮荔枝	清乾隆	2019
12	青花折技花果纹梅瓶《大清乾隆制》款	清乾隆	2012
13	剔红荔枝纹小盖盒	清 18 世纪	2019
14	广东铜胎画珐琅荔枝水丞	清 18 世纪	2018
15	青白玉荔枝把杯《吴门朱鹰尹制》款	清 18 世纪	2017
16	德化白釉荔枝形盖盒	清 18 世纪	2016
17	清青玉巧作荔枝	清代	2017
18	清吴荣光 行书杜甫《解闷十二首》诗之一	清代	2016
19	吴昌硕 荔枝 设色纸本 镜框	近现代	2018
20	齐白石荔枝蜻蜓 设色纸本 立轴	近现代	2014

注：根据苏富比相关荔枝藏品拍卖信息整理。

三、广东岭南荔枝种植系统

《广东省茂名市荔枝农业文化遗产保护与管理办法》指出，荔枝农业文化遗产是指人们在与其所处环境长期协同发展中创造并世代传承，具有丰富的农业生物多样性、完善的传统知识与技术体系、独特的生态与文化景观的荔枝农业种植系统，既包含了流传至今的古荔枝树资源和传统种植技术，也包括与荔枝生产相关的民俗、诗歌、传说等文化资源[5]。

2020 年，广东岭南荔枝种植系统（增城、东莞）入选第五批中国重要农业文化遗产名单，2021 年茂名市古荔枝贡园种植系统补选入广东岭南荔枝种植系统。"广东岭南荔枝种植系统"是岭南人民在两千年农耕生产中创造的，以岭南地区荔枝果木复合种植为地域特色的农业生产系统。系统拥有丰富的内涵，是由"荔枝有关的栽培历史、种质资源、农业生产、民俗文化、农耕技术以及产品加工延伸出来的一系列文化活动"拼成的一个琳琅满目的图景。荔枝文化遗产不仅打响了"岭南荔枝"的品牌，向世界传播岭南农业文化，展示岭南农民的智慧，还为广东荔枝产业的发展带来了新的机遇。

（一）增城荔枝种植系统

增城荔枝栽培历史悠久、文化底蕴深厚、栽培技术完整、优质品种多、品牌响，优质荔枝品种面积占比较大，被誉为全国著名的"荔枝之乡"。最早文献记载见于宋太宗太平兴国年间（976~983 年）乐史所撰的《太平寰宇记》，其中记载："《广州记》：增城县白水山有五距鸟。县北又有搜山、有荔树，高八丈，相去五丈而连理。"据此推算，增城荔枝的历史至少有 2000 多年[6]。增城荔枝种植系统核心区包括增城区正果镇兰溪村、荔城街莲塘村等 10 个村落。增城区带有"荔"字的地名多达 126 个，反映了荔枝种植对当地文化风俗的深刻影响。增城荔枝现有种植面积 19.7 万亩，增城荔枝栽培品种 70 多个，优质荔枝品种面积占比超过了 80%[7]。

广东岭南荔枝种植系统（增城）   陈雨文 摄

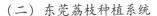

（二）东莞荔枝种植系统

东莞荔枝种植历史悠久，远在秦汉之时便有人种植莞荔。元代，其种植农事明确见载于文献《元一统志》和大德《南海志》。明代，莞城、茶山、石龙等地发展出了坐拥"千树荔"规模的大型果园；其时，《东莞县志》云"荔枝色如渥丹，味甘如饴，其种不一，盖岭南之佳品也"，指出莞荔不仅品种不乏且品相优质。清初，东莞已形成了特有的水上荔枝交易市场。民国期间，东莞是珠三角主要荔枝产区。莞荔因色、香、味俱全，"食之令人畅然意满"，被誉为"岭南第一品"[8]。自 2017 年以来，东莞荔枝先后被认定为国家农产品地理标志登记产品，成功入选中国重要农业文化遗产和全国名特优新农产品目录。2023 年东莞荔枝种植面积约 15.58 万亩，总产量约为 2 万吨，主要分布在大朗、大岭山、谢岗、黄江、厚街、塘厦、虎门、清溪、樟木头、横沥、茶山等镇，其中优质品种占总面积的比例超过 80%，东莞荔枝种植系统核心区为大岭山镇、大朗镇。主栽品种以糯米糍和桂味为主，约 11 万亩；还有观音绿、冰荔、岭丰糯、唐夏红、莞香荔（水平红玫瑰）等特色品种约 2 万亩。东莞正落实荔枝产业高质量发展措施，重点打造"市农科中心高效荔枝示范园""市植物园荔枝种质资源园""樟木头观音绿荔枝示范园""大朗荔枝新品种实验园"以及"莞荔线下文化体验馆"（大朗）"四园一馆"项目。

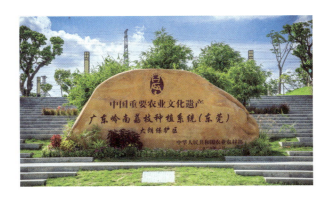

广东岭南荔枝种植系统（东莞）

陈雨文 摄

（三）茂名荔枝种植系统

晋代葛洪著《西京杂记》记载"慰佗献高鲛鱼、荔枝，高祖报以蒲桃锦四匹"。可见，早在西汉初年，南越王赵佗就将茂名荔枝作为岭南珍品向汉高祖进贡。据此推测，茂名市在秦末汉初已产荔枝，茂名栽培荔枝已有 2300 年以上的历史[9]。广东岭南荔枝种植系统（茂名市）入选第六批中国重要农业文化遗产候选项目（扩展项目）名单。茂名荔枝种植系统以茂名市行政区域为边界，内容包含农业文化遗产系统中的各项要素，其核心保护区是现存最为完整的古荔枝四大贡园，即高州根子柏桥贡园、高州泗水滩底贡园、茂南羊角禄段贡园和电白霞洞上河贡园。古荔枝贡园中不仅保存了大量古荔枝树，而且留存下了中国最古老的荔枝品种，如茂南羊角镇禄段龟尾园保存有古荔枝树黑叶（树龄1933年）、白腊（树龄1280年）；高州泗水镇滩底贡园保存有古荔枝树进奉（树龄1780年）、妃子笑（树龄1800年）、大造（树龄1670年）；电白霞洞上河贡园保存有古荔枝树砸死狗（树龄1780年）。在全市116个镇（街道、国营农场）中，有107个镇（街道、国营农场）种植荔枝，占比为92.24%[10]。全市以荔枝命名的村庄多达129个，以高州、化州和信宜居多。其中，使用频率最高的村名为"荔枝园"，共有28个；其次是"荔枝根"和"荔枝塘"，分别是23个和17个，还有荔枝山、荔枝坡、荔枝垌等。

广东岭南荔枝种植系统（茂名）　　　　　　　　　　雷百战　摄

四、广东荔枝相关传统技艺

广东省现有荔枝干、荔枝蜜、荔枝酒、荔枝烧鹅、荔枝烧鸭、荔枝木家具传统技艺等省市非物质文化遗产。2022年，茂名市认定了一批荔枝干、荔枝炭烧鸭、荔枝酒传统酿造技艺等非遗工坊，赋能非遗文化的高质量发展。

（一）广州市

1. 荔枝木家具传统制作工艺

传统荔枝木工艺的家具制作，以明清家具制作工艺为基础，针对荔枝木的木

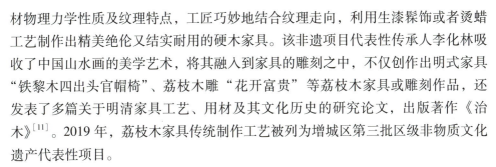

材物理力学性质及纹理特点，工匠巧妙地结合纹理走向，利用生漆髹饰或者烫蜡工艺制作出精美绝伦又结实耐用的硬木家具。该非遗项目代表性传承人李化林吸收了中国山水画的美学艺术，将其融入到家具的雕刻之中，不仅创作出明式家具"铁黎木四出头官帽椅"、荔枝木雕"花开富贵"等荔枝木家具或雕刻作品，还发表了多篇关于明清家具工艺、用材及其文化历史的研究论文，出版著作《治木》[11]。2019 年，荔枝木家具传统制作工艺被列为增城区第三批区级非物质文化遗产代表性项目。

2. 增城荔枝蒸馏酒制作技艺

清代晚期增城荔枝酒就已经形成稳定的生产规模，以增城地区的特产荔枝为主要原料，如北园绿、糯米糍、桂味、挂绿、仙进奉、怀枝等。荔枝品种、酒曲、水源、气候不同，酿造出来的荔枝酒也会大不相同。出生于光绪年间的荔城街桥头村的陈氏后人陈观澜，自小就在酒厂学艺，掌握了精湛的酿酒技术。在试验的过程中，陈观澜发现酒曲对荔枝酒的酿造影响最大，于是不停地试验和改进酒曲的配方，慢慢摸索、结合增城本地的地理气候特点，大胆改进荔枝酒的酿造技艺，终于得到了酒体清晰、果香浓郁、口感甘醇的荔枝酒。经过陈氏家族代代相传，增城荔枝蒸馏酒制作技艺得到了更好的传承和发展[12]。2021 年 5 月，增城荔枝蒸馏酒制作技艺被列入增城区第六批区级非物质文化遗产代表性项目。

(二) 东莞市

1. 东莞焙荔枝干传统技艺

东莞常平镇和大朗镇素有土法制作荔枝干果的习俗。据《常平镇志》记载，常平荔枝干曾经远销全国各地及海外地区。烘焙荔枝干主要采用怀枝、糯米糍两种荔枝，又以糯米糍为佳，其果实大、少焦壳、无破口，经过晾晒之后果肉厚实、色美味甜；另外，还需选用半红半青的鲜果，烘焙出来的荔枝干才能色泽金黄、口味上佳。虽然从最初的半晒半焙，到如今的空气能高温热泵烘干机，技术不断更新换代，但是荔枝的挑选、烘焙荔枝干的火候把控等依然遵循古法。2010 年，东莞焙荔枝干传统技艺入选东莞市第二批市级非物质文化遗产代表性项目名录[13]。

2. 东莞荔枝蜜酿造技艺

东莞种植荔枝历史悠久，明代已出现了"千树荔"的大规模荔枝园。据《崇祯东莞县志》（卷一地舆志）和《康熙东莞县志》（卷四物产）载，蜜糖自古就是东莞主要物产之一。东莞清溪镇的荔枝蜜酿造技艺已有上百年历史，由梁氏家族传承。2018 年，清溪"东莞荔枝蜜酿造技艺"入选广东省第七批省级非

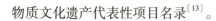

物质文化遗产代表性项目名录[13]。

3. 大岭山荔枝柴烧鹅制作技艺

大岭山荔枝柴烧鹅是大岭山镇的传统民间美食。相传自大岭山镇矮岭冚村始祖叶基来在明朝洪武七年迁至大岭山镇起，矮岭冚村每逢农历年三十晚（除夕）、大年初二、五月初五（端午节）等传统节日，家家户户都要烧制一只鹅来庆祝节日，此后便成为一个传统习俗，一直流传至今。600 多年前，矮岭冚村的先民经过不断的试验改进，将烧鹅用的燃料由木柴、竹柴改为蔗渣，并流传到20 世纪 70 年代后期，后因方便燃烧的整条蔗渣难以寻觅，烧鹅传承人之一的叶绍基便尝试用荔枝柴进行烧鹅技艺试验并获得成功。从此，矮岭冚村的传统美食蔗渣烧鹅演变为味道更好的荔枝柴火烧鹅，逐渐成为矮岭冚村的特色家庭菜式。2019 年，大岭山荔枝柴烧鹅制作技艺列入东莞市第五批非物质文化遗产保护名录[14]。

（三）茂名市

1. 茂名荔枝干传统制作技艺

茂名传统荔枝干制作技艺以木炭为燃料，全部由人工凭借经验调整火候烘焙。焙炉由砖和竹箔构成，一炉新鲜荔枝先烤上一天一夜，途中翻转 3～5 次。初次出炉后，经人手挑出圆扁、破口的荔枝并除去枝叶，重新放回到炉上继续烘焙一天。制作荔枝干尤以糯米糍为佳，通常选用半红半青的鲜果进行烘焙，这样出来的荔枝干色泽金黄、口味上佳。2021 年，该项目入选茂名市第六批市级非物质文化遗产代表性项目名录[15]。

2. 荔枝炭烧鸭制作技艺

茂名烧鸭制作历史可以追溯到清朝，茂南的荔枝炭烧鸭制作技艺最具代表性。茂名荔枝树多，采用这种果木炭来烧制的烤鸭，有一种独特的果木烤香味。荔枝炭烧鸭的制作非常讲究。要选用白鸭、肉鸭，且周期时间短的肥大而嫩小的鸭子。荔枝炭烧鸭经过开肚与清洗、肚内放入烧鸭酱和鸭盐、鸭尾缝针、鸭子充气、整只烫皮、鸭表皮淋脆皮水、鸭子挂钩风干和荔枝炭烤制等八道工艺制作，金红明亮外皮酥脆鲜香又肉质饱满的烧鸭制作完成。2021 年，该项目入选茂名市第六批市级非物质文化遗产代表性项目名录[16]。

3. 酿造酒传统酿造技艺（茂名荔枝酒传统酿造技艺）

茂名荔枝酒传统酿造技艺始于乾隆二十四年（公元 1759 年），是精选产区新鲜优质黑叶、白糖罂等荔枝，借鉴茂太丰酒工艺精心酿造而成。荔枝酒具有酒体清澈，酒质果香浓郁，酒品甘冽柔醇、清雅留香、回味绵长等特点。2023 年

5月，茂名荔枝酒传统酿造技艺入选茂名市第七批市级非物质文化遗产代表性项目名录[17]。

五、荔枝文学作品

历代文人墨客以荔枝为题材写下众多诗词歌赋。东汉时期，王逸《荔枝赋》，赞其"超众果而独贵"，是第一篇专门咏颂荔枝的文学作品。唐代的荔枝文学非常兴盛，因其荔枝栽培规模逐渐扩大，荔枝被各大诗人写入诗词之中，形成了别具一格的荔枝文学，以张九龄、杜甫、白居易、杜牧等文人为代表；宋代的荔枝文学再创高峰，涵盖了从诗歌、词、文、赋、杂文等众多类别，数量也大增，以苏轼、蔡襄等文人为代表；明清时期，以湛若水、屈大均等岭南名人为代表，创作有关于岭南荔枝的相关诗词。这些众多的荔枝文学作品已成为我国宝贵的历史文化财富。

（一）唐代：荔枝文学始兴盛

1. 张九龄

张九龄（678~740年），字子寿，号博物，韶州曲江（今广东韶关）人，唐朝开元名相、政治家、文学家、诗人，誉为"岭南第一人"[18]。《荔枝赋》为开元十八年（727年）张九龄任桂州都督、充岭南道按察使期间而作，其序云"味以无比而疑，远不可验，终然永屈。况士有未效之用，而身在无誉之间，苟无深知，与彼亦何以异也？因道扬其实，遂作此赋"。可见，张九龄运用比兴寄托的手法，正式将荔枝作为了寄怀的对象，通过描绘荔枝的珍贵奇异，进而抒发对被弃置埋没而不能充分施展才华人士的同情以及对命运的思考[19]。

2. 杜甫

杜甫（712~770年），字子美，自号少陵野老，河南府巩县（今河南巩义）人，唐代伟大的现实主义诗人[20]。《病橘》《宴戎州杨使君东楼》《解闷十二首 其九》《解闷十二首 其十》等诗词，既表达了荔枝贡的劳民伤财，又对安史之乱后时局兴衰和物是人非的感叹，为荔枝注入了政治血液。《宴戎州杨使君东楼》云"重碧拈春酒，轻红擘荔枝"，《解闷十二首》其十云"京中旧见无颜色，红颗酸甜只自知"主要描述荔枝颜色以深红色为主，其中"轻红"流传成为荔枝别称[21]。

3. 白居易

白居易（772~846年），字乐天，号香山居士，今河南新郑人，唐代现实主义诗人、唐代三大诗人之一[22]。白居易所写荔枝褪去了政治色彩、人生情怀，回归到了对荔枝本性的描述。其元和十三年（818 年）在巴蜀地任忠州刺史时，接触品尝到荔枝，还欲亲手植之。《郡中》云"乡路音信断，山城日月迟。欲知州近远，阶前摘荔枝。"《种荔枝》云"十年结子知谁在，自向庭中种荔枝"。元和十五年（820 年），白居易命工吏画了《荔枝图》，自己作了《荔枝图序》，其云"叶如桂，冬青；华如橘，春荣；实如丹，夏熟。朵如葡萄，核如枇杷，壳如红绡，膜如紫绡，瓤肉莹白如冰雪，浆液甘酸如醴酪。大略如彼，其实过之。若离本枝，一日而色变，二日而香变，三日而味变，四五日外，色香味尽去矣"。通过十个比方横跨春、夏、冬三个季度，描绘荔枝的色、形、香味并表达了荔枝保鲜之困难[23]。

白居易荔枝诗词

雷百战　摄

4. 杜牧

杜牧（803~852 年），字牧之，号樊川居士，京兆万年（今陕西西安）人，晚唐杰出的诗人、散文家[24]。"一骑红尘妃子笑，无人知是荔枝来"这句诗出自杜牧的《过华清宫绝句三首》，通过描写送荔枝这一典型事件，形象地揭露了统治者为满足一己口腹之欲，竟不惜兴师动众、劳民伤财，有力地鞭挞了唐玄宗与杨贵妃的骄奢淫侈[25]。"妃子笑荔枝"也因此而得名。

（二）宋代：荔枝文学创高峰

1. 苏轼

苏轼（1037~1101 年），字子瞻、和仲，号铁冠道人、东坡居士，世称苏东坡、苏仙，眉州眉山（今四川眉州）人，北宋著名文学家、书法家、美食家、画家[26]。苏轼描述荔枝的诗词共 20 首，其笔下的荔枝不仅是一种美食，更是一种象征，流露出作者的情感与志向。绍圣二年（1095 年），其《荔枝叹》云"十里一置飞尘灰，五里一堠兵火催。颠坑仆谷相枕藉，知是荔支龙眼来"。抒写了当时黑暗腐败的社会现实。绍圣三年（1096 年）苏轼被贬惠州时，受到惠州知事邀请到太守东堂品尝荔枝。此荔枝树为北宋咸平年间陈尧佐知惠州时亲手种植，后被当地人称为"将军树"。苏东坡在此写下千古传诵的《食荔枝》（二首）。《食荔枝二首》（其二）云"日啖荔枝三百颗，不辞长作岭南人"，表达了对岭南荔枝的热爱，也成了岭南荔枝的名片。苏轼还写了许多赞美荔枝的诗词，如《四月十一日初食荔枝》"海山仙人绛罗襦，红纱中单白玉肤。不须更待妃子笑，风骨自是倾城姝"。《减字木兰花　荔枝》"轻红酽白。雅称佳人纤手擘。骨细肌香。恰是当年十八娘"。《新年五首》中的"荔子几时熟，花头今已繁"等[27]。

苏轼及荔枝诗词

雷百战　摄

2. 蔡襄

蔡襄（1012~1067 年），字君谟，福建兴化仙游人，北宋著名书法家、政治家、茶学家[28]。其《荔枝谱》分为原本始、标尤异、志贾鬻、明服食、慎护养、时法制、别种类（共收 32 个品种）7 篇，记述了荔枝品种的特点和栽培管理方法，当时"一家之有，至于万株"的种植规模，还提及"初着花时，商人计林断之以立券"的预购情况，还记述了荔枝红盐、白曝、蜜煎、晒煎等加工技术，是一部较全面而系统地记述闽中荔枝栽培和购销状况的专书，也是我国和世界上现存的第一部荔枝专著，对后世荔枝谱著述、荔枝知识的概括和总结方面起了重要的指导作用[29][30]。

（三）明清：岭南荔枝文学兴盛

1. 湛若水

湛若水（1466~1560 年），字元明，号甘泉，广东广州府增城县甘泉都（今广州市增城区新塘）人，明代著名的思想家、哲学家、政治家、教育家、书法家、大儒[31]。《走笔谢邓念斋太守惠佳荔》"荔枝三百坡翁唻，……颗颗念翁三百遍……"《捉笔谢李鳌峰别驾送迟荔甚佳》"色香味总闻三绝，荔到名园品绝奇"。两首诗是湛若水答谢好友赠送荔枝而作，极尽赞美荔枝。《寄惠州太守史使君》"於今去饮惠州水，餐荔亦和东坡诗"。是湛若水到罗浮山之前写给朋友的。《次韵汤新之泛舟赏荔》"丹荔映三岛，泛泛仍依依。……荔色不忍擘，而况伤其枝"。生动描绘文人雅士泛舟赏荔场景。湛若水一生创建了 40 多所书院，其在增城创建的莲花书院，是迄今为止广州乃至整个岭南地区保存最好的明代书院遗址，是湛若水创办的众多书院中唯一经过考古发掘且保存较为完整的重要遗址，为明代书院的研究提供了十分重要的考古资料，被评为"南粤古驿道重大发现"之一[32]。

2. 屈大均

屈大均（1630~1696 年），字翁山、介子，号菜圃，广东广州府番禺县（今广州市番禺区）人，明末清初著名学者、诗人，与陈恭尹、梁佩兰并称"岭南三大家"[33]。屈大均一生钟爱荔枝，描写了很多关于荔枝的诗词，仅《广州荔枝词》著有 54 首。最广为人知的是其百科全书式著作《广东新语》，其云"若荔支，则以增城为贵族""若挂绿、玉栏、金井，则夜光无价，非可以金钱而得之""挂绿爽脆如梨，浆液不见，去壳怀之，三日不变""六月增城百品佳，居人只贩尚书怀。玉栏金井殊无价，换尽蛮娘翡翠钗""近水则种水枝，近山则种山枝"等将广东荔枝分为水枝、山枝两个大系，并对珠江三角洲各地荔枝种植，荔枝品种、特性、色味、食用等内容都有详细记载[34]。其长诗《荔枝酒》中以"丹砂""紫縠""素肌""妃唇""玉液"等用词写尽荔枝的色香味，也以"自有消醒藤子在，兼之除热蔗浆宜。花先入酿仙人识，壳即调香内府知"记载了荔枝果可制酒，花可酿蜜，壳可调香的妙处。《广州荔支词　其五》"端阳是处子离离，火齐如山入市时。一树增城名挂绿，冰融雪沃少人知"。让增城挂绿名闻天下。此外还有《荔枝　其二》《沁园春　荔枝》《荔枝香近　入手离离如火》《送荔枝与友人》等诗词中都描写了荔枝的景象。

增城区石滩镇荔枝文化宣传墙绘（屈大均诗）　　　　　雷百战　摄

六、荔枝艺术作品

（一）荔枝字画

由于"荔"字谐音"利"字，有"大吉大利"之意，有着吉祥的寓意，因此，荔枝是古代常见的绘画题材。在古代，荔枝作为专供皇宫贵族享受的奢侈品，普通百姓极少吃到甚至不知荔枝为何物，故早期荔枝画出自宫廷画中。如唐代白居易曾命画工绘《荔枝图》，并作《荔枝图序》；宋徽宗赵佶作《写生翎毛图》等。到了明清时期，荔枝逐渐转变为文人画家写意意趣的题材，如明代文徵明《荔枝图》、明代朱瞻基《三鼠图卷》、清代李调元《自题〈荔枝图〉》、清代吴俊卿《荔枝图扇页》、清代黄景仁《题李难间啖荔图》等。近代以来，荔枝逐渐成为普通人家桌面常见果品，传世的荔枝题材作品也越来越多，吴昌硕与齐白石是其中的突出者，吴昌硕一生所画荔枝图不少于 20 幅，齐白石有记载收录的荔枝题材作品多达 45 幅。中国传统吉祥图案，"连中三元"或"喜报三元"。"连中三元"是画荔枝、桂圆及核桃。荔枝、桂圆、核桃的果实都是圆形，而圆与"元"同音。"喜报三元"是以喜鹊和桂圆或荔枝为题材，借以表示望子成龙或祝福学业有成的寓意。

在岭南荔枝画作中，记载最早的为乾隆末年谢兰生的《群山六月》，晚清时期著名岭南画家居巢《荔熟鸣蝉》《红荔枝》、居廉《荔枝香处一蝉鸣》《荔枝螳螂图》等荔枝画作注重写实、风格秀雅，代表了岭南荔枝画的高峰。此外，描绘岭南荔枝佳作的还有高剑父、赵少昂、潘天寿、关山月以及当代的刘济荣、黄硕瑜等。近年来，广东各地举办各类荔枝主题文化展，从自然、艺术、生活等不同角度，展示荔枝的艺术形象，为荔枝文化增添了色彩[35]。

齐白石《盆草荔枝》1947 年　　　　　　　　　　　　中国美术馆藏

清华喦《荔枝牵牛图轴》　　　　　　　　　　　　上海博物馆藏

关山月《荔枝图》　　　　　　　　　　　　雷百战　摄

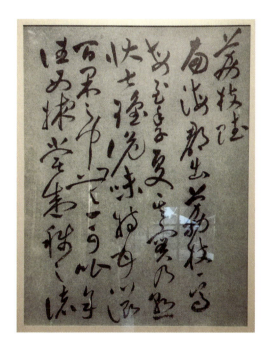

祝永明《荔枝赋》　　　　　　　　　　　　雷百战　摄

（二）荔枝戏曲

荔枝戏曲的主要代表作品有《荔枝颂》《荔镜记》。

1.《荔枝颂》

《荔枝颂》是由著名广东省粤曲作曲家陈冠卿先生于 1957 年借用粤曲音乐元

素创作的一首关于荔枝的女高音音乐作品，戏曲呈现了荔枝丰收季节，卖荔枝的小姑娘在街头贩售荔枝的热闹场景。由粤剧艺术家红线女首唱，是一首脍炙人口、享誉海内外的作品，极具浓郁的岭南地域风格。《荔枝颂》影响之大、覆盖面之广、流传时间之长[36]。"卖荔枝，身外是张花红被，轻纱薄锦玉团儿，入口甘美，齿颊留香世上稀，……情如荔蜜甜，心比荔枝果核更细致，荔枝花开香万里，荔枝，听我来为荔枝唱颂词。卖荔枝!"最后一句"卖荔枝"，红线女借鉴花腔女高音，把"枝"字无限延伸，由强至弱，欲断还连，兀地翻起一个高腔滑音，随即戛然而止，余音袅袅，让人们闭着眼睛也能感受到卖荔姑娘的天真、活泼。

2.《荔镜记》

《荔镜记》又名《陈三五娘》。"陈三五娘"是一个广泛流传于粤东及闽南的美丽传说，始于历史故事，后来演化为戏曲，戏曲故事又使民间传说更富有传奇色彩。历史上的陈三是福建泉州河市人，五娘是潮州府城（今湘桥区）人。传说中的陈三五娘最后回到泉州，在陈三的家乡河市一带，还流传着与陈三五娘有关的风物和故事。据清海阳人郑昌时《韩江见闻录》记述，泉州书生陈三送嫂赴广南兄之任所，路经潮州，邂逅黄九公之女五娘，一见钟情，决意求婚，与当地武秀才林大阊（谐称林大鼻）发生纠葛，几经曲折，终成眷属。自明末至今，陈三五娘的传说经老百姓以及专业文学艺术家用歌谣、说唱、故事、小说、戏曲、歌剧、电影、舞蹈、版画、年画、连环图等形式广泛传播，形成了一个陈三五娘文化圈。20世纪60年代，潮剧《荔镜记》搬上银幕，陈三五娘的传说在潮州乃至包括港澳台在内的潮语文化圈以及东南亚等地更是家喻户晓。"荔"与"镜"是陈三、五娘二人爱情之间的物证。五娘搂头看见陈三骑马经过，借助荔枝表达爱意。是以民间有歌谣唱道："六月暑天时，五娘楼上赏荔枝，陈三骑马楼前过，五娘荔枝掷给伊!"因为有了荔枝传情，才有后来陈三倾心假装磨镜师傅来到黄家。借助磨镜来到黄家只是一个开始，陈三借助打破镜子的机会，自己甘愿卖身以抵押镜子。如果没有荔枝与镜子，这出经典的戏剧就简直无法演绎下去了[37]。

七、荔枝传说故事

在荔枝产业发展的漫漫历史长河中，积聚了非常多关于荔枝的传说和故事。这些传说和故事，在民间广为流传，构成了荔枝文化的重要组成部分，比如第一个移植荔枝的汉武帝刘彻，还有和妃子笑、增城挂绿、尚书怀、谢鞋山等有关的

荔枝传说和故事。

1. 汉武帝与扶荔宫

汉武帝刘彻（前156~前87年），西汉第七位皇帝，杰出的政治家、战略家、文学家。《三辅黄图》载："扶荔宫，在上林苑中。汉武帝元鼎六年（公元前111年），破南越起扶荔宫，以植所得奇草异木。""荔枝自支趾移植百株于庭，无一生者，连年犹移植不息。后数岁，偶一株稍茂，终无华实，帝亦珍惜之，一旦萎死，守吏坐株者数十人，遂不复莳矣。"可见，"扶荔宫"用于栽种枇杷、荔枝等南方佳果和天下奇花异木，以岭南荔枝而得名，是世界上最早有文字记载的温室[38]。

汉武帝与扶荔宫

雷百战　摄

2. 杨贵妃与妃子笑

唐朝李肇的《唐国史补》记载："杨贵妃生于蜀，好食荔枝。南海所生，尤胜蜀者，故每岁飞驰以进。"《新唐书·杨贵妃传》记载："岭南节度使张九章、广陵长史王翼以所献最，进九章银青阶，擢翼户部侍郎，天下风靡。妃嗜荔支，必欲生致之，乃置骑传送，走数千里，味未变已至京师。"唐代杨贵妃极爱食鲜荔枝，唐玄宗为博其欢心，下旨派高力士从南方遴选良种鲜荔枝。冼夫人六代孙高力士回家乡高州遴选荔枝向朝廷进贡。采摘的鲜荔枝被放进大竹筒内，通过一条茂名连接当时的南平郡和都城长安的古驿道，快马加鞭、日夜兼程地火速送到

· 171 ·

长安宫中。由于路途险阻，运送荔枝的劳卒与马匹不断暴毙于途，但仍须前仆后继地执行"御旨"[39]。清朝两广总督阮元《岭南荔枝词》"新歌初谱荔枝香，岂独杨妃带笑尝。应是殿前高力士，最将风味念家乡"。写的就是高力士把家乡高州贡园的新鲜荔枝快马加鞭运到长安给杨贵妃笑尝的情景。后来，杨贵妃喜爱的荔枝被称为"妃子笑"。

杨贵妃与妃子笑的传说　　　　　　　　　雷百战　摄

3. 湛若水与尚书怀

据《增城市志》记载，明朝尚书"湛文简公昔从枫亭怀核以归，所谓尚书怀者也"，把福建游仙凤亭的良种荔枝核带回家乡广东增城沙贝（今新塘镇），交给乡人到四望岗上培植，十多年后，四望岗荔枝成林。因感念历任吏、礼、兵部尚书的湛若水"怀核而归"之德，人们把这种清甜爽口的荔枝叫做"尚书怀"，这也就是"尚书怀"荔枝名称的来历。后来，其后代用尚书怀培育出名满天下的"挂绿"荔枝。广东民间流传着关于"荔枝对菱角"的妙对。相传湛若水看到果实累累的荔枝，甚是欣喜，于是出上联"荔枝枝枝枝映水"，并承诺如果有人对出下联，即送荔枝十箩。举人胡庭兰（字伯贤，明代学者、抗倭名将，今广州市增城区人）对出下联"菱角角角角朝天"，湛若水连声叫好，立即命人把这副对联写成红帖，连同荔枝让人送到胡庭兰府上。

广州市黄埔区贤江古荔枝公园尚书怀亭　　　　　雷百战　摄

4. 何仙姑与挂绿

何仙姑原名何秀姑，生于唐代开耀二年（682 年），何仙姑是八仙中唯一的女仙，其故事在全国家喻户晓、妇孺皆知。相传八仙中的何仙姑是增城小楼仙桂村人，在广州市增城、惠州市博罗、龙门等地，有着众多有关何仙姑的传说与古迹。何仙姑 15 岁时得仙人点化，食凤凰山云母片学会飞身法术。16 岁时因父母将她许婚别人，何仙姑不同意，在婚礼前夕趁人不觉，飞身至罗浮山得道成仙。后因不忘家乡令人陶醉的荔枝佳果，常常回乡漫步荔枝园中。一天，何仙姑留恋西园荔枝美景，坐在树枝上编织腰带，离开时把一条绿色丝线遗留树上，绿丝飘绕在荔枝果上，于是荔枝果上都有一道绿线，人们就给它取名"挂绿"。2009年，何仙姑与挂绿传说被列入省级非物质文化遗产[40]。

5. 木棉村与荔枝皇

太平镇木棉村是从化最大的村，也是种植荔枝最多的"荔乡"。相传约五六百年前，木棉村谢氏的祖先从南海县迁到神岗而建木棉村，当时居住环境恶劣，土地贫瘠，旱涝成灾，疾病流行。村中有个孝子阿潘，父亲得重病奄奄一息，巫医让阿潘祈求坐于南面的"石塘岭"和"龟嘴"两座山岗（原是王母娘瑶池的

何仙姑与挂绿的传说   韩晓宇 摄

两只神龟），如能祈求他们显灵，不但老人家的病会好，而且这里的乡村还会粮丰物茂，人寿康宁。阿潘就到山下伏地跪拜，许下大愿：宁愿自己减寿死去，也要让父亲病好长寿。跪拜祈求了三天三夜，他父亲起死回生，而阿潘却倒地而死。阿潘死后，村里人把他葬在"龟"的龟背（即石塘岭）的一棵荔枝树下。这棵荔枝树竟越长越壮，成为最大的"荔枝皇"。从此之后，神岗木棉村五谷丰登、果木成林，子孙繁盛，圩市旺盛。"荔枝皇"四百余年来不枯不朽，每年能结出两三千斤荔枝，是当今世界最大的荔枝树[41]。

从化木棉村荔枝皇   陈雨文 摄

6. 基岗村与仙进奉

相传清朝康熙年间，基岗村某村民在荔枝成熟之时邀请在邻县任职的表兄品尝胭脂红荔枝，表兄知是奇珍异果，故将荔枝昼夜兼程运至京城，七日不改其色，进奉康熙皇帝宠臣曹寅，其称赞不已，奏天子入皇家贡籍，赏黄金，令年年进奉。从此，仙进奉声名鹊起，有地方官吏纷纷仿效栽种，皆不得其味，一怒之下暗中烧毁仙进奉果园。幸运的是之前有村民于桂味树嫁接移植两棵仙进奉荔枝，因避祸不敢声张，自此进奉便销声匿迹。后人偶见荔枝树种有两棵年年品质迥异，问长者才知此树便是荔中极品仙进奉。基岗村后世子孙经过多年培植才使仙进奉再现人间，开枝散叶，年年造福子孙。

基岗村与仙进奉的故事   陈雨文　摄

7. 杨钦与谢鞋山

谢鞋山原名狮子山，是廉江古代名贤杨钦的故乡。据记载，明朝永乐年间，石城县（现廉江市）茨洞根村有个书生叫杨钦，他生性聪颖，勤奋好学，于永乐二十二年（1424年）登甲辰科进士。因政绩优良，官至翰林院编修。告老还乡的时候，朱棣为了表彰他的功勋，亲赐鞋一双，并命人打开百宝箱，任由杨钦挑选一件宝物。杨钦不拿金银财宝，只拿了一袋火山荔枝种，文武百官深感钦佩。回到家乡，马上把那袋火山荔枝种播种在村后的狮子山上。不久，山上便长满了荔枝树。杨钦为了谢赐鞋之恩和荔枝种的圣德，遂将狮子山改名"谢鞋山"，将故里改名"谢鞋村"。

谢鞋山进士故里与感恩文化传承地　　　　雷百战　摄

8. "阿娘鞋"荔枝

横塱村坐落在增城区朱村街,村里种有 26 个荔枝品种。村里流传着一个凄美的传说故事。从前,村里有一个苦孩子,很小就死了父亲,与母亲相依为命。母亲每天干农活很辛苦,孩子很小就能帮母亲放牛放鹅。孩子没有鞋,总是打赤脚,母亲就找来碎布,一针一线为孩子做了一双布鞋。有一天,孩子捡到一颗很大的荔枝核,种在屋前的池塘边。荔枝核发芽了,伴随着孩子一天天成长。有一年孩子跟一个外地来的木匠去外地学手艺,结果被拉去做壮丁,打了十多年的仗。当他回到家时,母亲已去世几年,邻居说母亲盼他回家哭瞎了眼,死的时候也很凄惨。他长跪在母亲的坟前大声痛哭,让村里的每一个人都为之流泪。这一年,横塱村的荔枝大丰收,大大小小的山头都是火红一片。人们请来所有的亲戚朋友,都吃不完树上的荔枝,于是有人用荔枝疯狂互掷打仗取乐,此风俗流传至今。也在这一年,他小时候种的那棵荔枝也结出了满树的果实。这荔枝很特别,果实很大,长长扁扁的,轻轻一捏,像花生一样爆开,又像两只鞋底相对拼起来的鞋,此时他想起母亲为他做的鞋,就给荔枝起了个名字,叫"阿娘鞋"。

八、荔枝地方民俗

1. 红云宴

"红云"是古代荔枝的别名。从晋代开始,广州城西荔湾湖公园就盛产荔枝,唐宋时期,荔枝湾基堤上种植荔枝树,逐渐形成"一湾绿水对城东,宛转竹枝趁好风。引动万家空巷日,棹歌添得荔枝红"的美景。五代十国时期,南汉在

荔枝湾建造"昌华苑"。清代范端昂《粤中见闻》记载："苑有桥曰流花,张常与女侍中卢琼仙、黄琼之、蟾姬、李妃、女巫樊胡女、波斯女为红云宴于其中。"描述的是南汉后主刘鋹每当夏日荔枝熟时,便在昌华苑大摆"红云宴",邀请群臣赏荔啖荔,开怀畅饮[42]。如今,每年"荔枝湾·新西关"民俗文化节——"六月六·红云秀"系列活动都会在广州市荔湾区举行,还会再现"红云宴"场景,让人们体验荔枝盛宴,传承和推广岭南美食文化。

红云宴　　　　　　　　　　　　　　　　　　雷百战　摄

2. 春分拜荔园

化州市城区北郊,到处都是荔枝果园。旺位村附近的果园特别古老,那里的"龙眼大如荔,荔枝大如卵"。春分前后,冼太夫人夫妇新婚后回茂名化州,遇几十株荔枝老树未开花结果,其两匹白马无意折断荔树梢,冼太夫妇以螃蟹作供品,拜老荔枝树,此后,该荔枝林内年年挂果不断且荔枝果大、甜美可口。当地百姓认为这是冼太夫人庇佑,便在每年的春分前后,村民准备好值宝香烛,以螃蟹代三牲,举行"拜荔节"、唱"拜荔歌"。三炷香燃起之后,念念有词:"螃蟹红红,荔枝大如灯笼;螃蟹圆圆,荔枝装满车船。"即所谓"荔果成蕾供蟹拜园",以纪念冼太夫人,祈盼荔枝丰收好日子的到来[43]。

3. 祭荔枝神

祭荔枝神习俗最早出现在高州市根子镇,后传至分界、泗水等镇。每年荔枝收获后,一般在农历五月初五后进行。祭荔枝神可以单户进行,也可以集体进行。先选定吉日，如果是单户进行，先在各自家中做粄，邀亲戚朋友饮自家酿的荔枝酒，加菜一同庆祝。吃饭完毕，带祭品，其中一定要带荔枝酒到自家种的荔枝树下拜祭。祭拜结束，燃放鞭炮，敲打锣鼓，跳傩舞。如果祭祀活动为集体进行，则挑选一株丰产"功劳"最大的荔枝树，在该树下，摆上八仙桌，各家各户带来三牲祭品和荔枝酒祭拜，晚上，在荔枝园附近表演木偶戏。2021年荔枝季，高州市根子镇在百荔园举办了盛大的敬树祖仪式。在古荔枝树下作祭坛，八仙桌上摆上众多果农送来的三牲祭品和荔枝酒。6人仪仗队高举铜制长号，高昂、粗犷的号声响彻园区，器乐班子敲锣打鼓、唢呐齐鸣。祭荔神司仪身着一袭黑色长袍，神情庄重，对古荔枝树行拱手礼，嘴里念念有词，祈祷荔神保一方安宁，果农虔诚祈求风调雨顺、荔枝有个好收成。广州增城中新镇坑贝村是广东省目前保存最完好、最具明清岭南民居特点的大型古村落，每年荔枝取得好收成时，村民就要舞起春牛，唱起歌，感谢耕牛一年来的辛勤，还要舞起荔枝灯笼，迎接荔枝娃娃。

敬树祖仪式

图片来源：茂名市高州市根子镇人民政府网。

4. 食荔节气

夏至吃荔枝是岭南旧俗，梁代高僧竺法真在他的《登罗浮山疏》里提到，"荔枝以冬青，夏至日子始赤，六七日可食。甘酸宜人。其细核者，谓之焦核，荔枝之最珍也"。在古代，巴蜀也有过夏至吃荔枝的传统。《水经注》的第三十三卷"江水"中，便写到在巴郡的江州县，有官荔枝园，"夏至则熟，二千石常设厨膳，命士大夫共会树下食之"。有俗语"夏至食个荔，一年都无弊"，荔枝特别适合脾虚、阳气不足、肝血不足的人群，是最好的助阳食物之一。有广东谚语称"饥食荔支，饱食黄皮"，意思是饥饿时可吃荔枝充饥，荔枝吃得多可吃黄皮果消解。也有俗语"一颗荔枝三把火"，因荔枝性温的缘故，吃多易上火，尤其不适宜糖尿病患者、阴虚火旺者食用，也不宜空腹吃。每年小暑节气，福州有"荔枝红，送丈人"的说法；大暑节气，福建莆田人素有吃荔枝、温汤羊肉和吃米糟的习惯。

吃荔枝的好处和食荔指南　　　　　　　　　　　雷百战　摄

5. 喜庆三元

古代科举考试之"连中三元"，指在乡试、会试与殿试中连续以第一名中试，依次称为解元、会元与状元。年画中常用童子、喜鹊与荔枝、核桃、桂圆等吉祥图案寓意"连中三元"，表达人们学有所成、金榜题名的美好愿望。滩头木版高密年画《喜庆三元》则由三个童子组成，其中一人持梅枝，一人持桂馨，一人合手握桂圆。梅花有"报春"与"报喜"之意，"馨"与"庆"谐音，桂圆与荔枝、核桃三样圆形果实被喻为"连中三元"，故称为"喜庆三元"。

参考文献

［1］司马相如．上林赋［EB/OL］．古诗文网，［2024-04-25］．https：//so. gushiwen. cn/search. aspx?value＝％E5％8F％B8％E9％A9％AC％E7％9B％B8％E5％A6％82&valuej＝％E5％8F％B8.

［2］左思．蜀都赋［EB/OL］．古诗文网，［2024-04-25］．https：//so. gushiwen. cn/search. aspx?value＝％E8％9C％80％E9％83％BD％E8％B5％8B&valuej＝％E8％9C％80.

［3］杨茂．中国荔枝历史［J］．南方论刊，2008（S1）：76-78.

［4］中国农垦热作网．"荔枝文化展"在广东开幕［EB/OL］．古诗文网，［2020-09-30］．http：//www. farmchina. org. cn/ShowArticles. php?url＝ADxTNgtrCD1XZ14yUWIBY1Y0.

［5］茂名市人民政府．关于印发《广东省茂名市荔枝农业文化遗产保护与管理办法》的通知［2022-01-13］．（茂府函〔2022〕3号）.

［6］赵飞，廖美敬，章家恩等．中国荔枝文化遗产的特点、价值及保护——基于岭南荔枝种植系统（增城）的实证研究［J］．中国生态农业学报（中英文），2020，28（09）：1435-1442.

［7］刘玉娴，黄婧琪，汤芷欣，等．让"土特产"升级为"大产业"［N/OL］．增城日报，［2023-06-26］．http：//www. zcwin. com/content/202306/26/c200834. html.

［8］东莞市农业农村局．千年莞荔的前世今生［EB/OL］．［2022-05-31］．http：//nyncj. dg. gov. cn/zl/dggzzg/gzdt/content/post_3816458. html.

［9］倪根金，陈志国．茂名荔枝栽培历史考述［J］．南方论刊，2008（S1）：24-30.

［10］茂名市农业农村局．广东茂名岭南荔枝种植系统保护与发展规划［EB/OL］．［2021-09-26］．http：//mmny. maoming. gov. cn/gkmlpt/content/0/942/post_942428. html#809.

［11］程景伟．广州增城非遗传承人：传承发展荔枝木家具制作工艺［EB/OL］．中国新闻网，［2021-06-01］．https：//baijiahao. baidu. com/s?id＝17013288352000665028wfr＝spider&for＝pc.

［12］广州市增城区人民政府．这个跨越世纪的非遗技艺，惊艳了增城［EB/OL］．［2022-10-21］．http：//www. zc. gov. cn/gk/zdly/whggwgk/content/

post_9569966. html.

［13］李嘉镓. 活化在非遗中的广东荔枝［EB/OL］. 南方+，［2021-06-10］. https：//static. nfapp. southcn. com/content/202106/10/c5391393. html.

［14］何明强. 古技法代代相传，大岭山肥鹅荔枝香飘全国［EB/OL］. 南方+，［2022-10-09］. https：//baijiahao. baidu. com/s？id=17462227051274 64039&wfr=spider&for=pc.

［15］陈珍珍，曾群芳. 技艺精湛！细数茂名关于荔枝、龙眼、化橘红、沉香的非遗项目［EB/OL］. 茂名发布，［2023-04-19］. https：//mp. weixin. qq. com/s/y0Mi4Pb4uROr2T45BU9Cug.

［16］陈紫琪. 走进茂名非遗 荔枝炭烧鸭，皮脆流油，每次看到都会流口水［EB/OL］. 茂名文旅，［2021-10-18］. https：//mp. weixin. qq. com/s/vMsMiiqm 91LsCpUD_te-BA.

［17］茂名文化旅游. 香气扑鼻！茂名这种酿造技艺绝了［EB/OL］.［2022-06-22］. https：//mp. weixin. qq. com/s/Di7HxHC4hK4C1v24TzVC7w.

［18］古诗文网. 张九龄［EB/OL］.［2024-04-24］. https：//so. gushiw en. cn/authorv_0f2fe2d36f61. aspx.

［19］李玉宏. 张九龄两篇赋解说——探讨《白羽扇赋》及《荔枝赋》［J］. 韶关师专学报，1983（Z1）：61-68.

［20］古诗文网，杜甫［DB/OL］.［2024-04-24］. https：//so. gushiwen. cn/authorv_515ea88d1858. aspx.

［21］刘湘兰. 杜甫《解闷十二首》三题［J］. 中国韵文学刊，2004（04）：31-35.

［22］古诗文网. 白居易［DB/OL］.［2024-04-24］. https：//so. gushi wen. cn/authorv_85097dd0c645. aspx.

［23］吴小如，白居易. 说白居易《荔枝图序》［J］. 名作欣赏，1992（03）：44-45.

［24］古诗文网. 杜牧［DB/OL］.［2024-04-24］. https：//so. gushiwen. cn/authorv_727e9dff8850. aspx.

［25］曹中孚. 吊古伤今感时愤世——读杜牧《过华清宫绝句三首》［J］. 名作欣赏，1981（05）：26-28.

［26］苏轼. 古诗文网［EB/OL］.［2024-04-24］. https：//so. gushiwen. cn/authorv_3b99a16ff2dd. aspx.

［27］杨加加，李玲丽．苏轼荔枝诗词研究［J］．惠州学院学报，2023，43（02）：29-35.

［28］古诗文网．蔡襄［EB/OL］．［2024-04-24］．https：//so. gushiwen. cn/authorv_ 32e9fe6c862c. aspx.

［29］陈季卫．蔡襄《荔枝谱》研究［J］．福建农业大学学报，1994（01）：108-111.

［30］彭世奖．历代荔枝谱述评［J］．古今农业，2009（02）：107-112.

［31］百度百科．湛若水［DB/OL］．［2024-04-24］．https：//baike. baidu. com/item/%E6%B9%9B%E8%8B%A5%E6%B0%B4？fromModule＝lemma_ search-box.

［32］张百祥．广州市增城区南香山明代莲花书院遗址［J］．文博学刊，2022（03）：18-20+130-131+21-33.

［33］古诗文网．屈大均［DB/OL］．［2024-04-24］．https：//so. gushiwen. cn/authorv_ b4f41b4f87a7. aspx.

［34］游凯棣，衷海燕．"山枝"与"水枝"：历史上广东荔枝品种及分类探析［J］．农业考古，2022（04）：185-192.

［35］黄宁．历代荔枝题材绘画风格演变综述［J］．美与时代（中），2021（05）：16-17.

［36］黄芳．荔枝飘香颂岭南——粤曲《荔枝颂》的创作特点及演唱分析［J］．乐器，2023（01）：54-57.

［37］广东省人民政府．陈三五娘传说［DB/OL］．［2024-04-24］．http：//www. gd. gov. cn/zjgd/lnwh/fywh/mjwx/content/post_ 107670. html.

［38］翟麦玲，张荣芳．汉代岭南荔枝文化的时代价值［J］．南方论刊，2008（S1）：14-16.

［39］周运信．荔枝文化与高州［J］．南方论刊，2008（S1）：66-71.

［40］彭世奖．荔枝之最——增城挂绿［J］．广东史志，1995（03）：63-64.

［41］广州市从化区人民政府．荔枝皇传说［EB/OL］．［2020-01-20］．http：//www. conghua. gov. cn/zjch/lswh/chgs/content/post_ 5635408. html.

［42］王震红．荔枝龙眼文化与产业发展［D］．福州：福建农林大学，2010.

［43］陈文操．荔枝民间传说是茂名荔枝文化的一株奇葩［J］．南方论刊，2008（S1）：64-65+71.

广东荔枝文化旅游

雷百战[*]　张　宁

摘　要： 本章介绍了广东省荔枝文化节庆、荔枝定制、休闲采摘、文旅线路等方面的荔枝文旅发展现状，极大地展现出广东在荔枝文化及旅游方面的新发展以及新探索。

关键词： 荔枝文化节庆；荔枝定制；荔枝休闲采摘；荔枝文旅线路

一、荔枝文化节庆

明末清初，广东就有庆祝荔枝丰收的活动。《广东新语》记载："其有开荔社之家。则人人竞赴。以食多者为胜。胜称荔枝状头。少者有罚。罚饮荔枝酒数大白。"每到荔枝成熟季节，荔枝产地会举办丰富多彩的节庆活动，近年来，广东先后举办两次中国国际荔枝产业大会、四次中国荔枝龙眼产业大会，以荔枝产业高质量发展和荔枝市场体系"12221"建设为主题，开展了广东荔枝丝路行活动、"520"荔枝节、广东国际网络荔枝节等活动，通过"520"用荔枝表达爱、南航荔枝号、高铁荔枝专列等系列宣传活动，向全世界推介"广东荔枝"品牌。同时，全省荔枝主产市（县、区）也举办不同主题的荔枝推介会、文化节，营造了"赏荔枝、啖荔枝、谈荔枝、赞荔枝"的文化体验氛围，开展名优荔枝推介、荔枝采摘、荔枝营销论坛、荔枝休闲旅游等活动，进一步推广荔枝文化，促进荔枝销售，带动当地荔枝休闲旅游产业发展。

（一）茂名市

1. 中国国际热作产业大会暨第七届中国荔枝龙眼产业大会

2023 年 5 月 20 日，中国国际热作产业大会暨第七届中国荔枝龙眼产业大会

---

* 雷百战，广东省农业科学院农业经济与信息研究所副研究员；主要从事农业区域经济研究。

在广东茂名中国荔枝博物馆开幕。大会以"热作发展好，世界会更好"为主题，旨在搭建国际热作产业交流平台，促进全球热作产业可持续发展和互利共赢。会上进行了荔枝加工原料采购协议等项目签约，并发布了《中国·茂名荔枝产业发展白皮书（2023）》；以"保险+科技"赋能荔枝产业，展示了首个以茂名知名品种荔枝为主题的数字藏品；同步举办了中国荔枝龙眼产业高质量发展研讨会。大会还举办了 2023 中国"荔乡之夜"文艺晚会、第三届广东（茂名）荔枝龙眼博览会、第二届茂名荔枝嘉年华、茂名荔枝营销等系列活动。茂名连续四年成功举办中国荔枝产业大会，初步形成"一会一址一馆一圃一网一站"（"一会"指中国荔枝产业大会暨荔枝龙眼博览会；"一址"指中国荔枝产业大会会址；"一馆"指中国荔枝博览馆；"一圃"指荔枝种质资源圃；"一网"指中国（广东）荔枝产业大数据中心；"一站"指田头小站）的"六个一"荔枝产业发展格局，带动茂名荔枝"生产、加工、科技、品牌、营销"全链发展，荔枝全产业链产值超百亿元[1]。

2. 茂名荔枝文化节

2023 年 5 月 12 日至 6 月 20 日，"2023 年度第九届荔红飘香·荔枝主题文化节"在茂名国际大酒店举办。该届文化节推出"五棵树一条鱼一桌菜"荔红飘香荔枝主题宴、主题客房、主题套券、荔枝特产现售等活动。《荔红飘香主题宴》以荔为媒、以荔会友，将荔枝与茂名"高凉菜"文化有机结合，将源远流长的荔枝文化浓缩到一张小小的餐桌上，全力留住"荔枝之乡"的乡风乡韵乡愁。酒店"荔红飘香"主题客房，以荔枝为主题布置，宾客可感受到别具风情的荔枝文化，领略浓浓的荔乡情怀[2]。5 月 19 日，以"茂名真给'荔'·e 网喜乐购"为主题的 2023 首届广东（茂名）荔枝电商消费节在茂名高州根子镇正式启动。活动联合茂南、电白、高州、化州等荔枝主产区，设置"荔枝情·产地行""荔枝红·产销热""荔枝香·产业旺"三大主题板块，开展 14 场线上线下主题活动。活动现场，茂名市优质农产品云端博览会官方平台上线，揭牌成立茂名市跨境电商服务中心筹备组，举行了茂名荔枝产销对接签约、茂名荔枝原产地发车等仪式，开展了"十万电商卖荔枝"活动。本次消费节持续开展各类"数商兴农"活动，构建茂名荔枝线上销售全链条体系，形成茂名特色电商活动品牌IP，为进一步推进乡村振兴贡献茂名力量[3]。

3. 高州荔枝文化节

自 20 世纪 90 年代起，高州市每年都举办荔枝文化节，全力推介高州荔枝文化，共同打造"中国荔都　甜美高州"荔枝文化品牌。2021 年首次提出"赏花叹蜜游"，从花期开始，以"12221"市场体系建设为行动指南，布局全年营销工作。2023年3月12日，茂名荔枝"12221"营销行动暨高州荔枝赏花叹蜜游活动启动仪式在位于根子镇的中国荔枝产业大会会址广场举行，活动发布了"质量兴农、品牌兴农2023年茂名荔枝营销行动工作方案"和"高州甜美果海乡村振兴示范带运营商全球招募令"，举行了"百千万工程"荔枝示范基地合作签约、农村青年主播合作签约和茂名高州荔枝冷链物流体系共建行动，并发出"守护荔枝古树，建设绿美高州"的倡议。活动以花为媒，通过赏花叹蜜、看秀打卡、战略签约、营销行动发布、运营商招募等系列环节，展示茂名荔枝、高州荔枝千年历史文化底蕴[4]。6月16日，高州市举办以"天时地荔 大吉大荔"为主题的第十届龙粤荔枝旅游文化节。文化节"以荔为媒"，将黑龙江文化资源优势和广东经济优势有机结合，衔接了两地旅游文化的交流融合。此外，高州市东岸、大井、谢鸡、南塘等多个镇相继举办了荔枝推介会、荔枝文化节，通过荔枝品牌推介，荔枝文化展示等多种方式，推动高州荔枝产业高质量发展。

（二）广州市

2023年，广州聚焦发力荔枝销售终端，发布广州荔枝"赏味图"，以"1+N"形式发力全市及主产区力量，陆续举办增城荔枝文化旅游节、从化流溪荔枝节等传统宣传活动，打造"美荔共享"荔枝销售模式。推动京东、天猫等各大电商平台与荔枝种植企业（农户）合作，推广荔枝定制模式。同时，开展广州荔枝成功创建中国特色农产品优势区等主题宣传，以荔为媒推进荔枝"+旅游""+酒店""+礼品""+公益"等销售模式，联动五羊雪糕等知名企业推出联名款荔枝产品，发布荔枝主题休闲农业精品路线。

1. 增城荔枝文化旅游季

自1990年以来，增城每年均举办"荔枝文化节"，到目前为止已举办了三十多届，每届的荔枝文化主题各有特色，彰显了增城"荔枝文化之乡"的亮丽名片，同时成为增城旅游业最响亮的名片[5]。广州市增城区精心打造2023增城区荔枝文化旅游季品牌，推出以"南国有佳'荔'"为主题的国风手绘系列视觉传播策划，陆续举办与"荔"同行乡村振兴——挂绿荔枝赠增城乡村振兴十佳新乡贤活动、与"荔"共享——大使夫人品鉴增城荔枝活动、"荔荔在目"——2023增城高素质农民电商直播培训、"挂绿之夏"2023广州增城荔枝文化旅游季系列活动、增城荔枝采摘权挂牌交易以及增城荔枝区域公用品牌"保真"行动，以大力度、多维度宣传营销举措为增城荔枝季保驾护航。其中，"挂绿之夏"2023广州增城荔枝文化旅游季系列活动与增城区非遗月活动融合开展，并推出原创歌曲《如何为何》和《挂绿之夏》。

全国百项非遗进增城荔枝果园

增城东林果业园 供图 尹耀城 摄

"杨贵妃 苏东坡"在增城荔枝果园

图片来源：网易文旅课堂。

2. 从化荔枝节

自1992年举办首届"荔枝节"开始，荔枝已成为从化的一张亮丽名片。2023年从化在贵阳、上海等地举办从化荔枝专场推介会，与各大市场主体合作开展产销对接。2023年广州从化荔枝节系列活动暨广东荔枝产销对接活动（广州站）在从化荔博园正式启动，活动以"乡村振兴，从化'荔'量"为主题，除主会场外，还分别在从化的江埔街、太平镇、温泉镇设分会场。活动牵线近40家的采购商进入从化的荔枝产区，开展实地考察并进行产销合作。启动仪式上进行了一批从化荔枝产销对接项目签约，发布从化荔枝营销计划和2023年从化四大名荔旅游线路；同步启动"行摄流溪 荔约从化"——"1+7产业园杯"2023年广州从化全国摄影作品征集大展开镜仪式；活动现场还进行了机器人采摘项目演示[6]。此外，从化将推出冬季荔枝节，包括宣传推广温泉旅游产品以及系列冻眠荔枝、荔枝干、荔枝蜜、荔枝红茶、荔枝果酒、荔枝月饼等荔枝加工产品；举办荔枝学术论坛年会；策划相关文旅系列活动。

2023 年广州从化荔枝节

图片来源：广州从化发布公众号。

（三）湛江市

1. 廉江荔枝全球推介大会

近年来，廉江大力推进荔枝的产业化、规模化、标准化、品牌化建设，着力打好产业、市场、科技、文化"四张牌"，多措并举深入推进廉江荔枝"12221"市场体系建设工作，擦亮"廉江荔枝"区域品牌。2022 年 5 月 28 日，廉江市以"乡村振兴 廉江荔量"为主题，在良垌镇荔枝大世界农业公园举办第四届廉江荔枝全球推介大会。2023 年 5 月 27 日，廉江市在谢鞋山旅游风景区举办 2023 廉江荔枝全球推介大会，大会延续"乡村振兴 廉江荔量"的主题，旨在深入挖掘荔枝的历史文化和人文价值。当天，来自全球各地的客商与本地企业、合作社签订了荔枝内销、出口经贸订单 2.3 万吨，设立"廉江古荔枝林保护基金"，启动建设"一户一主播""新农人"培养计划，深挖荔枝文化，向世界宣传推介"廉江荔枝"区域品牌[7]。

2023 廉江荔枝全球推介大会

图片来源：廉江融媒公众号。

2. 湛川河谷"仙品荔"文化活动

遂溪县打好"产业+市场+科技+文旅"四张牌，借助荔枝自带流量和湛川河谷百年古荔文化特征，积极打造"荔枝+旅游"精品模式，"湛川美荔"获评遂溪县"最佳自驾游目的地"。通过大力开展河谷荔枝拍卖、荔枝文化节、荔枝旅游采摘、网红电商卖荔枝、荔枝进商超等，迅速掀起营销热潮，湛川河谷荔枝森林公园成为众多游客的荔枝上市季节热门打卡点。2023年，遂溪县举办广东遂溪"仙品荔"产业高质量发展暨品牌营销系列活动。5月10日举办"仙品荔"上市发布会，首日售出荔枝约5000万元；5月13日在越秀区举办2023广东（遂溪）湛川河谷"仙品荔"湾区品鉴会，推动"仙品荔"出圈大湾区。央视《朝闻天下》节目连线直播宣传湛川河谷"仙品荔"，5月26~30日果农持续增收超1500万元。5月31日，乌塘镇举办湛川河谷"仙品荔"文化艺术游园活动，举行硬笔书法、绘画、写作三项比赛。同时，举行《乌塘赤子心》新书发行仪式，该书讲述了乌塘镇湛川河谷荔枝文化，助力打响湛川河谷"仙品荔"文化品牌的知名度。

遂溪县 2023 年荔枝文化节活动

遂溪县农业农村局　黄丽珍　供图　徐建华　摄

（四）东莞市

1. 东莞荔枝文化节

2022年，东莞市发布"莞荔天团"IP，将糯米糍、桂味、观音绿、冰荔、岭丰糯、唐夏红、妃子笑、莞香荔8个莞荔优质品种结合国潮动漫，多维度打造了全国独一无二的区域农产品IP。东莞市大朗镇主办"荔枝红了"2022年大朗镇荔枝文化周，包括举办首届佳果游园荟暨"文艺矩阵·荔香岭南"东莞市音乐文学创作与征集推介活动，首次发布旅游美食地图，第一次以"非遗+荔枝"

的展示理念对非遗文化进行主题展示，第一次将现代流行音乐与传统荔枝文化相融合，第一次融合"文化""旅游""互联网+"三大元素打造"朗小诗"直播品牌，"粤菜师傅"第一次以荔枝菜为主题同台竞技 20 道荔枝美食。其中，"文艺矩阵·荔香岭南"东莞市音乐文学创作与征集活动旨在通过音乐的艺术形式，挖掘东莞具有特色乡韵的荔香文化，最终从 328 件作品中评选出 6 首优秀歌词作品和两首优秀歌曲作品。2023 年，东莞荔枝文化节以"美荔东莞 给荔中国"为主题在大岭山广场启动，活动现场举行产销合作签约和赋能签约，对获选的五大"东莞最美荔枝古树群"和 2 株"东莞荔枝名树（群）"进行授牌，还有"莞荔天团"汉服形象展示秀、音乐节等精彩演出。此外，东莞市厚街、樟木头、常平、寮步等多个镇也相继举办了荔枝文化节、荔枝文化旅游节，展示销售荔枝等农产品、文创产品，通过文艺表演展示荔枝文化，展出优秀摄影作品等。

2023 年东莞荔枝文化节 东莞市农业农村局 叶博文 供图

2. 厚街镇荔枝文化节

2023 年 6 月 19 日，2023 厚街镇荔枝文化节暨"百县千镇万村高质量发展工程"以"绿美东莞 品质厚荔"为主题在大迳荔枝文化公园举行。活动现场举办了涉及荔枝产业发展的技术合作、销售合作、品牌推广、物流运输等方面 11 个产业项目签约仪式，举行 2023 东莞荔枝产业高质量发展交流会；发布《厚街冰荔荔枝团体标准方案》、厚街镇厚街"冰荔"游、绿色生态游、红色文化游 3 条荔枝主题精品线路，并发放乐购厚街荔枝消费券；发布"厚荔"IP，IP 形象以"冰荔"为原型，结合其品种特点以及 Q 版人物主体造型进行设计 IP 吉祥物[8]。

2023 东莞市厚街镇荔枝文化节　　　　　　　　　陈雨文　摄

3. 谢岗镇荔枝文化节

2023 年 6 月 22 日，"乐购东莞·谢岗'荔'量暨东莞广电'青春潮碗'"音乐节、潮玩美食节在银瓶红公园举行。活动以音乐为媒介，以美食、潮玩为载体，为市民朋友打造精彩纷呈的端午盛会，充分点亮谢岗夏日经济，激活消费新引擎。

2023 "乐购东莞·谢岗'荔'量"音乐节、美食节

谢岗镇全媒体中心　供图

（五）惠州市

镇隆镇荔枝文化节。从 2008 年起，惠州市惠阳区镇隆镇开始每年举办不同主题的荔枝文化节。2023 年 6 月 7 日，惠州市召开第四届东坡荔枝文化节暨第十四届镇隆荔枝文化节新闻发布会，提出荔枝节以惠阳"东坡荔"，情牵"百千万"为主题，开展"展荔窗、畅荔销、游荔乡、品荔食、招荔商、兴荔业、接荔棒"七大主题活动[9]。荔枝节开展时间为 6 月 19~26 日。6 月 19 日，惠州市 2023 年荔枝产销对接暨 RCEP 广东惠州（镇隆）荔枝交易中心启用仪式在惠阳区镇隆镇荔枝文化广场举行，广东惠州（镇隆）荔枝交易中心是目前全省最大的荔枝交易市场，现场共 50 余名荔枝专业户参加产销对接活动（惠州站）；20~26 日，镇隆镇举办了一系列文旅活动，包括荔枝树下音乐会、美食节、"东坡荔乡·品质生活"徒步活动以及"荔王大赛""赏心阅荔"品鉴大会等互动体验活动。

（六）深圳市

1988 年 2 月 22 日，深圳市发布《关于建立"深圳荔枝节"的通知》，把荔枝节的时间定在每年 6 月 28 日至 7 月 8 日，首届"深圳荔枝节"共 22 万国内外来宾应邀参加，贸易成交 5 亿多元[10]。自 1999 年开始举办首届深圳南山荔枝文化旅游节。

深圳南山荔枝文化旅游节。2023 年 6 月 22 日至 7 月 2 日，第 25 届深圳市南山荔枝文化旅游节以"南山'荔'量"为主题，开展大沙河生态长廊龙舟邀请赛、舌尖上的南山美食暨南山旅游美食品鉴与酒店餐饮推介会、"潮·青春"时装艺术展演等活动，将精彩赛事、传统美食、时尚艺术、数字科技等与荔枝文化相融合，并在开幕式上，推出原创 IP"荔枝仔"及南山文化旅游节公益荔枝礼盒。荔枝文化旅游节已是南山宣传历史文化、文旅资源和美丽滨海城区面貌的重要"窗口"[11]。

（七）珠海市

"斗门荔枝"文化嘉年华。2023 年 6 月 18 日、22~23 日"斗门荔枝"文化嘉年华活动在斗门镇下洲村斗门印象小镇举行，活动以"'荔'美斗门·荔荔皆幸福"为主题，传播斗门荔枝文化，讲好斗门荔枝故事，擦亮斗门荔枝品牌。活动期间，开展斗门荔枝代言人评选、设有荔枝展销一条街、斗湄优品集市一条街、荔枝吃货比赛、开荔枝盲盒、活"荔"斗门音乐派对、"荔"史舞台节目表演、荔枝采摘专线、荔枝游戏互动摊位以及端午系列活动[12]。

（八）汕尾市

汕尾市荔枝文化节。2023 年 6 月 28~30 日，汕尾市举办 2023 年汕尾荔枝

"12221"市场体系建设暨汕尾市荔枝文化节系列活动。28日，活动在陆丰市河东镇青山村产学研基地广场开幕，活动现场的红灯笼、双蒂红陆丰无核荔枝等特色荔枝吸引了参会来宾争相品尝，播放了《汕尾荔枝》，并有舞蹈《舞动青春》、歌舞《荔枝花旦》、陆丰皮影木偶戏、正字戏等精彩表演。进行了产销对接、院地合作签约、荔枝出口北美发车仪式等活动。活动期间，在青山村开展首期"青山问政"主题活动文化沙龙、粤东荔枝高峰论坛、深汕会客厅、荔枝主题文化集市、采购商精准对接等活动，进一步扎实做好荔枝市场营销工作，打响汕尾荔枝品牌。

（九）汕头市

雷岭荔枝文化旅游节。2023年7月1日，以"聚荔百千万 荔美新雷岭"为主题的第十六届"潮南·雷岭荔枝文化旅游节"在潮南区雷岭镇赤坪荔枝主题文化公园举行，现场发布《雷岭荔枝采购指南》和《2023年雷岭荔枝文化旅游节精品旅游线路》；签订雷岭荔枝产业"技术指导、智慧农业、助农惠农 消费帮扶、通信网络助力乡村振兴、物流运输、产销对接合作"等战略发展合作协议。活动以"雷岭荔枝"甜蜜集市为载体，结合雷岭山水风光、自然景色、天然氧吧、荔枝采摘等特质，将集市划分为美"荔"打卡区、鲜"荔"展销区、活"荔"互动区、香"荔"露营区4个互动区域，融入"潮南制造"、草地露营、场景摄影、趣味打卡、亲子游戏等环节，形成全民参与和分享传播、助力消费转化，进一步打响"雷岭荔枝"品牌知名度[13]。

（十）阳江市

阳西荔枝推介会。2023年6月12日，以"山海阳西，魅'荔'无限"为主题的2023阳西荔枝推介会在儒洞镇百荔园举行。会上发布了"阳西荔枝区域公用品牌LOGO""阳西荔枝高质量发展十项举措"和"阳西美荔之旅路线"，举行了"感恩父亲，用'荔'爱您"赠送仪式、"阳西荔枝推广大使"授牌仪式以及8组阳西荔枝产销对接签约仪式[14]。

（十一）云浮市

1. 罗定荔枝旅游文化节

罗定市作为云浮荔枝主产区之一，2023年6月16~18日，广东云浮首届荔枝"12221"市场体系建设大会暨2023年罗定荔枝旅游文化节在黎少镇梁家庄园举办。开幕式上启动建设罗定荔枝"一十百千万"立体销售网络，即发布一个罗定荔枝IP品牌"醉美罗荔"，包含品牌LOGO、宣传标语和卡通形象IP；10个国内外荔枝销售渠道，如广州、上海和新加坡等地；荔枝采购"百人团"代表签约仪式；培育千名"新农人"荔枝直播团队；万人"游罗定、品荔枝"系列旅游活动。发布了《2023年云浮（罗定）荔枝采购导图》，举行了一系列授牌授荣、云浮荔枝出口发车仪式等活动；展示了云浮技师学院、罗定技工学校联合研制的"十大荔枝菜品""十大荔枝饮品""十大云浮果酒"等荔枝美食。期间还举办了罗定市首届"村BA"篮球赛、"万亩荔园·醉美黎少"徒步活动、"醉美罗荔"现代国潮日专场文艺演出、"新农人"电商直播月等活动。罗定市以"荔枝+"的形式，开启"荔枝+粤菜师傅""荔枝+电商""荔枝+文化+旅游""荔枝+歌舞""荔枝+体育+乡村振兴"等文体商旅领域活动[15]。

2. 云浮市新兴香荔产业发展大会

从2023年6月开始，新兴县先后举办新兴香荔书画、摄影、短视频大赛、"品香荔·游新兴"、大学生志愿直播助农和招商引资推介、人才周、网红直播带货、展销会、音乐嘉年华、招商项目推介暨项目签约等系列活动，不断提高新兴香荔的品牌知名度。7月8日，以"美荔新兴 融湾向前"为主题的2023年云浮市新兴香荔产业发展大会在新兴县文化广场开幕，现场举行了水晶香荔产销对接合作签约仪式、招商项目签约仪式、共建农科人才工作示范县合作签约仪式等活动[16]。

3. 郁南县镇域荔枝文化活动

郁南县宝珠镇和桂圩镇先后举办宝珠镇2023年荔枝文化活动和桂圩镇香荔品牌推广活动，不断提高郁南荔枝的品牌知名度。

云浮市郁南县宝珠镇荔枝文化活动

宝珠镇人民政府供图 黄翠玲 摄

云浮市郁南县桂圩香荔品牌推广活动 桂圩镇人民政府 供图

二、荔枝定制活动

荔枝定制起源于广州从化区，创新于高州，推广于茂名全市。其以挖掘荔枝产业多种功能、促进荔农增收致富为目的，以荔枝种植、乡村旅游、农耕体验、民宿经济和文化创意等产业协同为抓手，以乡村电商、智慧物流、数字农业、家庭农场以及社会化服务等业态协作为助力，适应现代化荔枝产业体系建设需要，将荔枝产业与定制经济相结合而产生的一二三产业融合发展新业态。

（一）广州从化：荔枝定制模式开创者

2018年，广州市从化区在温泉南平静修小镇率先开展荔枝定制活动，实现了从传统的自产自销到产品定制、定向销售的转变。自2019年以来，从化区将荔枝定制进一步发展为市场定制、公益定制、综合定制等模式，并推动组建了从化美荔定制联盟；同时推出"荔枝+小镇""荔枝+公益""荔枝+旅游""荔枝+粤菜""荔枝+高校"等定制活动，有力地推动了荔枝产业发展与全域旅游、文化创意、民宿经济、粤菜体验等上下游产业的深度融合。2023年，从化区荔枝定制约1.2万棵，定制量约480吨，定制金额约2650万元，实现了品牌提升、农业增效、农民增收。

从化美荔定制

陈雨文　摄

（二）茂名高州：荔枝定制模式创新者

高州于2020年探索开展荔枝定制行动。2021年，高州市启动"我在大唐荔乡有棵荔枝树"荔枝定制活动，荔枝定制以棵为单位，以白糖罂、桂味、妃子笑为定制品种，定制首日，来自广东、南京、海南、湛江等地的21家企业通过"线上+线下"的方式进行预订，预售额超120万元。2022年，高州荔枝定制行动升级，推出"我在中国荔都有棵荔枝树"认养行动。高州市在10个荔枝主产镇街、省级荔枝生产专业村设立认养区域，挑选大唐荔乡荔枝核心区根子镇的优质荔枝，通过搭建荔枝树认养平台，以整树认养方式，向广大市民出售荔枝树的果实采摘权。荔枝树认养分为预备、认养、云养、采摘四个时期，在预备期或认养期，企业、市民就先交押金给荔农；在采摘期，认养人可到果园现场采摘或平台免费提供采摘和包装服务，认养人支付邮寄费用即可安排送货上门。此外，"福荔卡"引领高州荔枝预售模式，高州市人民政府与高州市荔枝现代农业产业园实施主体丰盛食品有限公司，联名打造高州荔枝"福荔卡"，通过采用大数据预售订单模式，将当年以及来年的荔枝以预售卡的形式售卖，待荔枝上市，即可线上兑换荔枝鲜品，"福荔卡"预购订单超 3 万吨，金额超 6 亿元。荔枝定制活动使荔枝每公斤价格增长了 1 ~ 2 倍，带动果农每年户均增收 4000 元以上。2023 年，高州市谋划"我在中国荔乡有棵荔枝树"定制活动，为企事业单位、社会组织、家庭、个人提供荔枝树定制服务，全市按棵预定荔枝树 13881 棵，按量预定量定制 53224 公斤；个人客户定制 30110 公斤、龙头企业供应链客户定制 2313 万公斤。其中仅根子镇通过荔枝定制活动预售荔枝超 5000 棵，定制均价超 60 元/公斤[17]。

高州市荔枝定制

雷百战　摄

（三）茂名市：荔枝定制模式推广者

2022 年，茂名市印发《2022 年茂名荔枝定制方案》，全力推动荔枝销售"从按箱、按盒卖到按粒、按棵、按片定制"。茂名市在"荔枝定制"活动的基础上，精准分析家庭散株定制、企事业单位团建定制和龙头企业供应链生产定制需求，分类研究个性化服务增值点，精选交通可达、景点串联、生态优美、配套完善的荔枝定制片区。建立"线上+线下"营销平台，大胆创新中小学班级定制、高校班级定制、纪念日定制等活动，做好旅游线路联合推广及结合儿童节等活动的植入式推广。通过荔枝定制，建立"果农—消费者"直供链条，通过"线上+线下"营销平台直接销售，做强荔枝鲜果的产销，不仅提前变现荔枝果的部分收入，而且增加农民收入。2023年3月，茂名市大胆创新亲子树定制、团建树定制、纪念日定制等，整合农业、企业、文旅等资源，打造"荔枝+旅游""荔枝+美食"等组合产品，进一步壮大荔枝定制新业态。2023年，全市整棵荔枝定制31884棵，定制量1594.2吨，定制价格较传统销售高30%以上。

茂名荔枝定制升级版

雷百战　摄

三、荔枝休闲采摘活动

（一）荔枝休闲采摘概况

近年来，我国都市市民对于农业采摘休闲需求增长较快。以"摘果"为主题的新型休闲业态，由于其参与性、趣味性、娱乐性强而受到不少假日省内和短途休闲度假游客的青睐，他们可以远离城市的喧闹，亲近自然，体验摘果的农趣，通过采摘来放松心情、寓教于乐。依托荔枝资源特色，在荔枝"最佳赏味期"，荔枝休闲采摘逐渐成为广州、东莞、深圳等珠三角城市荔枝销售的主要模式之一，各地挖掘荔枝休闲采摘发展潜力，发布"荔枝休闲采摘地图"，为市民精准采摘荔枝提供精确指引。荔枝休闲采摘，既满足了市民对农事体验、旅游休闲、食品安全的需求，又减少了种植户的采摘人工成本，进一步提升了荔枝种植的经济效益。

（二）典型地区

1. 广州市

以中晚熟荔枝为主的广州，6 月中下旬是荔枝集中上市期，为促进荔枝销售且助力农民增收，广州市农业农村局发布"2023 广州荔枝赏味图"，汇集全市228 家优质荔枝种植企业、农场、果园信息，除纸质版外，市民游客可通过扫二维码，线上查询全市果园种植面积、预估产量、主要品种、联系方式和位置导航等导购信息。广州市从化、增城、白云、黄埔、花都、南沙荔枝果园积极通过采摘销售模式，拓宽新鲜荔枝销售，同时，开放采摘的果园内大多都设有荔枝寄递点，荔枝按当天市场价出售。

从化荔枝采摘活动 郭琦彤　陈雨文　摄

增城荔枝采摘活动 陈雨文　雷百战　摄

2. 东莞市

自 2013 年开始，东莞市通过统筹谋划、筛选基地、宣传推介等多项措施，强化"莞荔"品牌的社会效应，大力推广荔枝休闲采摘，持续推出荔枝休闲采摘点，2023 年荔枝成熟期间推出 47 个休闲采摘点（见表 1），至此，东莞市农业农村局联合市荔枝协会共向市民推介了 297 个荔枝休闲采摘点，平均每年吸引省内外约 5 万人次到场采摘。荔枝采摘点涵盖荔枝主产区，品种包含糯米糍、桂味、仙进奉、观音绿、妃子笑以及冰荔、岭丰糯、唐夏红等优质莞荔品种。

表 1 2023 年东莞荔枝休闲采摘点

序号	镇域	采摘点	荔枝品种
1	虎门镇	新荔荔枝合作社·陈浩恩家庭农场	观音绿、桂味、糯米糍
2	厚街镇	桂冠荔枝合作社·果王果场	冰荔、糯米糍、桂味
3		桂冠荔枝合作社·兰姐果场	冰荔、糯米糍、桂味、仙进奉
4		桂冠荔枝合作社·友锦果场	糯米糍、桂味
5		桂冠荔枝合作社·荔香园	糯米糍、桂味
6		桂冠荔枝合作社·李国清果场	糯米糍、桂味
7		桂冠荔枝合作社·李学良果场	糯米糍、桂味
8		宝龙果园	糯米糍、桂味、仙进奉、状元红
9		新荔荔枝合作社·向阳果园	桂味、糯米糍
10		新荔荔枝合作社·欧阳容开果场	桂味、糯米糍、仙进奉
11		新荔荔枝合作社·厚街亚卓家庭农场	桂味、糯米糍、双肩红糯
12		云雾荔枝合作社·丰乐家庭生态园	桂味、糯米糍
13		云雾荔枝合作社·李伟文果场	桂味、糯米糍
14		云雾荔枝合作社·李春友果场	桂味、糯米糍
15		云雾荔枝合作社·李志雄果场	桂味、糯米糍
16		云雾荔枝合作社·戴寿长果场	桂味、糯米糍、仙进奉
17		云雾荔枝合作社·钟春生果场	桂味、糯米糍
18		云雾荔枝合作社·李沛源果场	桂味、糯米糍、仙进奉
19		云雾荔枝合作社·廖伟东果场	桂味、糯米糍
20		云雾荔枝合作社·李福明果场	桂味、糯米糍
21	寮步镇	永俊·半山红荔枝基地	糯米糍、妃子笑、桂味

续表

序号	镇域	采摘点	荔枝品种
22	大岭山镇	荔乡荔枝合作社·文顺果场	糯米糍、桂味
23		荔乡荔枝合作社·无届农场	糯米糍、桂味
24		荔乡荔枝合作社·岭森家庭农场	糯米糍、桂味
25		荔乡荔枝合作社·山湖荔生态农业有限公司	糯米糍、桂味
26		荔乡荔枝合作社·健立方家庭农场	糯米糍、桂味
27		荔乡荔枝合作社·华荔家庭农场	糯米糍、桂味、岭丰糯
28		荔乡荔枝合作社·盛隆果场	糯米糍、桂味
29		荔乡荔枝合作社·宏基家庭农场	糯米糍、桂味
30		荔乡荔枝合作社·荔丰红生态种植有限公司	糯米糍、桂味
31	大朗镇	明尔朗农业发展有限公司	糯米糍、妃子笑
32	黄江镇	聚隆农场有限公司	糯米糍、桂味、妃子笑、仙进奉
33		庆棠休闲果场	糯米糍、桂味、妃子笑
34		肥就果场	桂味、妃子笑
35	樟木头镇	壹浩农业有限公司	观音绿、冰荔、岭丰糯、仙进奉、唐夏红、糯米糍、桂味
36		广东岭南荔园发展有限公司	观音绿、桂味、糯米糍
37	凤岗镇	顺成农业科技生态园	糯米糍、桂味、妃子笑
38	谢岗镇	南面老兵生态农场	桂味、糯米糍
39		罗卫国杉坑果场	桂味、糯米糍、观音绿、仙进奉
40		石门坑果园	桂味、糯米糍、妃子笑
41	清溪镇	容记果园	桂味、糯米糍
42	常平镇	南果种植场	糯米糍
43		银坑果园	桂味、糯米糍、妃子笑
44		角岭荔枝园	糯米糍、桂味、妃子笑
45	横沥镇	圣荔园	糯米糍、桂味、妃子笑
46	企石镇	上洞牛岭果场	桂味
47		恒业农场	妃子笑、糯米糍、桂味、怀枝

3. 深圳市

深圳以南山荔枝为优,其具有果大、肉厚、汁浓、皮薄等特点,口感鲜甜。

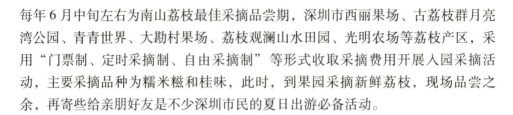

每年 6 月中旬左右为南山荔枝最佳采摘品尝期，深圳市西丽果场、古荔枝群月亮湾公园、青青世界、大勘村果场、荔枝观澜山水田园、光明农场等荔枝产区，采用"门票制、定时采摘制、自由采摘制"等形式收取采摘费用开展入园采摘活动，主要采摘品种为糯米糍和桂味，此时，到果园采摘新鲜荔枝，现场品尝之余，再寄些给亲朋好友是不少深圳市民的夏日出游必备活动。

四、荔枝文旅线路

为推动农文旅融合发展，近年来，广东省推出广东十大"魅荔"红色精品休闲游线路，荔枝主产市、县、镇等地陆续推出了一批荔枝文旅线路，充分利用各地特有资源，将荔枝与红色文化、历史古建、旅游景区、特色美食等业态相融合，助推荔枝产业农文旅融合发展。

（一）广东十大"魅荔"红色精品休闲游线路

2021 年广东农产品"12221"市场体系建设工作会议暨广东荔枝营销动员大会上推出广东十大"魅荔"红色精品休闲游线路，十条线路覆盖全省荔枝四大主产区，包含惠州博罗、广州从化、茂名电白、茂名高州、茂名化州、汕头雷岭、阳江阳西、广州增城、惠州镇隆、湛江遂溪 10 个市、县、镇，将游与学相结合，联动开展荔枝主题旅游活动[18]。

1. 惠州博罗：公庄红色轨迹

博罗县第三区农民协会旧址（桔子墟下横街广裕丰店）—杨梅水战斗遗址（公庄南梅村）—博罗地区恢复武装斗争第一枪遗址（公庄桔子林兆富住宅）—粤赣湘边纵队东江第三支部司令部旧址（公庄官山陈屋村）—上坪大捷遗址（公庄官山村）—博东县人民政府旧址（公庄桔子吴同盛）—公庄革命烈士纪念碑。公庄镇维新村的牛坳百年荔枝森林公园，占地 200 多亩，有超百年树龄的古树 600 多株，是面积较大、古树拥有量较多的荔枝林。吉水围古村落的古荔枝林种植于清朝雍正年间，现有荔枝古树 74 株，其中，290 年树龄 27 株、180 年树龄 41 株、120 年树龄 6 株，属国家三级古树。

2. 广州从化："红色传承，溯源觅香"红色教育线路

黄沙坑革命纪念馆—南粤古道—香蜜山小镇。该线路通过追忆红色岁月、溯流溪河北源头、走南粤古道、览绿水青山、游美丽小镇，享"五大美丽"风景，沿路荔树成林，不仅可以近距离了解从化荔枝生长的良好自然环境，还可以参与从化荔枝的优惠定制活动。

广州从化：中国传统村落钱岗村、龟咀古渡小镇　　　　　　陈雨文　摄

3. 茂名电白：革命传统教育基地

坡心镇高圳车革命传统教育基地—电白霞洞上河贡园—鹅凰嶂。通过参观坡心镇高圳车革命传统教育基地，重温革命历史、弘扬红色文化；在霞洞上河贡园，品名优荔枝，逛荔枝博物馆；在广东第二高峰——鹅凰嶂，领略由溪流、湖泊、奇石、瀑布、水库相互映衬下的秀丽风光。

电白霞洞上河贡园　　　　　　雷百战　摄

4. 茂名高州：大唐荔乡游

大唐荔乡广场—拴马树公园—贡园—状元道—唐诗主题园—红荔阁—桥头村—浮山岭。大唐荔乡广场雕塑诠释了"一骑红尘妃子笑，原是高州荔枝来"的故事。走过大唐荔乡广场，沿途尽是荔枝树；后进入拴马树公园，园内建有"力士献荔"的铜像，拴马寻荔的故事历久弥新。贡园里生长的荔枝树历经千百年风雨洗礼，造型千奇百怪，株株枝繁叶茂，年年硕果累累，它们的树龄都已在500年以上。茂名高州市大多数的荔枝树都是贡园荔枝树繁衍的后代，贡园也被人们尊称为"荔枝博物馆"。

大唐荔乡广场、根子镇柏桥贡园、红荔阁　　　　　　雷百战　摄

5. 茂名化州：荔枝红色精品旅游

笪桥镇柑村（红色革命村）—热带公园—百年果园—彭雄成果园—彭亚木果园。感受红色文化，领略"魅荔"山水，品尝鲜美荔枝。

6. 汕头雷岭镇："红色+绿色+特色"精品旅游

济美革命石洞—麻埔高标准荔枝园—雷岭河—赤坪文体公园—小丹霞自然风貌。该线路途经该镇济美、麻埔、赤坪三个村，以雷岭济美革命石洞的红色故事作为切入点，发掘村庄周边溪河、荔枝、村落和山林等景观特点，形成红色旅游产品。麻埔高标准荔枝园占地 215 亩，主栽荔枝品种有仙进奉、糯米糍、桂味、巨美人、红美人等，是应用智慧农业技术建设的荔枝园区，园区内水肥一体化智能灌溉系统覆盖面积 200 亩。

7. 阳江阳西：红色"魅荔"精品旅游

儒洞镇阳江市农村盛宴农业发展有限公司—儒洞镇边海党建红色教育基地—儒洞镇阳西县西荔王果蔬专业合作社—上洋镇阳西县上洋镇华龙西瓜荔枝专业合作社。参观边海红色展馆，游览荔枝果园，品味甜美荔枝。

阳西县西荔王、荔枝长廊　　　　　　雷百战　摄

8. 广州增城：荔枝红色精品旅游

线路1：荔枝小镇—东林生态果场—大埔围村—中窑果场—挂绿广场—荔枝公园—增城博物馆；线路2：荔枝小镇—东林生态果场—中窑果场—大埔围村—小迳中共增城县委旧址—挂绿广场。

增城荔枝小镇建设有荔枝文化博览馆、荔枝农耕文化博览园、荔枝景观大道、荔枝交易市场（电商园）、荔枝文化广场、荔枝品种园、荔枝深加工基地、荔枝种植技术培训中心、研发基地及连片仙进奉种植基地等13个项目。其中荔枝景观大道全长约3.2公里，在原有路段两侧扩展约20米的荔枝林景观带，种植了100多株古老荔枝树，改造成荔枝文化为主题的景观大道。大埔围村是增城革命老区、广州市爱国主义教育基地、广州市第二批"美丽乡村""全国文明村"。

增城区仙村荔枝小镇　　　　　　　　　　　　　　雷百战　摄

增城区仙村镇荔枝景观大道、荔枝品种园　　　　　陈雨文　摄

增城挂绿广场、东林生态果场　　　　　　　陈雨文　摄

增城区荔枝文化公园　　　　　　　陈雨文　摄

9. 惠州镇隆：荔枝红色精品旅游

镇隆崇林世居（广东第二大客家围屋）—中共惠紫河博地委成立旧址（镇隆四大半围革命历史）—井龙黄竹沥古荔枝公园（在百年荔枝树下感受荔枝文化）。黄竹沥古荔枝公园有 600 年树龄的荔枝树 13 株（属国家一级古树），130 年树龄的荔枝树 20 株（属国家三级古树）。

井龙黄竹沥古荔枝公园　　　　　　　雷百战　摄

10. 湛江遂溪：湛川河谷荔枝精品线路

乌塘荔枝森林公园—湛川荔枝街—螺岗生态小镇—下洋红色基地—遂溪孔子城。乌塘荔枝森林公园中有 6 株百年古荔，其中树龄最长的 1 株已有 330 年的历史，是遂溪河谷荔枝的发源之树。

乌塘荔枝森林公园

雷百战　摄

（二）从化荔枝文旅精品线路

1. 2022 从化荔枝旅游线路

2022 年从化区整合荔枝相关旅游线路资源，推出"流溪桂味"线路、"井岗红糯"线路、"特色品荔"线路、"赏花摘果"线路、"红色教育"线路 5 条线路，串联起特色品种荔枝、国家 A 级旅游景区、特色小镇、其他特色景区等景点，让广大游客边摘果、边赏景点、品尝农家菜，感受多种旅游体验[19]。

"流溪桂味"线路。大广高速莲麻出口—莲麻小镇—流溪河国家森林公园—生态设计小镇—流溪从都湿地公园—温泉中田大红桂味—宝趣玫瑰世界—荔博园。

"井岗红糯"线路。北三环高速太平出口—北回归线标志塔公园—荔枝皇古树公园—井岗红糯文创村（井岗红糯原产地）—古驿道小镇—天人山水旅游区—格塘南药小镇—荔博园。

"特色品荔"线路。北三环高速太平出口—钱岗广裕祠—佳荔公司（荔枝干果加工基地）—华隆荔枝保鲜加工配送中心—广州客天下景区—罗洞工匠小镇—荔博园—温泉镇南平村。

"赏花摘果"线路。大广高速从化出口—西塘童话小镇—顺昌源公司（荔枝酒加工）—西和万花风情小镇—荔枝球广场—流溪游船—荔博园。

"红色教育"线路。街北高速街口出口—罗洞工匠小镇—荔博园—云台山战场遗址（宣星村）—生态设计小镇—莲麻村黄沙坑革命旧址。

从化荔博园、北回归线标志塔公园　　　　　　　　　　林博勇　摄

从化荔枝皇古树公园、钱岗广裕祠　　　　　　　　　陈雨文　摄

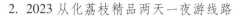

2. 2023 从化荔枝精品两天一夜游线路

2023 年从化以四大名荔为主，推出"水厅桂味线路、钱岗糯米糍线路、井岗红糯线路、双壳槐枝线路"4 条线路，打造了"荔枝+旅游""荔枝+美食"等组合产品，更好地促进荔枝产品销售，方便市民游客"一站式"游玩选购[20]。

水厅桂味线路。江埔街新明村/南方村（桂味荔枝采摘）—客天下·广州国际旅游度假区—罗洞工匠小镇—钓鲤村东成荷花园。

钱岗糯米糍线路。北回归线公园—太平镇钱岗古村（糯米糍荔枝采摘）—天人山水大地艺术园。

从化太平镇钱岗古村、荔枝公园　　　　　　　　　　　陈雨文　摄

井岗红糯线路。井岗村（红糯荔枝采摘）—南药小镇—木棉村（荔枝皇）—钟楼古村。

从化太平镇木棉村"孝行流芳"牌坊、荔皇阁　　　　　　陈雨文　摄

双壳槐枝线路。南平静修小镇（荔枝定制）—石门国家森林公园。

从化南平静修小镇　　　　　　　雷百战　陈雨文　摄

（三）东莞市"莞荔"主题旅游线路

1. 2022 东莞荔枝主题精品线路

2022 年，东莞推出"常平线路、厚街线路、塘厦线路、企石线路"4 条荔枝主题精品线路，串联红色教育、人文景观、荔枝林、生态资源等景点，集游学、游玩、采摘于一体[21]。

常平线路。东莞市区—朗洲村荔枝采摘点—横江厦村荔枝采摘点—李任之故居—丽城观光旅游景区—桥梓村县委旧址及村史馆。该线路是集红色教育与休闲采摘相结合的精品路线。朗洲村是广东省"一村一品、一镇一业"荔枝种植专业村，周边景点有旗岭森林公园、爱情斑马线等。

厚街线路。东莞市区—大迳汪潭党史公园—荔枝采摘点—大岭山森林公园湾区自然学校—大湾区横岗湖研学教育实践营地。该线路的主题是"红色革命路，绿色大迳行"，把红色人文景观与绿色自然景观结合起来。游客在观光的同时，可体验湾区自然学校的科普课程及促成革命历史的普及和革命斗争精神的传承。

塘厦线路。东莞市区—东莞市塘厦远昌果场—新蚝农庄（午餐）—大屏嶂森林公园。该线路主打荔枝林特色，区别于一般的荔枝种植园区，主要依托大屏嶂森林公园的优势，打造荔枝林下旅游的特色名片。

企石线路。东莞市区—江边古村落—东清湖市级湿地公园—恒业庄园采摘点—我的农场。该线路主要体验依山傍水的企石生态资源，依托一湖两河三岸四脉的区域优势，在采摘荔枝的同时领略企石镇古村、湿地公园的休闲元素。

东莞市塘厦远昌果场   刘纪堂 摄

2. 2023 厚街荔枝精品线路

2023 年厚街镇围绕荔枝特色产业，深度挖掘历史文化、自然生态等资源，推出"厚街冰荔游线路、绿色生态游线路、红色文化游线路"3 条以荔枝为主题的精品线路[22]。

厚街冰荔游线路。大迳荔枝文化公园—果王果场—兰姐果场—太粮米饭探知馆—福神岗公园。该线路既可以了解厚街荔枝产业发展，品尝"冰荔"，又可以感受厚街工业文化魅力，领略厚街乡村振兴新气象。

大迳荔枝文化公园   陈雨文 摄

绿色生态游线路。大迳云雾茶场—荔枝采摘点（19个）—神仙水公园—沙溪湖公园—溪头东溪公园。该线路可以采摘新鲜荔枝、品尝地道茶香、探索自然公园，尽情感受绿美厚街生态之美。

红色文化游线路。汪潭革命烈士纪念主题公园—荔枝采摘点（19个）—双拥公园（松山公园）—鳌台书院—河田方氏宗祠—郡驸公祠—东头公园—鑫源食品文化博物馆。该线路可以感受厚街红色文化的底蕴、探访厚街人文景观、体验厚街非遗魅力。

（四）高州"大唐荔乡"赏花叹蜜品荔之旅

高州市"大唐荔乡"赏花叹蜜品荔之旅主题线路串联了名扬千古的荔枝故事和荔枝文化主题景观，3~4月赏花叹蜜，5~6月品尝荔枝。"大唐荔乡"所在的根子镇，建有国家级大唐荔乡田园综合体、国家级荔枝现代农业产业园。入选2022年"乡村四时好风光——春生夏长　万物并秀"全国乡村旅游精品线路[23]。

线路：一骑红尘广场—荔枝雕塑—中国荔枝产业大会永久会址—中国荔枝博览馆—国家荔枝种质资源圃—根子镇柏桥贡园—贵妃广场—百荔园—唐词主题公园—荔枝邮局—红荔阁—桥头村民宿—根子镇农民博物馆。

根子镇柏桥贡园、中国荔枝博览馆　　　　　　　　　林博勇　摄

根子镇百荔园、红荔阁　　　　　　　　　林博勇　摄

中国荔枝产业大会永久会址、国家荔枝种质资源圃

茂名市农业农村局　供图

（五）廉江旅游精品线路

廉江是我国荔枝的发源地之一，2022 年，廉江市推出"良垌、石城新民、河唇、吉水"4 条荔枝旅游精品线路[24]，串联起荔枝观光采摘园、红色文化村落、旅游景区、公园、农庄等人文历史和自然生态旅游景点，推出了"良垌广海鸡、河唇鱼头汤、河唇杨桃鸭"等特色美食，打造了集游、玩、摘、赏于一体的荔枝特色精品旅游线路。

1. 良垌线路

良垌镇兴旺荔枝园（种植荔枝面积 135 亩）—良垌镇中塘村（湛江市市级爱国主义教育基地）—茗上茗世外茶园（广东省休闲农业与乡村旅游示范点、广东最美茶园）。良垌镇是国内妃子笑种植面积最大的乡镇之一，也是广东省熟期最早的大型优质荔枝生产基地和出口基地，被评为"国家 A 级绿色食品"，是全国乡村特色产业（荔枝）"10 亿镇"[25]。

良垌镇兴旺荔枝观光园

雷百战　摄

2. 石城新民线路

谢鞋山野生荔枝林（中国内陆现存唯一保护完好的连片野生荔枝群落，有野生荔枝林 500 多亩）—鳄鱼公园（荔枝果园 300 亩）。

谢鞋山野生荔枝林   雷百战　摄

3. 河唇线路

田园寨（国家 3A 级旅游景区，荔枝园 100 多亩）——鹤地银湖（广东省三大水库之一）。

田园寨旅游风景区   雷百战　摄

4. 吉水线路

廉江樱花公园（鹤地银湖）—吉水镇荔景农庄（近千亩荔枝林）。

吉水镇荔景农庄　　　　　　　　　雷百战　摄

（六）阳西美荔之旅路线

2023 年阳西荔枝推介会上推出以荔枝为主题的"阳西美荔之旅路线"，将阳西的荔枝古园、南粤古驿道、书院、森林公园等特色美景串珠成链，推动阳西荔枝产业与旅游产业的融合发展。

1．"古荔飘香，驿道同行"之旅

程村镇站背村古荔园—织簧镇七贤书院—上洋镇上洋村姚宝光大屋—上洋镇白石村二兴大屋—上洋镇双鱼城古驿道。

2．"山海之约，魅荔无限"之旅

新墟镇东水山森林公园—百荔园—边海红色展馆—西荔王现代果蔬农业休闲观光园—沙扒镇渡头村—沙扒镇月亮湾滨海旅游景区。

阳西百荔园　　　　　　　　　　雷百战　摄

（七）德庆县官圩镇"大桔大荔"荔香画廊路线

2022 年 5 月 20 日，德庆县官圩镇发布"大桔大荔"荔香画廊路线，包含柑香画廊和荔香画廊，是官圩镇的特色乡村游线路。其中，荔香画廊路线串联了官圩镇谢村村、胜敢村、五福村、直安村等荔枝主产区和新农村乡村旅游主要线路，主要包括鸳鸯桂味荔枝、糯米糍等荔枝品种。

荔香画廊线路：德庆荔枝古树公园（谢村村）—党建智慧荔枝园（胜敢村）—德庆鸳鸯桂味荔枝种质苗圃园—德庆荔枝出口基地（胜敢村）—德庆古荔枝园（胜敢村）—官圩镇乡村振兴综合体—官圩荔枝种植示范基地（直安村）—山地荔枝产业帮扶示范基地（五福村）。

德庆荔枝古树公园　　　　　　　　　　　　　　　　雷百战　摄

德庆官圩镇胜敢村党建智慧荔枝园、五福村　　　　雷百战　摄

参考文献

[1] 邱铨林.中国国际热作产业大会暨第七届中国荔枝龙眼产业大会在广东茂名召开 [EB/OL].中国日报网,[2023-05-20].https://gd.chinadaily.com.cn/a/202305/20/WS6468accaa31053798937526b.html.

[2] 陈耀谋,柯柱基,梁晓涛.给"荔"!茂名"荔红飘香·荔枝主题文化节"来了 [EB/OL].茂名号,[2023-05-13].https://rmh.pdnews.cn/Pc/ArtInfoApi/article?id=35611922.

[3] 张越,茂府信.2023首届广东(茂名)荔枝电商消费节开幕 [EB/OL].茂名发布,[2023-05-19].https://mp.weixin.qq.com/s/IT4Pckj0 u26vWqKUNfn0sQ.

[4] 王雅蝶,初梓瑞.以花为媒迎客来!茂名高州举行荔枝赏花叹蜜游活动 [EB/OL].人民网,[2023-03-13].http://gd.people.com.cn/n2/2023/0313/c123932-40333939.html.

[5] 广州市增城区人民政府.增城荔枝文化节 [EB/OL].[2023-07-19].http://www.zc.gov.cn/gl/lswh/whjq/content/post_8399024.html.

[6] 广州市人民政府.2023年广州从化荔枝节系列活动启动仪式暨广东荔枝产销对接活动(广州站)举行 [EB/OL].[2023-06-30].https://www.gz.gov.cn/xw/zwlb/gqdt/chq/content/post_9084547.html.

[7] 张永幸,陈纪臻,张思燕,等.2023廉江荔枝全球推介大会举行 [EB/OL].湛江新闻网,[2023-05-28].https://www.gdzjdaily.com.cn/p/2853260.html.

[8] 东莞市农业农村局.厚街荔枝文化节开幕 进一步擦亮国家级"厚荔"名片 [EB/OL].[2023-06-25].http://nyncj.dg.gov.cn/zzzl/content/post_4029382.html.

[9] 林春宏,陈丹娜.广东惠州惠阳区将举行第十四届镇隆荔枝文化节 [N/OL].中国县域经济报,[2023-06-12].https://www.xyshjj.cn/newspaper-2023-6-12-2-21899858.html.

[10] 百度百科.深圳荔枝节 [EB/OL].[2024-04-24].https://baike.baidu.com/item/%E6%B7%B1%E5%9C%B3%E8%8D%94%E6%9E%9D%E8%8A%82/4933745?fr=ge_ala.

[11] 深圳市南山区人民政府.第25届深圳南山荔枝文化旅游节开幕 [EB/OL].[2023-06-26].http://www.szns.gov.cn/xxgk/qzfxxgkml/tpxw/con-

tent/post_10667861. html.

　　［12］杨雪薇. 珠海：甜蜜诱惑！2023 年"斗门荔枝"文化嘉年华正式启幕 ［EB/OL］. 羊城派，［2023 － 06 － 18］. https：//baijiahao. baidu. com/s？id = 176 903099 4211153139&wfr = spider&for = pc.

　　［13］陈泽嘉，肖曦颖. 聚荔百千万，荔美新雷岭！第十六届潮南·雷岭荔枝文化旅游节举行 ［EB/OL］. 潮南在线，［2023 － 07 － 01］. https：//mp. weixin. qq. com/s/BIYibmDnk7q4aOqK3h28Ew.

　　［14］何新仕，陈晓婵. 喊全球吃阳西荔枝！刮起一股来自阳西的甜蜜风潮 ［EB/OL］. 珠江经济台，［2023 － 06 － 12］. https：//mp. weixin. qq. com/s/0hc Cf-WEYk5LPLDxpnJJELQ.

　　［15］郑少锋. "醉美罗荔"全新 IP 亮相，2023 年罗定荔枝旅游文化活动火爆开启 ［EB/OL］. 中国融媒产业网，［2023 － 06 － 17］. http：//baby. ifeng. com/c/8Qgf5wyOzvQ.

　　［16］云浮市人民政府. 2023 年云浮市新兴香荔产业发展大会开幕 ［EB/OL］. ［2023 － 07 － 10］. https：//www. yunfu. gov. cn/yfsrmzf/jcxxgk/zxzx/yfyw/content/post_1714983. html.

　　［17］赵启旭. 高州荔枝电商占六成　2023 收获季果农收入平均增长 20% ［N/OL］. 南方农村报，［2023 － 07 － 03］. https：//www. nfncb. cn/a33361/33361. html.

　　［18］广东省农业农村厅. 广东发布十大"魅荔"红色精品休闲游线路 ［EB/OL］. ［2021 － 04 － 23］. https：//dara. gd. gov. cn/mtbd5789/content/post_3267760. html.

　　［19］广州市从化区人民政府. 十大举措助力从化荔枝卖好卖旺 ［EB/OL］. ［2022 － 05 － 23］. http：//www. conghua. gov. cn/ztzlzzyyzqchyw/content/mpost_8292264. html.

　　［20］黄利谊. 超甜从化摘果线路强势来袭 ［EB/OL］. 广州从化发布，［2023－06－18］. https：//mp. weixin. qq. com/s/N2yWm0XIq72aGe5iIABPeg.

　　［21］唐楚燊. 2022 年荔枝主题旅游推荐线路 ［EB/OL］. 莞邑农业，［2022－06－10］. https：//mp. weixin. qq. com/s/gyNlnnGtz1YfA_H7jmO0dg.

　　［22］余凯琪. 荔枝文化公园来啦！刚刚，厚街发布 3 条荔枝文旅线路 ［EB/OL］. 厚街发布，［2023 － 06 － 19］. https：//mp. weixin. qq. com/s/Qxw_0brCA6W1DRldnquG1g.

［23］中华人民共和国文化和旅游部.“大唐荔乡”赏花叹蜜品荔之旅［EB/OL］.［2022-04-25］. https：//zhuanti. mct. gov. cn/csxz2022/guangdong/detail/1518. html.

［24］许筱倩. 荔红时节，跟着 4 条廉江旅游精品线路［EB/OL］. 廉江发布，［2022-05-25］. https：//mp. weixin. qq. com/s/OK8rkE0KZoRrjj8w5OAWfA.

［25］林达琳，许敷，全可富. 荔枝收购不打烊　良垌果农笑开颜［EB/OL］. 廉江市人民政府，［2022-05-25］. http：//www. lianjiang. gov. cn/zwgk/tpxw/content/post_1456650. html.

国内外荔枝产业融合发展经验借鉴

雷百战* 罗旖文 刘晓珂 卢 琨

摘 要： 广东是我国最重要的荔枝产区，栽培面积、产量居全国各省份之首。随着旅游业蓬勃兴起，促使荔枝文化和旅游融合发展，为广东省荔枝产业带来了新的活力和生机。本章主要对国内外荔枝产业融合发展的经验做法以及国内外其他水果产业发展经验进行总结归纳，并提出促进广东省荔枝产业融合发展的启示建议。

关键词： 荔枝产业；产业融合；典型经验；发展启示

一、国外四国荔枝产业

荔枝原产于中国，种植历史可追溯到 2300 多年前。17 世纪，中国荔枝开始向国外传播，先后传入缅甸、印度、尼泊尔、孟加拉国等国家。经过多年发展，全球荔枝生产规模维持稳定的增长态势。截至 2021 年，世界荔枝种植面积近 1200 万亩，年产量超 445 万吨。受荔枝生长习性影响，荔枝主要生长在南纬和北纬 10~30 度范围内。北半球主要生产国有中国、印度、越南、巴基斯坦、泰国、孟加拉国和尼泊尔；南半球主要生产国有马达加斯加、南非、巴西以及澳大利亚。其中，北半球的荔枝生产规模远大于南半球，尤其是中国、印度、越南、泰国，这 4 个国家加起来占全球荔枝产量的 80% 以上。中国荔枝生产规模居全球第一；第二为印度，荔枝种植面积为 147 万亩，产量达 72.4 万吨；第三为越南，荔枝种植面积为 112.2 万亩，产量达 34 万吨。

全球荔枝品种多样，再加上各国荔枝成熟期的差异，全年供应不断。荔枝产品以鲜果销售为主，荔枝干、荔枝果汁、荔枝罐头、荔枝酒等产品为辅，满足人

---

* 雷百战，广东省农业科学院农业经济与信息研究所副研究员；主要从事农业区域经济研究。

们一年四季吃荔枝的需求。然而，由于荔枝保鲜难度大、上市期集中、水分含量高等天然特性，荔枝销售集中在本土和周边消费，进出口较少。当前荔枝进出口贸易较多的国家有中国、泰国、印度、马达加斯加、越南，这 5 个国家荔枝贸易量占全球 90% 以上。2021 年，全球荔枝鲜果出口量近 4.5 万吨，出口额约 13690 万美元。

为更好地了解全球荔枝产业融合发展状况，下文选取印度、越南、泰国、马达加斯加等国进行荔枝产业融合发展分析。

（一）印度

印度是世界第二大荔枝生产国，其种植品种、面积以及产量皆仅次于中国，享有世界第二大荔枝生产和消费国的美誉。2021 年，印度荔枝种植面积为 147 万亩，产量达 72.4 万吨[1]。荔枝是印度东北部地区果农主要种植的水果品种，也是果农重要的经济来源之一。据不完全统计，目前印度栽培的荔枝品种超过 50 个，Shahi 和 China 因品质优良、高产稳产、适应能力强、市场价格较高而受到荔农青睐。目前，印度仅有少于 2% 的荔枝鲜果用于加工，加工产品主要是果酱、罐头和果汁，主要供应国内市场。印度荔枝出口比例很小，在国际市场没有竞争力。近年来，虽然印度采取加大荔枝先进生产技术研发和应用推广力度、完善荔枝采后保鲜和运销体系、提高农业合作组织产业带动能力、提升荔枝出口竞争力等多项措施。但是，印度荔枝全产业链仍不完善，三产融合方面无较大发展。

（二）越南

越南是全球优质荔枝生产地之一，种植面积 112.2 万亩，年产量 34 万吨，生产规模仅次于中国和印度。境内最大的荔枝种植区域是北部的海阳省和北江省（tinh HaiDuong，tinh BacGiang），截至 2022 年，海阳省的荔枝种植面积约 13.5 万亩，年产量约为 6 万吨[2]；北江省的荔枝种植面积达 42 万亩，年产量约 18 万吨[3]。越南荔枝品种共有 33 个，以种植 Duongphen、Hoahong、Hunglong、Phudien、Phuchoa、Laihungyen、Laibinhkhe、Thieuthanhha 等品种为主。随着食品加工产业的发展，越南 40%~45% 的荔枝被制成荔枝干、荔枝罐头、冰冻荔枝肉、荔枝果汁和荔枝醋、荔枝味面包、荔枝酒和荔枝茶等产品[4][5]。除本地市场外，越南积极开拓海外市场，陆续向美国、日本、韩国、中国、欧盟以及中东和东南亚等 30 个国家和地区出口。其中，中国是越南最大的荔枝出口市场，该市场的出口额占出口总额的 98%。为提高越南荔枝品牌知名度，越南积极举办荔枝销售促进专题会议、农产品推介会和跨境在线促销推荐会，联合越南国家航空公司（Vietnam Airlines）将北江省陆岸荔枝纳入飞机餐中，通过多层次、全方位展示越南荔枝品牌，不断打开荔枝销售市场[6][7]。

在荔枝产业融合发展方面，越南北江省陆岸县举办"越南水果精髓——创亚洲纪录的越南特产"为主题的荔枝成熟季节旅游活动，推出荔枝采摘、花园观赏、夜市体验、乘船游湖等系列游玩项目，力促三产融合发展[8]。后续越南旅游企业、旅行社等单位将联合开发荔枝旅游产品，加快荔枝三产融合发展。

（三）泰国

泰国荔枝种植已有百年历史，最早开始种植时间可追溯回拉塔纳科辛时代（自1782年起），由中国商人和移民户带入境[9]。泰国荔枝种植规模较小，以家庭种植为主，荔枝种植面积和产量分别占全球的2.04%和8.13%。截至2021年，泰国荔枝种植面积24.4万亩，总产量为36.2万吨。荔枝主要分布在泰国的中部低地、东西部高地，大部分集中在北部。其中，清迈府和清莱府种植面积最大，占全国种植面积的60%。泰国荔枝种植品种可被分为低地品种（热带品种）和高地品种（亚热带品种）。热带品种有20多个，分布在低地和中部地区，其中紧凑树冠的Kom品种最为著名。亚热带品种约有10个，主要分布在泰国北部，其中HongHuay和Chakrapad因果形大、果肉多汁、焦核而深受大众喜欢。泰国荔枝收获期集中在3月中旬至6月中旬，略早于中国，具有市场优势。荔枝以本地市场销售为主，仅有20%用于出口。荔枝鲜果和荔枝罐头出口较多，鲜荔枝主要销往中国、印度尼西亚和马来西亚等国，荔枝罐头则主要销往美国、马来西亚和印度尼西亚等国。近几年，泰国荔枝企业探索荔枝加工新产品，研发出荔枝干、荔枝汁、荔枝果冻、荔枝味饼干等新产品，不断壮大泰国荔枝产业。

泰国夜功府、清迈府、尖竹汶府等地定期举办水果节、荔枝节等活动，联合各个果园开展"水果自助"、水果采摘等游玩项目，提升游客体验感。每逢荔枝成熟季节，清迈府美食餐厅"荔枝虾球""荔枝咕噜肉""荔枝酸奶捞""玫瑰"茉莉饮等特色美食，让游客享尽"泰国荔枝味道"。泰国不仅在国内开展荔枝活动，还积极在国外地区开展美食活动。近几年，泰国联合广州市增城区等地举办水果食品节，将本地出名的榴莲、芒果、荔枝等特色水果运到荔枝节会场，供游客选择品尝，打响泰国荔枝品牌。

（四）马达加斯加

马达加斯加位于南半球印度洋西南部，极度适合荔枝生长，成为南半球规模最大的荔枝生产国，荔枝种植面积19.5万亩。马达加斯沿东海岸约1500千米的海岸线均有种植荔枝，种植面积和产量分别占全球的1.63%和4.49%。虽然马达加斯加的荔枝以家庭种植为主，但气候的适宜使全境荔枝树普遍丰产稳产。

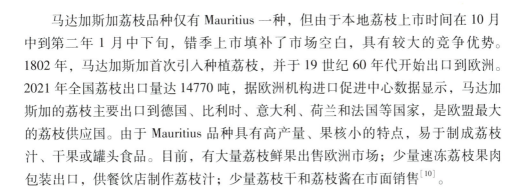

马达加斯加荔枝品种仅有 Mauritius 一种，但由于本地荔枝上市时间在 10 月中到第二年 1 月中下旬，错季上市填补了市场空白，具有较大的竞争优势。1802 年，马达加斯加首次引入种植荔枝，并于 19 世纪 60 年代开始出口到欧洲。2021 年全国荔枝出口量达 14770 吨，据欧洲机构进口促进中心数据显示，马达加斯加的荔枝主要出口到德国、比利时、意大利、荷兰和法国等国家，是欧盟最大的荔枝供应国。由于 Mauritius 品种具有高产量、果核小的特点，易于制成荔枝汁、干果或罐头食品。目前，有大量荔枝鲜果出售欧洲市场；少量速冻荔枝果肉包装出口，供餐饮店制作荔枝汁；少量荔枝干和荔枝酱在市面销售[10]。

二、国内四省荔枝产业

华南农业大学科研团队研究成果表明，世界野生荔枝唯一起源于我国云南，此后沿着西江流域传播至海南，然后在云南、海南两地分别被驯化，云南野生荔枝驯化为特早熟品种，海南野生荔枝驯化为晚熟品种。随着荔枝向岭南地区传播，特早熟和晚熟品种进一步杂交，形成早熟与中熟品种。我国荔枝主要分布在广东、广西、海南、福建、四川、云南等省份。其中，广东、广西荔枝种植规模较大，总产量常年占全国 80% 以上。2023 年，我国荔枝总面积 790.12 万亩，其中，广东 396.91 万亩、广西 301.27 万亩、海南 39.10 万亩、福建 20.88 万亩、四川 18.09 万亩、云南 14.86 万亩。

全国有 200 多个荔枝品种，广泛种植的荔枝品种有 30 多个，年产量超 1 万吨的品种有 17 个，分别是妃子笑、黑叶、怀枝、桂味、白糖罂、白腊、鸡嘴荔、糯米糍、双肩玉荷包、灵山香荔、三月红、大红袍、仙进奉、贵妃红、兰竹、无核荔、钦州红荔。其中，妃子笑、黑叶和怀枝产量最高，2023 年分别占全国的 23.08%、16.14% 和 7.55%。由于品种多样，我国的荔枝成熟上市时长达半年，主产期达 4 个月。荔枝销售以鲜果为主，荔枝干、荔枝罐头、荔枝果汁以及荔枝果酒等加工产品为辅，加工率仅有 5%。虽然我国是荔枝主产国之一，但需求量较高，进口数量大于出口数量。2023 年，中国荔枝进口 31019 吨，主要进口地区为越南；中国鲜荔枝出口数量为 21684 吨，主要出口中国香港、印度尼西亚、美国、菲律宾和新加坡等地。

以下将对国内广西、海南、福建、四川的荔枝产业融合发展状况进行分析。

（一）广西

广西是中国第二大荔枝种植省份，2023 年全区荔枝种植面积为 301.27 万亩，总产量 102.57 万吨。广西荔枝分布广阔，除桂林高寒山区的 9 个县、市外，其余 77 个县（市、区）均有荔枝栽培。

广西荔枝种植品种繁多，妃子笑、黑叶、怀枝、鸡嘴荔、桂味、大糙、钦州红荔、灵山香荔、三月红等，其中高产品种有黑叶、妃子笑、怀枝和鸡嘴荔，占全区产量的 75%。广西荔枝上市时间为 5~7 月，与其他省份荔枝上市时间出现重叠，销售难度大。但随着近几年广西深入开展荔枝种质资源创新及配套栽培技术研发，选育并引进仙进奉、越州红、岭丰糯、草莓荔、冰荔、观音绿、凤山红灯笼等一批优良品种，进一步优化区内荔枝品种结构，市场竞争力得到提高。通过各类荔枝宣传和推进活动，打造出"灵山荔枝""麻垌荔枝""北流荔枝""隆安荔枝"等一批荔枝品牌。"灵山荔枝"品牌更是在 2019 年入选中国农业品牌目录。

2022 年，广西农业农村厅出台《关于推进广西水果产业高质量发展实施方案》，指出要围绕补短板、延链条、促配套，推进水果全产业链建设和综合增值。以打造荔枝全产业链为抓手，广西深入开展荔枝精深加工技术研究，鼓励龙头企业开发出荔枝干、荔枝酒、荔枝醋、荔枝果冻、荔枝月饼、荔枝茶、荔枝巧克力、荔枝饮料、荔枝酥等多种产品[11][12]。

作为我国著名的"荔枝之乡"，灵山县现存在 30000 多株百年以上荔枝古树，其中有 1 株树龄超 1500 年的香荔，是迄今有名可查的最早的荔枝树之一，可见，广西荔枝种植历史悠久，是当地文化底蕴深厚的果品[13]。为更好地弘扬荔枝历史文化，促进农文旅融合发展，让游客通全方位感受荔枝的文化底蕴，广西政府、企业、种植户具体做法如下：

1. 创新"荔"线路

以荔枝采摘为抓手，钦州深入挖掘本土旅游景点，先后推出多条高品质荔枝采摘旅游线路，包括"品陶看海采摘之旅""甜蜜寻古采摘之旅""长寿体验采摘之旅""戏水飞天采摘之旅""红色掠影采摘之旅" 5 条"一日游"线路，以及"品陶看海浪漫二日游""登山采摘休闲二日游""长寿康养采摘二日游""戏水飞天采摘二日游""休闲康养采摘二日游" 5 条"两日游"线路[14][15]。这些线路融合钦州市内 19 个 3A 级景区、13 个农家乐以及 6 个荔枝采摘点，让游客从吃、喝、玩、乐、购等多方面充分感受钦州特色。其中，"品陶看海采摘之旅"线路串联全国乡村旅游重点村、千年古陶城、百年荔枝之乡，被选为全国乡村旅游精品线路之一[16]。

2. 举办"荔"活动

区内县、镇、村借助特色荔枝资源优势，积极举办荔枝文化旅游节。2023 年，

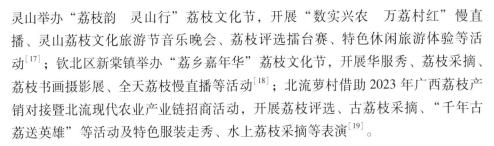

灵山举办"荔枝韵 灵山行"荔枝文化节，开展"数实兴农 万荔村红"慢直播、灵山荔枝文化旅游节音乐晚会、荔枝评选擂台赛、特色休闲旅游体验等活动[17]；钦北区新棠镇举办"荔乡嘉年华"荔枝文化节，开展华服秀、荔枝采摘、荔枝书画摄影展、全天荔枝慢直播等活动[18]；北流萝村借助 2023 年广西荔枝产销对接暨北流现代农业产业链招商活动，开展荔枝评选、古荔枝采摘、"千年古荔送英雄"等活动及特色服装走秀、水上荔枝采摘等表演[19]。

3. 探索"荔"新内涵

广西积极发展荔枝根雕文化，利用荔枝木进行荔枝根雕、木刻，这些根雕艺术品形态多姿，既保留了荔枝树的自然美，又展现了艺术加工的创造美，将荔枝文化"活"起来。北流市荔乡缘荔枝产业（核心）示范区为更好地弘扬荔枝根雕文化，开设了荔枝文化展览室，全方位展示荔枝根雕、木刻产品。

4. 发布"荔"信息

荔枝成熟前期，中国灵山网、灵山旅游网、钦州旅游网等网站发布灵山荔枝信息，让游客及时了解与荔枝有关的资讯，包括荔枝品种介绍、荔枝节活动内容、荔枝旅游线路等，为游客提供良好的游玩体验。

（二）海南

海南位于中国南端，地处热带北缘，阳光充足、雨量充沛，是我国荔枝最早熟的产区。2023 年全省荔枝种植面积为 39.10 万亩，总产量达 25 万吨，平均亩产超 1300 斤。海南荔枝主要分布在海口、文昌、定安、陵水、万宁、琼海等市（县）。

海南荔枝种质资源极为丰富，通过开展荔枝优良品种选育，筛选出荔枝王、无核荔、大丁香、青皮荔、新球蜜荔等优异荔枝品种，为我国荔枝育种做出了重要贡献。全省主要种有妃子笑、紫娘喜、无核荔枝、桂花香等荔枝品种，其中产量较高的品种依次是妃子笑、白糖罂、紫娘喜、大丁香和无核荔。海南荔枝产期为 4 月下旬至 5 月下旬，上市时间比广东、广西地区早 15～30 天，销售压力较小。随着海南各级政府对荔枝品牌打造关注度的不断提高，培育出"红明红""金绿果""东妃""海口火山荔枝""永兴荔枝""陵水荔枝"等一批知名荔枝品牌。"海口火山荔枝"在 2019 年被授予国家地理标志证明商标。

为更好地销售本土荔枝，海南积极协调对接企业，依托天猫商城、盒马鲜生、大润发等大型电商平台、商超，多措并举推动荔枝鲜果销售。此外，海南大力开展荔枝深加工，研发出荔枝干、荔枝冰淇淋、荔枝汽水、荔枝酒、荔枝果冻等多种荔枝加工产品，不断拓宽荔枝销量，提高荔枝产品附加值。

立足当地特色荔枝产业，海南大力发展"荔枝+"模式[20]，做好荔枝文化传承工作，荔枝文化已与居民紧密相连。具体做法如下：

1. 策划荔枝文旅线路

2023 年海口发布了多条荔枝采摘旅游线路，其中，琼山区融合云龙湖公园、云龙三十六曲溪湿地公园等景点，推出荔海共享农庄、三角梅共享农庄等食宿以及荔枝采摘农场 3 条荔枝采摘线路；秀英区根据游客不同需求，推出火山古村探秘、亲子田园童趣、乡村振兴助农和自然科普研学 4 条荔枝采摘旅游线路，让游客走进乡村，沉浸式体验海南荔枝文化[21]。

2. 开展荔枝文化活动

2023 年，海口以"游和美乡村　享火山荔枝"为主题，开展荔枝采摘 PK赛、椰城香见·2023 海口火山荔枝夏日市集；陵水以"美'荔'陵水　'鲜'人一步"为主题，开展荔枝销售、荔枝采摘、文化节 IP 形象征集、达人短视频宣传等活动[22]。

3. 创办荔枝民宿

海口一家民宿利用荔枝木制造出桌、椅、床等系列家居，将"火山荔枝"延伸到乡村民宿，吸引了一大批游客前来入住参观。未来计划扩大民宿接待规模，与周边村民联合打造荔枝村落民宿，打造"火山荔枝"民宿品牌。

（三）福建

福建是我国荔枝种植最早的地区之一，许多与荔枝相关的历史记载都出于福建。2023 年，全省荔枝种植面积 20.88 万亩，年产量为 12.45 万吨，主要分布在闽南和东南沿海的 37 个县（市、区）。

福建荔枝品种资源丰富，有 100 多个，主栽品种有黑叶、兰竹、陈紫、元红、早红、及第、岵山晚荔、妃子笑、糯米糍、桂味、大丁香、双肩玉荷包等。产量较高的品种依次是黑叶、兰竹、双肩玉荷包和大丁香，其中黑叶约占总产量的 70%。近年来，福建加大对荔枝新品种的引进力度，引进井岗红糯、紫娘喜、岭丰糯、仙进奉等晚熟优质品种 20 多个，不断优化荔枝品种结构，助推荔枝产业发展。

据《荔枝谱》记载，福建荔枝加工技术在宋代已经较为成熟，借助红盐、白晒和蜜煎等加工方法，开拓大量海内外消费市场[23]。随着荔枝加工产业的发展，福建荔枝罐头已成为我国最大的荔枝罐头出口基地。漳州作为福建主产地，2023 年荔枝罐头年出口超过 3 万吨，出口额超过 3 亿元。占全国 90%以上的荔枝罐头出口份额。

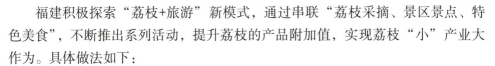

福建积极探索"荔枝+旅游"新模式，通过串联"荔枝采摘、景区景点、特色美食"，不断推出系列活动，提升荔枝的产品附加值，实现荔枝"小"产业大作为。具体做法如下：

1. 举办荔枝文化节

2023 年，福建省内各地积极举办荔枝文化节，推动当地旅游业的发展。其中，漳州市漳浦县举办乌石荔枝文化节，开展《鼓舞盛世》舞蹈、汉服秀、剪纸艺术、快板展示等表演，设立荔枝宴，吸引周边村民以及全国游客前来参加[24]；南安市码头镇举办荔枝文化节，开展荔枝树认领、荔枝采摘、音乐表演等活动[25]；莆田市荔城区西天尾镇举办荔枝文化美食节，开展国风才艺汇演、荔枝饮品展、亲子运动会等活动[26]。

2. 打造荔枝文旅景观

充分利用省内古荔枝树资源优势，建设荔枝公园（莆田南门荔枝公园、荔枝林带状公园、仙游县枫亭镇古荔枝园）、荔枝巷、荔枝厝等特色景观，并在岵山古镇推出集旅游接待、展示、游憩、集散、购物等功能于一体的"和塘荔苑"旅游项目。深度融合古荔枝树、古村落、古建筑、古民俗等特色元素，丰富"黑鸡熟地"文创园内容，打造特色文化旅游景区。

3. 打造荔枝人文名片

通过传颂岵山荔枝被载入宋朝《荔枝谱》的故事和"荔枝王"的故事，将福建永春县岵山镇深厚的文化底蕴转为软实力，打响荔枝人文名片。

（四）四川

据《华阳国志》记载，四川在 2000 多年前就已经大规模种植荔枝。到了唐朝时期，荔枝种植范围从合江扩大到成都、眉山、乐山等地区。然而，受气候变化影响，荔枝种植面积开始回缩，目前四川荔枝种植只分布在合江县、江阳区、龙马潭区、泸县，宜宾市的叙州区和乐山市的市中区等地。其中合江县是四川荔枝主产区，面积和产量均占全省 90%以上。2023 年四川省荔枝种植面积为 18.09 万亩，产量达 3.28 万吨。

合江县作为我国荔枝的最北产地，荔枝种植品种有 40 多种，种植面积较多的荔枝品种有大红袍、带绿、妃子笑、绛纱兰和仙进奉等。近年来，四川省按照"三江流域荔枝产业核心区、宜泸渝高速公路沿线荔枝产业带、成自泸赤高速公路沿线荔枝产业带和佛宝旅游快速通道荔枝产业带"的"一区三带"的规划布局，推进荔枝产业发展，切实加快荔枝产业发展步伐[27]。

近年来，四川积极补全荔枝产业链，创新荔枝酒加工工艺和技术，通过打造

"贵妃醉酒"特色品牌进一步提升荔枝种植的经济效益。同时，鼓励本地厨师进行精品荔枝菜研发，打造色香味俱全的荔枝宴。为了让更多人了解四川荔枝，四川省积极开展荔枝文旅活动。具体做法如下：

1. 举办荔枝文化旅游节

为做大做强荔枝品牌，四川以荔为媒，多次举办荔枝文化旅游节，吸引各地爱美"荔"游客前来参与荔枝盛宴。以四川泸州市合江县为例，合江县已经成功举办 32 届荔枝文化旅游节，并形成特色文化品牌。2023 年，泸州市合江县以"阅荔万千·惟爱荔江"为题举办荔枝文化节，开展星光夜市、山顶音乐会、果茶分享会、亲子游园会、荔枝主题服装秀等活动[28]，吸引周边云贵川大批游客。

2. 建设荔枝古道

2015 年，合江将县内古荔枝种植地区以及荔枝进贡道路列入"蜀道"申报世界非物质文化遗产，并依托四川花卉果类生态旅游节平台，设立荔枝古道科普展板，提升合江荔枝品牌[29]。

3. 打造荔枝产业平台

合江县在荔江镇柿子田村建设合江荔枝古树公园，在荔江镇建设合江荔枝现代农业园区，建成集合晚熟荔枝博物馆、荔枝资源保存圃、荔枝科技创新圃、新品种展示及采穗圃于一体的世界晚熟荔枝种质资源保护创新基地，合力推进合江荔枝产业发展[30]。

三、其他水果发展经验

（一）智利车厘子

智利是世界领先的车厘子生产国，2022/2023 产季车厘子种植总面积达 92.4 万亩，2023/2024 季产量有望达到 50 万吨。2022/2023 产季智利车厘子出口量达 41.5 万吨，较上一季大幅增长 17%。近年来，智利车厘子出口总量持续增长，以出口中国为主。作为全球最大的车厘子出口国，智利主要做法有：一是采用先进种植技术。大部分车厘子种植业进行规模化、机械化种植，并采用可折叠的遮阳棚、移动温控技术、能量刺激赶鸟等具有针对性的车厘子种植和田间管理技术，实现优质车厘子产量的提升。二是完善的冷链物流。在车厘子种植基地周边建设分选包装厂、冷库设施等设施，通过采用全球最先进的包装线，根据车厘子颜色深浅、规格乃至糖分高低，实现全自动分选和包装，有效缩短筛选时间。在整个分拣装箱的过程中，一直采用水冷工序，有效延长车厘子保鲜时长，使其在海上运输 20 多天也能保持"不坏金身"。三是打造智利车厘子品牌。智利水果生产商联合会（FedeFruta）和水果出口商协会（ASOEX）坚持推广宣传智利车厘子品牌，通过举办"樱桃开花节"，积极对接海外销售平台，不断提高车厘子对中国的市场渗透率。

（二）新西兰奇异果

新西兰以种植奇异果为业的果农有 2800 户，种植面积达 20.4 万亩。Zespri 是新西兰奇异果的全球唯一出口商，也是世界上最大的奇异果销售商，销售到全球 53 多个国家，占全球销量的 30%。新西兰把奇异果打造成全球最大的出口国的主要做法有：一是成立新西兰奇异果营销局。新西兰政府整合奇异果种植户，对奇异果产业进行统一规划、管理，促进奇异果产业规范化和全球销售。二是优化奇异果品种。新西兰奇异果营销局联合新西兰皇家植物与食品研究院，培育一批高品质奇异果，助力新西兰奇异果的品牌建设和口碑传播。三是实施全产业链发展。新西兰在品种、种植、采摘、分选、储运等各个生产链条设立标准，不断研发分选技术和设备，严格把控奇异果品质。四是打造新西兰奇异果品牌。Zespri 在其网站上推出了奇异图书馆、奇异大片、奇异岛等等文化元素，并和电视剧《爱情公寓》有机融合在一起，从而创造了一种与众不同的文化氛围。此外，Zespri 根据各地文化特点，开展不同风格的品牌推广活动，如借助中国传统戏剧的表演方式在北京宣传奇异果的优点。

（三）中国洛川苹果

洛川县号称全国苹果第一县，全县苹果种植面积 53 万亩，产量达 93 万吨。洛川县正在打造千亿级苹果品牌，主要做法有：一是紧抓苹果产业科技创新。联合西北农林科技大学成立了洛川苹果研究院，创建了束怀瑞院士、康振生院士两个工作站，建成了洛川苹果试验站。二是加快苹果标准果园建设。洛川县相继制定出台了系列政策措施和标准规范。创建了 2 个国家级苹果标准园、63 个省级示范园，53 万亩基地全部通过国家绿色认证。三是打造县域苹果产业集群。创建洛川苹果现代产业园，建设苹果产业集群，辐射带动陕西黄土高原苹果产业集群发展。四是发挥龙头引领带动效应。通过土地流转、果农果园入股、果园"托管"等多种形式，提高产业组织化、专业化、市场化程度。五是打造知名区域公用品牌。先后举办了十五届洛川苹果国际博览会和第一届世界苹果大会，在 32 个主销城市设立专卖店，取得北京奥运会、上海世博会、广州亚运会等 30 项重大品牌或冠名权。

（四）中国赣州脐橙

赣州脐橙是世界最大的脐橙主产区，全市种植面积为 189 万亩，产量达 159

万吨。经过几十年的发展，赣州将脐橙打造成百亿级产业集群，具体做法有：一是加快绿色脐橙生产建设。通过积极推广绿色模式和健全标准规范，全市打造全国绿色食品原料（脐橙）标准化生产基地 4 个，建成市级标准化生态果园 1089 个。二是加快脐橙产业三产融合。探索"脐橙+旅游""脐橙+康养""脐橙+文化"等新模式，建设培育中国赣南脐橙产业园、香山湖脐橙生态观光休闲园、橙之源千亩精品采摘园区等一批产业融合发展示范区，推动三产融合发展。三是打响赣州脐橙品牌。通过举办赣南脐橙国际博览会、赣州脐橙节、赣南脐橙采摘旅游季等系列活动，提高赣州脐橙品牌影响力。

四、发展启示建议

随着乡村旅游业的快速发展，农文旅融合成为促进乡村振兴的新途径。为更好地推动荔枝产业高质量发展，解决荔枝特色文化旅游发展缓慢问题，有必要汲取和借鉴国内外荔枝产业和其他水果产业发展的成功经验，具体启示建议如下。

1. 强化科学规划指导

建议省级层面编制全域荔枝文旅产业规划和布局，明确各地荔枝特色，挖掘整合各地荔枝文化旅游资源，着力构建全域荔枝文旅发展新格局，推动"土特产"向"大产业"转型升级。

醉荔亭 陈雨文 摄

荔香湿地公园 陈雨文 摄

2. 深入挖掘荔枝文史资料

在做好全省荔枝古树群、荔枝古贡园保护的基础上，挖掘宣传荔枝古树文化，创新打造成集生态观光、休闲娱乐、文化创意、特色美食、科普研学等于一体的荔枝公园、荔枝文化博览园等。系统收集整理省内与荔枝相关的民俗、民间传说，推动文化和旅游在高层次上深度融合，丰富省内荔枝文化旅游内涵，展示地方人文魅力。

荔园戏水 陈雨文 摄

荔园研学   从化荔博园　李树峰　供图

3. 全方位营造荔枝文化氛围

支持省内荔枝主产区举办荔枝文化节，融合荔枝文史、岭南文化、农耕文化，借助文艺演出、科普专栏，讲好荔枝故事。借助地铁、航空、地标建筑等媒体途径对荔枝进行宣传和科普，加深消费者对荔枝品牌的认知度和文化接纳度。拓宽互联网宣传渠道，组织省内旅游网站在荔枝季发布相关旅游活动，对荔枝节相关内容进行宣传。

荔枝节文艺演出   东莞市厚街镇政府　供图

4. 丰富荔枝旅游线路

立足省内多条旅游线路,组织开展调研踩线工作,整合荔枝采摘园、荔枝文化馆、荔枝餐厅、乡村民宿等文旅元素,打造广东荔枝旅游亮点产品及创新产品。鼓励荔枝种植区与省内外旅游企业合作,创新省内荔枝生态观光旅游路线。加强市场调研工作,对游客市场进行深入剖析,根据游客对旅游文化创意产品的需求,大力开发荔枝文创产品、国潮文创食品和特产礼品手信等,实现从单纯销售荔枝升级为文化输出、品牌变现。

高州市甜美果海

雷百战　摄

廉江市良垌镇醉美荔乡

雷百战　摄

5. 加强文化旅游人才培育

重视对荔枝产地的旅游文化产品设计人才培育，组织省内荔枝种植产地年度开展文化创意产品设计比赛，让本土旅游文化产品创意者积极参与。鼓励高等院校开展农业传播、品牌打造和品牌包装设计等专业课程，培育一批高素质人才。

东莞荔枝 IP 形象　　　　　　　　　　　陈雨文　摄

荔枝元素设计雕塑　　　　　　　　　　　陈雨文　摄

参考文献

［1］何妍，齐文娥．印度荔枝产业发展现状分析［J］．热带农业工程，2023，47（03）：20-24.

［2］吉林省标准研究院．越南海阳省多措并举加强荔枝销售与出口［EB/OL］．越南人民报网，［2022-05-30］．http：//bzy. scjg. jl. gov. cn/wto/zdcp/sp/202205/t20220530_639199. html.

［3］食品互联．越南北江省大力向高端市场促销荔枝［EB/OL］．越南人民报网，［2022-03-23］．http：//www. foodwifi. net/news/202203/169763. html.

［4］李颖，陈小秋，齐文娥．越南荔枝产业发展状况分析［J］．中国热带农业，2023（04）：26-31+12.

［5］食品世界．越南北江省2023年荔枝时节创收6.8万亿越盾［EB/OL］．网易，［2023-07-24］．https：//www. 163. com/dy/article/IAGGUICM0514EAHV. html.

［6］中国水果门户．200余名中国商人将赴越南收购荔枝，定购量达11万吨［EB/OL］．搜狐网，［2023-05-17］．https：//www. sohu. com/a/676279307_121123924.

［7］食品世界．越南北江省陆岸荔枝继续"走上飞机"［EB/OL］．网易，［2022-07-04］．https：//m. 163. com/dy/article/HBEK4T5D0514EAHV. html.

［8］越南语学习平台．北江省2023年陆岸荔枝成熟季节旅游活动热闹开场［EB/OL］．网易，［2023-06-14］．https：//www. 163. com/dy/article/I76K5J6Q05368EB8. html.

［9］高洁珊，齐文娥．泰国荔枝产业发展形势与政策分析［J］．中国果业信息，2023，40（09）：18-22+27.

［10］向旭，欧良喜，袁沛元．马达加斯加荔枝产业分析及对我国荔枝产业发展的启示［J］．农业科技通讯，2009（09）：30-34.

［11］隋博文．广西荔枝出口贸易发展问题及对策研究［J］．经济研究参考，2014（11）：51-52+66.

［12］王艳群，李洪健，王建伟．加工能力1.4万吨 北流荔枝全产业链年产值23亿元［EB/OL］．广西新闻网—广西日报，［2023-08-07］．http：//news. gxnews. com. cn/staticpages/20230807/newgx64d0438d-21240718. shtml.

［13］灵山县农业农村局．广西灵山荔枝［EB/OL］．中华人民共和国农业农村部，［2021-09-08］．http：//www. moa. gov. cn/ztzl/ncpccjcgc/cpts/202109/t20210908_6375962. htm.

［14］孟萍，黄海斌．广西钦州推介 10 条荔枝采摘游线路［EB/OL］．华声新闻，［2022-05-24］．http：//travel. voc. com. cn/article/202205/20220524104410 6280. html.

［15］翟李强，陈秋霞，蒙鸣明，等．属于广西人的荔枝季就要来了！［EB/OL］．广西头条 NEWS，［2022-05-22］．https：//xw. qq. com/cmsid/20220 522A080VO00.

［16］符振晓．广西 5 条线路入选全国乡村旅游精品线路！乡村研学来这里！［EB/OL］．广西壮族自治区乡村振兴局网站，［2022-08-09］．http：//xczx. gxzf. gov. cn/xwzx/mtjj/t12940272. shtml.

［17］钦州市旅游局．精彩抢"鲜"看！千年魅"荔"，灵山等您~［EB/OL］．网易，［2023-06-20］．https：//www. 163. com/dy/article/I7N14G4R0514UA7E. html.

［18］陈燕，许芐文．广西钦州市钦北区新棠荔枝开启"甜蜜"夏季［EB/OL］．人民网—广西频道，［2023-06-19］．http：//gx. people. com. cn/n2/ 2023/0619/c179464-40462495. html.

［19］广西农业农村厅．广西给"荔"千年有约［EB/OL］．金台咨询，［2023-06-08］．https：//baijiahao. baidu. com/s？id = 1768136882652053221&wfr = spider&for = pc.

［20］邵婉云，顾万全，张武，等．以果为媒 海南荔枝走出特色"乡村振兴路"［EB/OL］．上观，［2023-06-07］．https：//export. shobserver. com/baijia-hao/html/620322. html.

［21］王辉．海口火山荔枝月采摘季启动！7 条采摘游主题线路发布［EB/OL］．海南在线，［2023-05-19］．http：//news. hainan. net/hainan/shixian/ qb/haikou/2023/05/19/4747079. shtml.

［22］以荔为媒，打造早荔品牌 IP 2023 年陵水荔枝文化节明日开幕［EB/OL］．海南日报，［2023-05-07］．https：//www. hainan. gov. cn/hainan/sxian/ 202305/079be48ce8234e1e98a8501b1ce57b5a. shtml.

［23］东南网．宋代闽地荔枝的崛起［EB/OL］．腾讯网，［2022-12-27］．https：//new. qq. com/rain/a/20221227A00WLW00.

［24］徐辰昉．第八届中国漳浦·乌石荔枝文化节开幕［EB/OL］．中国福建三农网，［2023-06-30］．http：//www. fujiansannong. cn/info/89010.

［25］黄瑶瑛，王莹．福建南安码头举办第二届荔枝文化节［EB/OL］．中国旅游新闻网·清新福建，［2023-07-10］．http：//www. ctnews. com. cn/fj/content/

2023-07/10/content_145139.html.

［26］李琛.又是一年荔红时　福建莆田举办荔枝文化美食节［EB/OL］.中国新闻网，［2023-07-15］.http：//news.cnhubei.com/content/2023-07/15/content_16205498.html.

［27］马鲜.2015年合江荔枝生态旅游节7月16日大幕开启［EB/OL］.四川日报，［2015-07-09］.http：//sc.cnr.cn/sc/2014lv/20150709/t20150709_519144504.shtml.

［28］徐庆.2023年预计产量3800万公斤！四川合江荔枝生态旅游节开幕［EB/OL］.封面新闻，［2023-07-18］.https：//baijiahao.baidu.com/s？id=1771753528447755567&wfr=spider&for=pc.

［29］刘梅，阮春华，谢蕤，等.走读长江·看见泸州｜长江边这条古道，被誉为"荔枝进京"第一站［EB/OL］.泸州日报，［2022-06-22］.https：//mp.weixin.qq.com/s？—biz=MjM5ODQ2NjU1NQ==&mid=2651391873&idx=1&sn=748db397f01627ff7073fec3abef72fb&chksm=bd37e1158a4068039908b7a1db4cfd28d52e5b4a0c90941eb4e716f4c8b63b9bb291a79024f5&scene=27.

［30］农园通.合江荔枝现代农业园区整合资源要素，推动特色农业产业发展［EB/OL］.搜狐，［2021-12-22］.http：//news.sohu.com/a/510631711_121083654.

广东荔枝文旅融合的
发展模式与机制创新

赵永祺* 梁俊芬 雷百战

摘　要：文旅融合发展是新时期推动乡村振兴的重要方式之一，广东以区域内独特的荔枝文化资源进行旅游开发，在文旅融合发展的道路上形成了许多地方经验和典型模式。本章在已有文旅融合研究的基础上，从产业经济的视角将广东荔枝文旅融合发展的经验划分为科普研学融合发展模式、文化节庆融合发展模式、采摘体验融合发展模式、定制旅游融合发展模式、产旅联营融合发展模式5种典型模式，通过深入剖析不同模式的主要特征、典型案例实践，明晰广东荔枝文旅融合发展的具体路径和产业动态。最后从问题的角度提出广东省接下来可以在政府角色、平台建设、区域联动以及公众参与等方面进行机制创新，推动荔枝文旅融合向实现"社会效益""文化效益"和"经济效益"三者统一的方向发展。本章首次对荔枝文旅这种依托地方果品文化资源进行乡村振兴道路设计的发展方式进行综合解读，研究成果可以为其他地区实施文旅融合发展的乡村振兴道路提供一定启示。

关键词：荔枝文旅；典型模式；机制创新；乡村振兴；广东

一直以来，文化与旅游具有天然的共生依存关系，旅游是最古老的人类社会活动之一，而文化是最为重要的旅游资源，是旅游活动形成的重要基础[1]。文旅融合不是简单地将文化旅游化，也不是单纯地做旅游文化开发，而是在发展目标、内涵逻辑、实践路径以及功能效应等多个维度上的深度融合，最终在经济、社会以及文化传承等多个方面实现共赢[2]。文旅融合发展的提出最早来源于

---

* 赵永祺，广东省农业科学院农业经济与信息研究所助理研究员，博士；主要从事农业经济与旅游地理研究。

2009年文化部和国家旅游局联合印发的《关于促进文化与旅游结合发展的指导意见》，旨在通过推动文化与旅游的协同发展，落实中央扩大内需的战略部署。2014年2月，国务院发布的《关于推进文化创意和设计服务与相关产业融合发展的若干意见》进一步指出旅游发展过程中文旅融合的要求。2018年4月，在党和国家机构改革中，文化部、国家旅游局进行了职责整合，新组建的文化和旅游部（简称文旅部）正式挂牌成立，标志着文旅融合走上了新的历史台阶，文旅融合发展也成为新的时代主题。经过四十多年的快速发展，我国居民生活水平得到显著提高，居民对旅游的需求已成为基本需求。而传统的观光旅游已经不能满足如今广大群众对个性化、异质性的旅游需求，这对旅游内涵提出了新的更高的要求。而文化作为旅游的灵魂，中国丰富的文化资源为实现旅游产品的差异化发展提供了保障[3]。因此，新时期党和国家大力推动文旅融合发展适应了广大人民群众对美好生活的根本需求，新兴的文旅产业已成为国家发展规划中的重要组成部分，未来将成为我国重要的支柱性产业。

当前国内学术界对文旅融合发展的研究主要聚集在文旅融合的关系、文旅融合理论、文旅融合测度与评价、特定行业文旅融合研究等方面。对于文化与旅游融合关系的探讨，目前主要有"资源与市场""诗和远方""灵魂与载体"等说法，每种说法都阐释了文化与旅游相互促进的关系，官方文件中一般用"文化是灵魂、旅游是载体"的说法来阐释文旅之间的关系。学术界相关学者还从身份认同[3]以及"结构—功能"[4]的视角探讨了文化与旅游的深层次关系。在文旅融合的相关理论研究方面，学术界研究成果丰富，一些学者从文旅融合的内涵、目的、动因、关键等方面阐释了文旅如何融合[5][6]，一些学者对文旅融合的内在机理、模式和产业发展逻辑以及结构维度和发展趋势进行了研究[7][8]，还有部分学者对文旅融合的理论基础和实践案例以及文化产业与旅游业的互补机制、产业链培育进行了多维讨论[9-11]。在文旅融合测度与评价方面，相关学者对长三角地区[12]、大运河文化带[13]以及重庆市[14]等区域的文旅融合程度开展测算和评价。在特定行业文旅融合研究方面，有学者对我国31个省份文旅产业耦合与区域经济增长的研究论证[15]，还有学者从文旅融合的角度对我国乡村旅游、乡村振兴产业的发展进行了深入研究[16][17]。最后，值得一提的是诸多学者对公共图书馆文旅融合的发展实践进行了深入探讨[18][19]。

总体而言，目前国内文旅融合研究虽然涉及广泛，但一般局限于文旅融合的理论探讨和内涵分析，缺乏具体针对文旅融合发展模式的深入探讨，尤其是对地方特定产业走文旅融合发展道路的经验总结不足，文旅融合的创新机制也有待分析加强。近年来，广东省在文旅融合发展的实践中不断探索，通过不断挖掘地域特色文旅资源，在文旅融合发展的道路上创建了许多地方经验和典型模式。其中，以独具岭南地方特色的荔枝文化资源开拓而来的荔枝文旅发展模式是广东省结合荔枝历史文化在乡村振兴等国家政策号召下形成的创举。2020年，广东省专门制定了推动《广东荔枝产业高质量发展三年行动计划》的重大决策部署，要把广东打造成为世界荔枝产业中心、研发中心、交易中心、文化中心，荔枝产业发展模式及机制成为广东省特色优势农业产业发展的样板，实现联农、惠农增收，为广东推进乡村产业振兴奠定坚实基础。这对当前全国乡村振兴的地方实践具有重要的可借鉴性和可推广性。本章对广东省实施荔枝文旅融合发展的典型模式进行总结分析，并从不同角度阐述了其接下来的可实施的机制创新，以期为广东省及其他地区实施文旅融合发展的乡村振兴道路提供启示。

一、广东荔枝文旅融合发展的现状

中国是荔枝原产国和第一大生产国，广东是我国荔枝种植面积最广、产量最多的省份[20]。荔枝作为一种具有岭南特色的水果，由于经历了特殊的历史环境，兼具有经济和文化价值，国内外众多学者在自然科学和人文社科领域都发表了一系列相关研究成果。同时，在我国越来越重视文化遗产的今天，农业文化遗产作为一种新型遗产资源，其价值挖掘、保护利用问题受到了前所未有的重视[21]。2020年至今，广东增城、东莞以及茂名多处荔枝种植系统获批中国重要农业文化遗产。在此背景下，依托荔枝文化资源发展特色旅游，实现乡村振兴的文旅融合发展模式在广东省众多荔枝产区传播开来。主要有科普研学融合发展模式、文化节庆融合发展模式、采摘体验融合发展模式以及产旅联动融合发展模式（见表1）。

表1　广东省荔枝文旅融合发展的典型模式与特征

模式	特征	典型案例
科普研学融合发展模式	发挥荔枝种质资源所具有的教育、科普、研究功能，融入自然文化要素，吸引游客	种质资源圃、荔枝展览馆
文化节庆融合发展模式	借助荔枝深厚的历史文化资源，开发节庆活动，促进旅游发展	荔枝贡园、荔枝文化节
采摘体验融合发展模式	迎合城市居民亲近自然的需求，与餐饮、住宿结合，开展体验式旅游	荔枝采摘游、荔枝餐饮

续表

模式	特征	典型案例
定制旅游融合发展模式	通过开通私人定制渠道，强化游客获得感、参与感，实现基地与网络全方位互动体验	荔枝论棵定制、企业定制
产旅联营融合发展模式	发展特色产业，延长产业链，多产融合，实现共同富裕	现代农业产业园、荔枝专业镇（村）

二、科普研学融合发展模式

科普研学融合发展模式，主要是依托国内悠久的荔枝文化资源、丰富的荔枝种质资源建立起供游客参观、鉴赏、游玩以及科普、学习、研究、教育的展馆或苗圃基地。一种形式是通过制作荔枝品类的图片，收集荔枝相关的历史资料，开发荔枝文化的影视作品以及设计各类荔枝的模型等供游客参观学习，让游客对荔枝文化有更深的认识。另一种形式是通过收集、保存不同地区不同品类的荔枝种质资源，采用集中展览和专业讲解的形式，让游客从视觉、嗅觉、味觉以及听觉等全方位了解荔枝的不同品种。

（一）国家果树种质广州荔枝、香蕉圃

广东省农业科学院果树研究所是我国最主要的荔枝种质资源保存单位，对国内外荔枝资源进行收集、整理、登记、鉴定、保存，向国内科研、教学和生产提供荔枝种质的实物共享利用。荔枝圃也是目前世界上保存荔枝种质资源最完整、最规范的种质资源圃，2022 年国家果树种质广州荔枝香蕉圃成为第一批 72 个国家级农作物、农业微生物种质资源库（圃）之一。目前，荔枝圃面积 80 亩，收集保存荔枝种质共 650 多份，品种来自于广东、广西、海南、福建、云南、四川六省份。

国家果树种质广州荔枝、香蕉圃

林博勇　摄

（二）国家荔枝种质资源圃

广东省正在大力建设的茂名市国家荔枝种质资源圃，汇集了全球 12 个国家和地区的荔枝种质资源，致力于打造中国荔枝种业的"硅谷"。资源圃主要分为荔枝种质资源保存试验区、科技创新与展示区两大区域。所有馆区通过空中廊道、观景亭相连，集科研、科普、观光旅游、示范推广多功能于一体。项目建成后将成为引领荔枝产业可持续发展的实验研究基地、具有文旅特色的荔枝研究中心以及国内外合作与交流的分享平台，将为我国荔枝新品种的选育，推动荔枝产业高质量发展发挥重要作用。其中，展示区的设计通过引入地域文化符号与荔枝科技、科普有机融合，让游客参与互动体验，加深对荔枝历史、文化、栽培技术的认知，达到科普教育的目的。

国家荔枝种质资源圃　　　　　　　　　　　　　　　雷百战　摄

（三）广州市从化区荔枝博览园

广州从化新建成的荔枝博览园占地面积约 300 亩，主要功能定位为"一库两园三平台"，"一库"是荔枝产业优质种质资源库，"两园"是荔枝科技创新产业园、5G 智慧荔枝园，"三平台"是现代荔枝种植技术示范推广平台、荔农致富创业指导培训平台、荔枝特质农产品交易平台。园区引种了 110 多个荔枝品种，拥有丰富的荔枝种质资源圃。园区还开展 5G 物联网、人工智能、无人机等先进技术应用示范，通过高清视频监测，实现荔枝种植数字化、管理科学化，从而提高生产效率、降低成本、丰富旅游体验。

广州市从化区荔枝博览园　　　　　　　韩晓宇　摄

三、文化节庆融合发展模式

文化节庆融合发展模式是由政府主导、荔枝主产区实施、社会力量参与，以荔枝文化活动为载体，推动荔枝销售和游客参观为目的的文旅发展模式。中国荔枝栽培有 2300 多年的历史，在秦汉时期便成为皇家贡品。在 2300 多年的发展过程中，荔枝受历朝历代上层阶级和文人士大夫的青睐，留下了众多古荔枝贡园以及与荔枝有关的历史典故和文人典籍，铸就了荔枝非同一般的文化内涵。随着荔枝传统产区历史文化资源的不断挖掘，地方政府依托所拥有的荔枝历史资源打造各具特色的荔枝文化公园、荔枝主题公园、荔枝节庆活动吸引游客旅游，并为游客提供吃、住、行、游、购、娱等全方位的旅游服务产品，带动农民增收，提升地区知名度。

（一）高州市"大唐荔乡"主题公园

茂名市高州市利用诸多荔枝贡园打造以"大唐荔乡"为主题的田园综合体公园。其核心区是根子镇，根子镇有着 2000 多年的荔枝种植历史，并在隋唐年间修建根子镇荔枝贡园。时至今日，园中树龄超过 500 年老荔枝树有 39 株，最老的树龄达 1380 年，被誉为"荔枝博物馆"。大唐荔乡采用"贡园+主题园+示范园"层层嵌套的开发形式，打造集科研、生产、加工、电商物流、旅游观光、综合服务于一体的全产业链形态的荔枝产业集聚区和荔枝主题田园综合体，每年吸引数百万游客进入。

（二）东莞荔枝文化旅游节

广东省各荔枝主产地，每年几乎都会举办不同主题的荔枝文化节庆活动，如东莞市各荔枝大镇每年都会举办地区性的荔枝文化旅游节，通过组织举办荔香文化系列展活动，深入挖掘荔枝文化，讲述荔枝故事，助推荔枝产业发展。经过多年的实践，东莞荔枝文化旅游节已成为省内响当当的节庆活动，形式也越发丰

高州市"大唐荔乡"百荔园　　　　　　　　林博勇　摄

中国荔枝博览馆　　　　　　　　　　　　雷百战　摄

富。如2023年东莞寮步镇以"写意东莞　荔香寮步"为主题，打造了给"荔"星光集市，设置了荔枝展示区、荔枝主题互动游戏环节、汽车展示区、文创产品展示区、露营区、音乐节、招聘专场等多种主题区，将多种产业融入活动之中，让群众在品尝荔枝的同时，感受到寮步的秀美风光与好客热情。

2023 东莞荔枝文化节　　东莞市农业农村局　叶博文　供图

2023 厚街镇荔枝文化节　　　　　　　　　　雷百战　摄

四、采摘体验融合发展模式

随着社会经济的飞速发展，城市化导致环境污染、生态恶化、交通拥堵等城市病不断出现，压力大、节奏快、消费高、环境差等城市生活体验接踵而至，越来越多的城市居民开始厌倦喧嚣的城市生活，向往幽静的乡村田园生活，渴望呼吸新鲜的空气，释放工作和生活中的压力。在此背景下，通过动手采摘蔬果体验传统乡村生活的田园文旅休闲活动受到越来越多居民的喜爱[22]。荔枝作为一种季节性的水果，以荔枝采摘为载体的文旅融合发展模式在广东省不断推广和复制。具体而言，采摘体验融合发展模式是一种将采摘文化与旅游行为相结合的全新发展模式，通常由农户自主设计和经营，通过招揽游客付费进入荔枝果园自行采摘、挑选、品尝，满足游客回归自然生态环境、享受荔枝田园文化、体验田园生活的需求，让游客有更多体验感和获得感。受采摘体验客源的限制，广东省的荔枝采摘文旅发展模式在大城市近郊区的荔枝产区比较普遍，在远离城市的外围荔枝产区相对较少。在广东省高度城市化的珠三角地区，广州、深圳、东莞等荔枝产区市每年都会发布荔枝采摘旅游路线指南。

（一）增城荔枝采摘地图

广州增城区利用该地荔枝集中成熟日期与现代流行爱情日"520"重叠的特点，每年发布"520"增城荔枝品荔图，制定荔枝采摘品尝游览体验方案吸引游客。而深圳的荔枝农户则在荔枝成熟时期，发布荔枝采摘地图和旅游攻略，汇总深圳各地提供荔枝采摘体验的园区，将采摘地址、交通路线、联系方式、开放时间、距离路程以及门票和具体采摘价格方案等信息统一对外公布，避免坐地起价，让游客来得舒心、摘得尽兴、玩得开心、吃得放心。

荔枝果园欢乐采摘   陈雨文　摄

荔枝果园欢乐采摘   陈雨文 摄

（二）东莞荔枝采摘休闲地

东莞的荔枝果园通过创新项目类型重塑采摘体验，在传统荔枝采摘活动中引入特色餐饮、亲子娱乐或乡村民宿等项目，建立网红打卡点，吸引采摘游客常驻，带动当地经济发展。在具体实践中，东莞市农业农村局联合相关镇街和市荔枝协会，深入挖掘荔枝文化、都市休闲农业旅游资源，推出 4 条荔枝主题精品线路和 51 个莞荔休闲采摘点。其中，优选 16 个采摘点作为特别推荐，供游客优先选择体验。遴选的 51 个采摘点涵盖荔枝主产区，包括寮步、大岭山、虎门、厚街、常平、大朗、黄江、横沥、企石、谢岗、塘厦 11 个镇面积近 6000 亩，品种涵盖肉厚甘饴的糯米糍、脆甜核小的桂味、新晋佳荔仙进奉、特色品种观音绿、甜酸可口的妃子笑以及冰荔、岭丰糯、唐夏红等优质莞荔品种。

东莞市厚街镇荔枝旅游线路图   雷百战 摄

五、定制旅游融合发展模式

互联网的快速发展逐渐改变了传统旅游业的发展模式和消费者的旅游观念，以往组团旅游的模式已经难以满足当前个性化的旅游需求。作为一种新兴的旅游方式，定制化旅游既能摆脱组团游的弊端，又能满足个人特定的需求，为消费者提供了一种个性化和低时间成本的旅游体验，被不断融入相关产业之中[23]。近年来，越来越多的广东荔枝产区将定制旅游发展模式引入荔枝营销中，形成具有地方特色的荔枝定制旅游发展模式，通过整合乡村资源，实现了以荔枝为特色的乡村旅游向高质量发展模式转变，从而有效助力乡村振兴。具体而言，荔枝定制旅游是指以荔枝为媒介，在荔枝生长期开放荔枝树种植和认购，安排专人管理，之后线上定期为认购游客提供认购荔枝生长信息，到荔枝成熟采摘期，融合周边旅游资源，提前为游客制定个性化的旅游路线，通过引导游客到现场采摘，最终实现整个定制旅游活动的同步推进。当前，广东的荔枝定制旅游主要集中在旅游客源市场巨大的珠三角地区以及荔枝资源丰富的茂名一带。其中，珠三角地区以广州从化的荔枝定制最具特色，茂名的荔枝定制则以荔枝古树资源定制特色最为亮眼。

（一）从化荔枝定制服务

广州从化是最早实施和推广荔枝定制旅游的地区，当前已经成立"从化美荔定制"联盟，线上线下同步接受荔枝预定。设置"定树""定量""定果+精品游"等多种套餐，配套提供线上观察、实地种养体验、林间采摘等个性化服务，促使荔枝销售从"多级转销"向"果园直供"升级，周边的企业还通过"荔枝+酒店""荔枝+旅游"等方式，批量定制果树，实现从化荔枝大年不愁卖、小年仍增收的盛况。为了提高消费者消费时的趣味性，从化荔枝通过"领养植物""定制农产品""农事体验+餐饮+住宿"等定制旅游方式把"卖产品"转变为"卖体验""卖服务"，再完善产地的服务水平和体验丰富度，以"在地生产—消费"自循环，带动荔枝产地经济发展；同时，借助互联网、数字农业等，让城市消费者能够足不出户地了解到产地情况，虚拟地参与农业生产当中去，弥补内心对大自然的需求。

从化荔枝定制

陈雨文 摄

（二）茂名荔枝定制服务

茂名作为广东荔枝最大产区，也是广东荔枝定制旅游最火爆的区域之一。近年来，茂名创新"荔枝定制"模式，整合农业、企业、文旅等资源，打造"荔枝+旅游""荔枝+美食"等组合产品，更好地促进荔枝产品销售，实现品牌提升、农业增效、农民增收。目前茂名"荔枝定制"模式主要有三种，分别是家庭散株定制、企事业单位团建定制和龙头企业供应链生产定制。在家庭散株定制方面，通过建立荔枝管家服务机制，定期推送荔枝生长信息，通过"荔下晚餐""荔枝行"徒步、荔枝文创纪念品、荔枝家庭专属包装等方式，提高荔枝定制消费套餐的策划品质。在企事业单位团建定制方面，围绕办一场乡间荔下团建活动的目标，突出荔下活动的多样性和趣味性，推出驻场木艺师、厨师等广东工匠、粤菜师傅等，提供企事业单位专属定制的商务荔枝手信产品服务和在线组合定制、代邮服务。在龙头企业供应链生产定制方面，开展统一培训、专业资质的田间管家，建立农技培训和资质认证的统一管理机制，制定标准化田间生产管理流程和荔枝定制服务沟通机制，确保质量第一。

茂名高州荔枝团建定制　　　　　　　　　　　　雷百战　摄

六、产旅联营融合发展模式

随着我国农业现代化的飞速推进，以现代农业产业园为载体的发展模式成为地方推动农业进步、农民增收以及农村事业建设的重要手段。荔枝作为广东省的支柱性农业产业。近年来，众多荔枝主产区通过建立现代农业产业园推动荔枝文

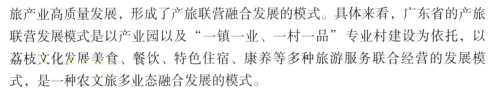

旅产业高质量发展，形成了产旅联营融合发展的模式。具体来看，广东省的产旅联营发展模式是以产业园以及"一镇一业、一村一品"专业村建设为依托，以荔枝文化发展美食、餐饮、特色住宿、康养等多种旅游服务联合经营的发展模式，是一种农文旅多业态融合发展的模式。

（一）广州市从化区荔枝产业园

广州市从化区荔枝产业园，创新荔枝定制模式。大力发展"荔枝+"新业态，推出"荔枝+乡村""荔枝+旅游""荔枝+民宿""荔枝+粤菜"等新型组合产品，为乡村注入人流、商流、资本等要素，促进荔枝产业融合发展。从化荔枝产业园荔枝产量达 4 万吨，总产值达 4 亿元以上，年加工荔枝能力达 2 万吨以上，通过带动加工、包装、流通、休闲观光产业等相关环节实现增值 6 亿元以上，以荔为媒带动旅游收入 2 亿元，园区年总产值达 12 亿元，直接带动农户就业 5000 人次，荔枝产业总产值占园区农业产值 50%以上。

广州市从化区荔枝博览园（体验中心）　　　　　陈雨文　摄

（二）茂名市高州市荔枝产业园

茂名高州市的荔枝产业园通过引进省级农业龙头企业，发展荔枝酒、荔枝汁、荔枝发酵型饮料、荔枝酥等深加工产品。在此基础上，结合广东省"一镇一业、一村一品"专业镇（村）建设，同步推进荔枝三产融合发展，形成荔枝标准化种植、加工、仓储、物流、电商、科研、养蜂、文化旅游、观光采摘、民宿、康养、餐饮等融合发展新业态，并通过产业园辐射带动 8000 多户农户，提供 3800 个就业岗位。高州全市现代农业园中荔枝产业总产值达 20 亿元，占产业园农业总产值的 56%以上，农民人均可支配收入 2.28 万元，高出全市平均水平的 23.6%，富民增收效益显著。

产业园荔乡冷链物流中心　　　　　　　　　雷百战　摄

江泽民手植中华红荔枝树　　　　　　　　　雷百战　摄

七、广东省荔枝文旅融合发展的机制创新

广东省在荔枝文旅融合发展的道路上形成了众多典型模式，也创造了富有岭南特色的乡村振兴之路，值得我国其他地区学习和借鉴。但纵观当前广东省荔枝文旅融合的各种典型模式，也有许多问题需要进一步创新和改进，涉及荔枝文旅融合发展过程中的政府角色、平台建设、区域整合以及公众参与等相关方面，急需在这些方面进行相应的机制创新，以实现其可持续发展。

（一）构建荔枝文旅融合的政府指引机制

作为国内荔枝第一生产种植大省，广东省委省政府历来重视荔枝产业的发展，大力发展荔枝种植就成为各荔枝主产区各级政府必须积极开展的事务。而推动荔枝文旅融合作为地方政府助力荔枝销售的重要手段，是发展壮大荔枝产业的新举措。但这并不意味着政府必须介入到荔枝文旅融合发展的微观层面，直接包揽荔枝文旅融合的所有事项。事实上，相比于政府，荔枝种植户更了解荔枝文化的资源及其与旅游融合发展所带来的效益。因此，如何在具体行动中推进荔枝文化融合发展，应由各地荔枝种植户自行决定。政府更适合从中观和宏观层面为荔枝文旅融合发展提供指引，包括从中观层面为荔枝文旅融合提供可行的政策方案，从宏观层面为荔枝文旅融合提供明确目标。

当前，从广东省支持荔枝产业发展制定的相关政策来看，在荔枝文旅融合的政府指引主要有三个方面：一是政府的规划指引机制，广东省已经在宏观层面制定了相关条例和行动计划支持荔枝文旅融合发展，但在许多县、市级政府缺乏相应的地方条例和行动方案与之衔接。因此，在荔枝主产区的县区级以上政府应当在其政府工作报告中明确提出荔枝文旅融合发展的具体目标。二是政府的管理指导机制，当前广东省政府鼓励荔枝文旅融合发展，但具体实施的主管部门除了与之有联系的文化和旅游主管部门之外，与吃、住、行、游、购、娱相关的部门也必须在自身职责范围内承担起荔枝文旅融合的相关事宜，特别是在荔枝主产区，可以考虑将荔枝文旅融合事业的成效纳入相关部门的考核体系之中。三是政府的政策扶持机制，政府应当加强对荔枝文旅融合的经费投入，确保荔枝文旅融合能够可持续发展，鼓励社会资本参与，拓宽发展荔枝文旅融合经费的来源。对积极推进荔枝文旅融合发展的单位和人员给予相应的行政奖励或者税收优惠，发挥好政府扶持荔枝文旅融合发展的政策优势。

（二）完善荔枝文旅融合的平台推广机制

平台推广是促进荔枝文旅发展的重要途径，也是带动荔枝销售的主要渠道。广东省在荔枝文旅融合发展的过程中创建了众多平台，从省、市层面到县区以及荔枝主产区均有开展荔枝文旅的实践平台。特别地，随着网络消费这类新型消费方式成为如今消费的主流，利用新媒体平台从事荔枝文旅传播的形式也越来越多，但各种形式的平台推广在提升荔枝文旅关注程度的同时也带来了众多问题。一方面，多种形式的平台推广只注重形式的创新，忽视荔枝文化及旅游内涵的挖掘，对荔枝文旅的发展带来了信息的扁平化和同质化，众多平台推广对荔枝文旅的具体实施效果并不显著。另一方面，由于荔枝作为一种季节性水果，当前的平

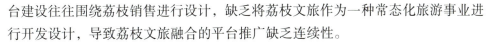

台建设往往围绕荔枝销售进行设计，缺乏将荔枝文旅作为一种常态化旅游事业进行开发设计，导致荔枝文旅融合的平台推广缺乏连续性。

面对荔枝文旅平台推广的历史瓶颈，随着大数据、云计算、人工智能等新一代信息技术的兴起和飞速发展，可运用新的信息技术整合荔枝文化内涵，构建荔枝文旅融合的新发展平台，推动文旅融合业态的转化和可持续发展。首先，通过对荔枝历史地理知识的相关研究，深挖不同荔枝主产区的文化资源，建立荔枝文旅信息数据平台，对不同主产区的荔枝文旅资源进行差异化认定，避免信息的同质化。其次，通过新一代信息技术为不同地区开发出具有针对性的荔枝文旅理念和平台形式。再次，绘制荔枝文旅历史地图，运用数字虚拟技术模拟古代不同时期有关荔枝文旅的活动形式，开发出让游客可以感受古人采摘荔枝、品鉴荔枝的虚拟平台，丰富荔枝文旅融合平台推广的趣味性。最后，针对荔枝的季节性特点对文旅平台推广的影响，可以建立荔枝文旅融合项目孵化平台，加强荔枝主产区在荔枝相关产业产品的拓展。通过荔枝文创产品、研学教育、荔枝种植培训、荔枝智慧园等项目的开发设计、宣传推广，保持荔枝文旅融合平台的活跃性和持续性，拉长荔枝文旅活动的平台推广周期。

（三）实施荔枝文旅融合的区域联动机制

广东省推动荔枝文旅融合发展是在乡村振兴的大背景下进行的，乡村振兴作为一项全域性工作，需要全域性的产业发展带动。而全域旅游作为旅游产业的全域性规划，其提出可以有效地应对旅游供给侧不足、市场化不全面以及体制机制不健全等问题，也是推动地方旅游发展从粗放型、低质量向精细化、高质量转型发展的必然要求。荔枝文旅作为一项具有岭南特色的旅游模式，具有地理分布广泛、历史渊源深厚、文化资源丰富等特点，将其嵌入到全域旅游网络之中，可以极大地增强广东省旅游的文化内涵和品牌价值，使之成为吸引游客的重要旅游意象。从某种意义上来说，将荔枝文旅纳入广东省全域旅游，就是要建立广东省内各大荔枝主产区的文旅融合区域联动机制，既是推进荔枝文化理念、产业价值、旅游服务的全面深入融合，又是解决荔枝文旅融合规模效益不突出、客源分布不均衡等问题的有效方案，还可以拓宽荔枝文旅服务的范围，提升荔枝文旅的品质，满足游客多层次和多样化的文旅需求。

当前，广东省正在全力打造"一核、一带、一区"全域旅游发展格局[24]。在乡村振兴的带动下，广东省的全域旅游与荔枝文旅已经形成历史性的交汇。而推动荔枝文旅在广东省全域旅游中的作用需要找准两者之间的连接点，并建立起区域性的联动机制。一是荔枝文旅融合的区域间联动机制，广东省的荔枝产区主要分布在珠三角、粤东和粤西等区域沿海一带，既可以加强三大产区之间的联动，实现不同产区文旅融合的良性循环；还可以产区为核心，加强不同产区之间的文旅合作，充分发挥三大产区在推进文旅融合中的比较优势。二是荔枝文旅融合的区域内联动机制，既可以所在产区为中心，发挥其与周边地区相关旅游地的文化特色优势，由近及远地推动荔枝文旅与其他旅游目的地的区域合作，实现优势互补；也可以在区域文旅产业联盟、协会等行业组织的指引下，建立起区域内不同文旅活动的合作机制，破除荔枝文旅融合发展的内部障碍。

（四）推动荔枝文旅融合的公众参与机制

荔枝文旅融合发展的出发点和落脚点最终要落实到具体的"人"上，公众的参与程度是决定荔枝文旅融合发展能否实现可持续发展的基础条件。广东省荔枝文旅融合发展的出发点是实现地区人民的经济收入和为区域民众创造多样化的旅游需求，落脚点往往停留在其经济效益的最大化，导致荔枝文旅的公众参与主要停留在经营者和消费者之上，对荔枝文旅所带来的社会和文化效益认识不足。事实上，荔枝文旅融合发展的另一个重要目的是提升荔枝文化的普及力度，增强公众的文化自觉和文化自信能力。这就需要大力推动普通公众对荔枝文旅的参与力度[25]，增强荔枝文旅活动的公益效应，促进荔枝文化资源实现更好的传承、传播和共享。

当前，广东省荔枝文旅的公众参与实践仍处于不断探索阶段，导致社会公众对荔枝文旅的参与呈现"碎片化"的趋势。未来可以从规划设计、运营管理到服务供给等方面邀请公众全方面参与。在荔枝文旅的规划设计上，可以邀请社会公众加入荔枝文旅路线、文旅产品、文旅设施的设计和体验之中，对荔枝文旅的相关设计安排提出切实可行的建议，也可以通过举办社会竞赛活动推动公众为荔枝文旅的相关规划设计出谋划策。在荔枝文旅的运营管理上，可以设立相关的专家委员会、公众委员会对荔枝文旅活动进行监督，一方面邀请专业人士参与相关旅游活动的管理，另一方面引导公众共商荔枝文旅融合的发展大计。在荔枝文旅融合的服务供给上，可设立荔枝文旅活动的文化推广大使、文化解读大使等服务岗位，为开展文旅活动提供志愿者服务。同时，还可以吸收社会力量举办公众广泛参与的荔枝文旅公益活动，实现荔枝文旅服务的社会化。

八、小结

广东省荔枝文旅融合发展不仅是将荔枝文化资源、荔枝产业资源创造性融合和创新性发展的重要途径，还是丰富人民群众精神文化生活、解决社会公众多样化消费需求的重要手段，更是推动荔枝产业兴旺、实现乡村振兴的必然要求。经过多年的探索实践，广东省荔枝文旅融合发展已经形成了科普研学、文化节庆、采摘体验以及产旅联营等典型模式。比较而言，当前推动荔枝文旅融合发展，不能简单地以"经济效益"为出发点，必须将"社会效益"和"文化效益"提升到相应的地位，实现"社会效益""文化效益"和"经济效益"三者统一。未来广东省在推进荔枝文旅融合发展的过程中，需要在政府角色、平台建设、区域整合以及公众参与等方面实现机制创新，对广东各地独特的荔枝文化资源进行充分运用，实现中国传统文化的传承、传播、创新和共享等基本目标，提升广东荔枝文旅的品牌效应、服务效应，更好地服务广东省地方经济社会发展和满足人民群众日渐复杂而多样的精神文化需求。

参考文献

[1] 张朝枝，朱敏敏．文化和旅游融合：多层次关系内涵、挑战与践行路径 [J]．旅游学刊，2020, 35（03）：62-71.

[2] 龙井然，杜姗姗，张景秋．文旅融合导向下的乡村振兴发展机制与模式 [J]．经济地理，2021, 41（07）：222-230.

[3] 张朝枝．文化与旅游何以融合：基于身份认同的视角 [J]．南京社会科学，2018（12）：162-166.

[4] 李宇军．文旅融合发展中的"文化—旅游""政府—市场""中央—地方"三大关系 [J]．贵州民族研究，2021, 42（03）：171-175.

[5] 黄永林．文旅融合发展的文化阐释与旅游实践 [J]．人民论坛·学术前沿，2019（11）：16-23.

[6] 侯兵，杨君，余凤龙．面向高质量发展的文化和旅游深度融合：内涵、动因与机制 [J]．商业经济与管理，2020（10）：86-96.

[7] 张胜冰．文旅深度融合的内在机理、基本模式与产业开发逻辑 [J]．中国石油大学学报（社会科学版），2019, 35（05）：94-99.

[8] 王秀伟．从交互到共生：文旅融合的结构维度、演进逻辑和发展趋势 [J]．西南民族大学学报（人文社会科学版），2021, 42（05）：29-36.

[9] 刘治彦．文旅融合发展：理论、实践与未来方向 [J]．人民论坛·学术前沿，2019（16）：92-97.

[10] 周建标．文化产业与旅游业的产业链融合机制探究 [J]．新疆社科论坛，2017（05）：54-57.

[11] 李树信，张海芹，郭仕利．文旅融合产业链构建与培育路径研究 [J]．社科纵横，2020, 35（07）：54-57.

[12] 侯兵，周晓倩．长三角地区文化产业与旅游产业融合态势测度与评价 [J]．经济地理，2015, 35（11）：211-217.

[13] 王秀伟．大运河文化带文旅融合水平测度与发展态势分析 [J]．深圳大学学报（人文社会科学版），2020, 37（03）：60-69.

[14] 王琴，黄大勇．旅游产业与文化产业融合发展态势测度与评价——以重庆市为例 [J]．广西经济管理干部学院学报，2019, 31（02）：68-74+82.

[15] 张娜，刘玲，潘博闻，等．文旅耦合与区域经济增长关系研究——来自中国 31 省区市 2008—2016 年的证据 [J]．文化软实力，2020, 5（02）：

61-70.

［16］刘玉堂，高睿霞．文旅融合视域下乡村旅游核心竞争力研究［J］．理论月刊，2020（01）：92-100.

［17］傅才武，程玉梅．文旅融合在乡村振兴中的作用机制与政策路径：一个宏观框架［J］．华中师范大学学报（人文社会科学版），2021，60（06）：69-77.

［18］王世伟．关于公共图书馆文旅深度融合的思考［J］．图书馆，2019（02）：1-6.

［19］储节旺，夏莉．图书馆文旅融合现状、问题及对策研究［J］．国家图书馆学刊，2020，29（05）：40-50.

［20］Min Q W，Zhang B T. Research Progress in the Conservation and Development of China-Nationally Important Agricultural Heritage Systems（China-NIAHS）［J］. Sustainability，2020，12（01）：126.

［21］余华荣，周灿芳，万忠，等．2015年广东荔枝产业发展形势与对策建议［J］．广东农业科学，2016，43（04）：21-24.

［22］彭润华，阳震青．乡村采摘体验游服务质量评价研究［J］．商业研究，2014（07）：188-192.

［23］张亚利，马秋玲．基于CiteSpace5.0的我国定制旅游研究知识图谱分析［J］．中国海洋大学学报（社会科学版），2018（03）：96-102.

［24］吴志才．全域旅游创新发展的探索与反思——以广东为例［J］．旅游学刊，2020，35（02）：8-10.

［25］赵飞，廖美敬，章家恩，黄敏，张湛辉．中国荔枝文化遗产的特点、价值及保护——基于岭南荔枝种植系统（增城）的实证研究［J］．中国生态农业学报（中英文），2020，28（09）：1435-1442.

广东荔枝产业发展形势、
机遇、问题与融合对策

雷百战[*]　　胡韵菲　　周灿芳

摘　要：广东荔枝出现标准化种植水平持续提升、加工产品向多元精深转变、农文旅融合发展显著提速等发展趋势，面临各级政府重视产业高质量发展、市场营销体系趋于成熟、高品质休闲需求增加、"新农人"成为生力军等好的发展机遇。但是，仍存在荔枝文化遗产保护利用不到位、荔枝文创产品有待大力开发、荔枝特色文旅仍需整体推进等方面的问题。针对广东荔枝产业文旅融合发展，提出保护一批荔枝古树资源、打造一批荔枝文化园区、建设一批荔枝观光果园、开发一批荔枝加工产品、创新一批荔枝文创产品、策划一批荔枝节庆活动、深化一批典型融合模式、设计一批荔枝旅游线路八个方面的发展对策建议。

关键词：荔枝；形势；机遇；问题；对策

一、广东荔枝产业发展形势分析

（一）荔枝品种结构不断优化

加强荔枝种质资源的收集保存工作。提升现有各主产区荔枝种质资源圃的保存能力，建立离体保存库和基因文库保存库，建设或完善野生荔枝原生境保护点。开展原产优异荔枝品种资源挖掘与创新利用研究。在已保存种质资源中挖掘重要性状发育的关键功能基因，建立并完善荔枝种质资源综合信息数据库，筛选出具有应用价值的育种材料和功能基因；综合利用常规育种、分子育种和智慧育种手段，提高育种信息化水平和育种效率，规模化创制遗传稳定、目标性状突出、综合性状优良的新种质，为突破性新品种选育提供强有力的支撑。开展以高

---

　*　雷百战，广东省农业科学院农业经济与信息研究所副研究员；主要从事农业区域经济研究。

接换种为主的砧穗组合筛选试验与亲和性机理研究，筛选一批亲和性好、效益高的砧穗组合供推广应用；开展新品种配套优质高效栽培技术研究，确保新品种的优良特性得以充分发挥[1]。建立荔枝新品种繁育圃（采穗圃），保障各主产区新品种换种的接穗需求，按照早熟更早、迟熟更迟、中熟更优质丰产稳产的原则，加快荔枝产业的品种结构优化调整。

华南农业大学从化荔博园荔枝种质资源圃（库）　　　　　　陈雨文　摄

阳西县荔枝品种资源圃　　　　　　雷百战　摄

（二）标准化种植水平持续提升

荔枝产业高质量发展，离不开农机农艺大融合。广东已经创建了 32 个省级荔枝高标准"五化"果园、2 个万亩生态防控示范区和 2 个千亩绿色生态循环示范基地[2]。聚焦传统果园品种优质化、防控绿色化、水肥智能化、生产机械化和管理数字化改造，将传统果园打造成为亩产值过万元的高经济效益、现代化果园，推广应用智能水肥一体化灌溉系统、山地果园单轨运输机、植保无人机、果园智能采摘升降机、智能农情监测系统、生物预警与气象综合监测平台、"互联网+智慧果园"大数据云服务平台等机械化、智能化、数字化技术装备。多个科研机构正在加快研发各类荔枝采摘机器人和荔枝采后智能分选设备等智能采摘加工技术，并不断深化5G网络、北斗导航、大数据等信息化技术在荔枝生产管理中的应用。随着农业科技发展和支持政策力度不断加大，最终推动所有荔枝果园实现精准化管理，惠及更多荔枝果农，有效提升果品品质。

荔枝高标准"五化"果园　　　　　　　　　　雷百战　摄

从化区生物预警与气象综合监测平台　　　　　　陈雨文　摄

（三）社会化服务模式不断创新

近年来，随着农业科技进步和农业机械化水平提高，农业社会化服务体系逐渐成熟。荔枝主产区纷纷开展"企业+合作组织（农业生产托管社会化服务队）+小农户+基地""园区+企业+小农户""合作社（家庭农场）+小农户"等经营模式创新，培育荔枝社会化服务队伍，鼓励龙头企业通过土地流转、果园入股、生产托管等多种形式，带动小农户开展标准化、规范化种植，参与市场化营销。通过新型经营主体联农、社会化服务带农，提升小农户生产经营组织化程度，扶持小农户拓展增收空间。2019 年，广州市从化区通过与本地龙头企业合作，在全省范围内首推荔枝产业托管试点，有效解决了荔枝失管、土地丢荒等问题，加快推动区内荔枝标准化生产进程。目前从化全区已有 5 万多亩荔枝实现生产托管[3]。

（四）国内外消费市场快速拓展

虽然荔枝是广东种植面积最大的岭南佳果，但是在世界水果家族中仍属于"小水果"。广东省 50%~60% 鲜荔枝仍在省内消费，国内非荔枝产区消费仅占30% 左右，荔枝出口不足总产量的 0.8%。因此，国内外巨大的消费市场仍有待大力拓展。随着"12221"市场体系建设的持续推进，电商运营、直播带货等新型营销方式陆续出现，"线上+线下"和高端消费市场进一步拓宽，产区采购商服务做优做实，销区消费市场不断开拓，冷链物流、保鲜技术的持续增强，荔枝的销售半径将不断扩大。鲜荔枝通过冷链运输车、航空物流、货运轮船等方式快速运达千家万户已不是难事[4]。目前，广东已经成功创建 RCEP 广东高州荔枝龙眼国际采购交易中心和 RCEP 广东惠州（镇隆）荔枝交易中心，积极培育荔枝出口示范基地，集中力量打造"全球果"。近年来，广东荔枝出口国、出口量、出口额持续快速增长。因此，国内外荔枝消费市场前景广阔。

荔枝电商运营

雷百战　摄

RCEP 广东高州荔枝龙眼国际采购交易中心   雷百战　摄

（五）加工产品向多元精深转变

加工是缓解荔枝大年销售压力的重要手段，也是提升附加值的重要途径。荔枝营养价值高，果实含有γ-氨基丁酸、白坚木皮醇、肌醇、维生素C等多种功能性成分和营养物质[5]，荔枝壳富含小分子多酚，荔枝核富含类黄酮、多糖、高不饱和脂肪酸和生物活性肽，可抗氧化，抗衰老，预防治疗癌症、糖尿病、心血管等疾病。可通过有益微生物发酵、酶转化等技术，富集或创制功能氨基酸、小分子多酚、益生元、多糖低糖低热量等的功能性成分和营养物质[1]，生产冷冻果肉、果汁、果酒、果奶、果粉等多元化产品和药食同源、美妆日化等精深加工产品，满足广大消费者对营养健康的需求。

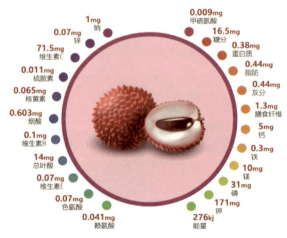

荔枝果实营养成分

图片来源：《2023 茂名荔枝采购指南》。

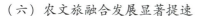

（六）农文旅融合发展显著提速

荔枝定制、果树认养、鲜果预售等创意营销，实现从单纯销售农产品升级为文化输出、品牌变现。靠近或处于都市圈的荔枝果园已经从单纯的种植基地向生态观光、休闲采摘、文化公园转型。粤港澳大湾区立足荔枝产业资源禀赋，充分挖掘荔枝文化价值，已建成从化荔博园、增城荔枝文化公园、东莞大朗荔香湿地公园、黄竹沥荔枝古树公园等一批具有代表性的荔枝古树公园和文化博览园。2021 年，广东省农业农村厅深化农文旅融合创新发展，发布广东十大"魅荔"红色精品休闲游线路[6]；2022 年，东莞市、从化区、阳西县、廉江市、德庆县、汕尾市等荔枝主产市（县、区）相继发布当地的荔枝旅游精品线路，传承荔枝文化，把荔枝打造成当地文化旅游代表符号之一。2022 年，高州根子镇"大唐荔乡"产业带累计接待游客超 200 万人次，产业全链总产值达 4.2 亿元[7]。

东莞荔香湿地公园　　　　　　　　　　　　　　　　　　陈雨文　摄

二、荔枝产业融合发展面临的机遇

（一）各级政府重视荔枝产业高质量发展

1. 党和国家高度重视荔枝产业融合发展

中国是世界最大的荔枝生产国，荔枝是我国最具特色、最负盛名的岭南佳果。2023 年 4 月 11 日，习近平总书记视察茂名时指出，茂名是荔枝之乡，荔枝种植有历史传承和文化底蕴，特色鲜明，优势明显，市场空间广阔，要进一步提高种植、保鲜、加工等技术，把荔枝特色产业和特色文化旅游发展得更好。总书记在充分肯定荔枝是乡村振兴"致富果"的同时，也为我国荔枝产业高质量发展指明了方向。近年来，全国荔枝主产区均把荔枝产业高质量发展作为主要抓手，"中国荔枝开采节""中国荔枝产业大会""全国优质荔枝擂台赛"等活动持续开展，有效地带动了荔枝品质提升、品牌打造、产值增加和农民增收。

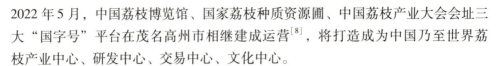

2022 年 5 月，中国荔枝博览馆、国家荔枝种质资源圃、中国荔枝产业大会会址三大"国字号"平台在茂名高州市相继建成运营[8]，将打造成为中国乃至世界荔枝产业中心、研发中心、交易中心、文化中心。

2. 广东省合力推动荔枝产业高质量发展

广东是全国荔枝适栽地域最广、种质资源最丰富、优良品种最多、栽培面积和产量最大的省份，荔枝是事关全省百万果农增收致富的优势产业。广东省委、省政府高度重视广东荔枝产业发展，在推动乡村产业振兴、县域产业高质量发展上为全省率先破题、先行示范。历任省委书记专程调研荔枝产业并作出重要指示，指出要着力提升荔枝经营质量效益，做特做优荔枝当家品种，巧用善用"12221"市场体系助力打响品牌，抓住旅游消费新趋势大力发展乡村民宿、休闲观光等新业态；打好产业、市场、科技、文化"四张牌"，推动荔枝产业高质量发展。2017 年，广东发布了全国首部农作物单品种保护地方性法律法规——《广东省荔枝产业保护条例（2019 修正）》，规范荔枝产业发展的相关活动，提升荔枝产品质量和品牌特色，促进荔枝产业持续健康发展[9]。2021 年，广东省农业农村厅率先发布《广东荔枝产业高质量发展三年行动计划（2021－2023年）》，提出调整优化荔枝生产结构、加强高标准果园建设、加强荔枝产业重大平台建设等 13 项措施，打造广东荔枝"金字招牌"，以荔枝产业"小切口"推动农业产业"大变化"[10]。随后，茂名、东莞、阳江、肇庆、汕尾及广州等荔枝主产地市，相继出台相关实施方案和行动计划，合力推动全省荔枝产业高质量发展。

广东荔枝"12221"市场体系建设 2021 年成绩单   雷百战　摄

（二）荔枝产业市场营销体系趋于成熟

自 2019 年以来，在广东省委、省政府的指导下，全省荔枝营销一盘棋，省农业农村厅牵头，以荔枝"12221"市场体系建设为抓手，各主产区形成合力，共同拓市场、打品牌、促提升，连续四年，广东荔枝销量、价格持续保持良好态势，市场进一步拓展。主要经验如下：第一，数字兴荔，助力营销。广东省先后建立了茂名荔枝大数据平台和广东荔枝大数据平台，为荔枝全产业链提供准确、方便、快捷、全方位的信息服务，打通生产技术、市场流通信息"最后一公里"通道。第二，产地服务，做优采购。荔枝主产区主动组织采购商走进产区、果园，做优线上线下全方位采购商服务，主动推送荔枝采购导图、产地信息和优质供应商信息；建立产区经纪人和政务服务员两支队伍。第三，荔枝定制，精准对接。2023 年，广州从化区荔枝定制约 1.2 万棵共 480 吨；茂名市荔枝定制 3.2 万棵共 1594 吨，定制价格较传统售价高 30%以上。第四，十万电商，全民营销。2023 年，茂名开启全民营销大擂台，3600 多家荔枝电商、8000 多家微商参与带货直播，全市荔枝电商销售额占销售总额的 26.5%；惠州镇隆镇电商销售占比超五成，从化荔枝电商销量占比 36%。第五，走进销区，抢抓市场。2023 年荔枝季期间，全省各产区组织龙头企业、品牌基地、荔枝产业园到全国销区城市举办数百场营销活动。广东荔枝走进北京、上海、杭州、西安，拓展华北、华东和西北市场。广州市从化区在上海设立农产品集配中心，荔枝直达华东区域。第六，广东荔枝，全球共享。举办"广东荔枝丝路行"活动，广东荔枝走进新加坡、意大利、韩国、法国、英国、西班牙、南非等国家。据海关部门官网数据，2023 年，广东出口荔枝 12890.21 吨，出口额达 23870.574 亿元。广东荔枝出口全球 20 多个国家和地区[11]。

茂名市十万电商卖荔枝

雷百战 摄

湛川河谷"仙品荔"湾区品鉴会 遂溪县政府 供图

（三）高品质休闲需求推动荔枝产业融合

广东毗邻港澳，常住人口1.27亿人，其中粤港澳大湾区8600多万人，消费群体巨大，且高端消费群体占比高。《粤港澳大湾区发展规划纲要》提出共建人文湾区、构筑休闲湾区。推动乡村休闲旅游发展，是助力国际一流宜游湾区建设的重要路径，也是粤港澳大湾区提振发展活力、打造优质生活圈的有力支撑。《广东省新型城镇化规划（2021—2035年）》提出，到2025年，全省常住人口城镇化率达到77%，城镇常住人口超1亿人，乡村休闲消费需求旺盛。《广东省乡村休闲产业"十四五"规划》提出，到2025年，全省乡村休闲产业发展成为城乡融合、产业融合的重要载体，整体发展水平走在全国前列，乡村休闲旅游人次达1.8亿。

目前，茂名市打造以"四大古荔园"为核心的荔枝"农旅文创一体化"旅游带、以荔枝龙眼产业带为主题的"甜美果海"中国美丽乡村休闲旅游精品景点线路等，年乡村休闲旅游人数超2000万人次[12]。广州市从化区推出"荔枝+乡村""荔枝+旅游""荔枝+民宿""荔枝+粤菜"等新型组合产品，荔枝产业园以荔为媒，带动乡村休闲旅游收入2亿元[13]；增城区以建设荔枝小镇为抓手，打响荔枝品牌、讲好荔枝故事、传承荔枝文化，每年吸引大量游客到园休闲采摘，带动荔枝果园销售收入增加30%以上。东莞市荔枝种植系统于2020年成功入选第五批中国重要农业文化遗产，休闲采摘已逐渐成为东莞荔枝重要的销售模式。

茂名高州市甜美果海乡村振兴示范带　　　　　　　雷百战　摄

荔游从化—全域旅游导览图　　　　　　　陈雨文　摄

（四）"新农人"成为荔枝产业兴旺的生力军

乡村振兴，关键在人。"新农人"普遍成长于移动互联网时代，具有高学历、懂经营、善管理，擅长整合产业上下游等群体特点。"新农人"有的是"子承父业"，也有的是其他行业精英、海外游子返乡，以"80后""90后""00后"为主。新时代"新农人"正为家乡的振兴带来新观念、注入新活力。他们重新自我定位，从传统到创新，从追随到引领，推动农产品标准化、数字化、品牌化，带动当地农民就业增收，已成为全面推动乡村振兴的崭新力量、农业强国的坚实根基。

广州市增城区荔枝"新农人"　　　　　　　　　　　雷百战　摄

　　传统荔枝种植户普遍年龄偏大，只有生产经验，缺乏市场观念。近年来，随着冷链物流行业的快速发展，促使以新电商为代表的数字化服务向乡村下沉，为众多荔枝"新农人"提供了新机会。他们快速切入电商营销赛道，通过高品质打响荔枝品牌，进而实现品牌溢价增值，倒逼产业前端的品种改良和标准化种植。随着越来越多的资金、技术和人才向乡村汇聚，荔枝产业生态链逐渐形成，荔枝生产标准化、专业化程度不断提升，鲜果品控持续加强，供应链条不断完善，抱团销售渠道更加畅通，带动更多农户增收致富。"新农人"既是广东荔枝高质量发展的带头人，也是广东荔枝品牌的最佳代言人。

荔枝电商直播　　　　　　　　　　　雷百战　摄

荔枝电商直播 　　　　　郁南县桂圩镇政府　供图

（五）金融服务为荔枝产业发展保驾护航

近年来，广东用金融活水浇灌荔枝产业，进行全方位、多样化的金融和保险服务合作，以金融支持荔枝全产业链提升，推动荔枝产业高质量发展。2022年，广东金融机构发布荔枝金融产品：中国人民财产保险股份有限公司的"助'荔'一揽子风险保障和金融增信服务"，中国农业银行的"农民专业合作社贷款"，中国建设银行的"新农村支持贷、裕农快贷"，中国邮政储蓄银行的"荔枝全产业链贷款"，浙江网上银行的"广东荔枝免息贷"等[14]。在茂名银保监局引领下，茂名金融业主动对接地方政府，围绕茂名荔枝产业园区基础设施建设、入园企业等提供个性化金融服务，助力当地打造"产品+产业化+市场体系"的荔枝全链条布局，支持荔枝产业化高质量发展[15]。例如，茂名高州市联手邮政储蓄银行发布"荔枝贷"。针对产区种植户和合作社，广东推进荔枝产区整村授信，批量发放荔枝种植户信用户信用贷款，助荔枝丰产增收。例如，惠州农商银行为惠阳区镇隆镇荔枝村签署"整村授信"。此外，茂名市还在进行"数字农业+银保担"荔枝全产业链金融服务、"农业科技+基金"新模式提升茂名荔枝产业链韧性、荔枝碳汇和碳金融产品研发探索荔枝生态价值实现机制等创新[16]。

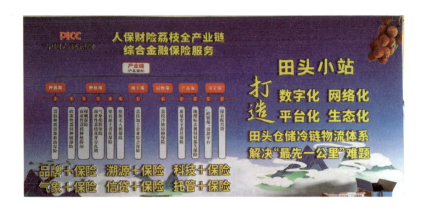

人保财险荔枝全产业链综合金融保险服务　　　　　　　雷百战　摄

三、荔枝产业融合发展存在的问题

（一）荔枝文化遗产保护利用不到位

荔枝文化遗产是历史文化的重要符号，也是文旅融合的有效载体。但是荔枝文化遗产保护利用仍然不到位，主要存在以下问题：

1. 荔枝古树资源底数没有全部摸清

目前，"广东省古树名木信息管理系统"登记在册的荔枝古树有 15427 株。茂名初步普查出百年以上的古荔树约 19400 株[17]，其他荔枝产区的荔枝古树数目只是个大概数，大部分仍没有挂牌和有效保护。挂牌保护的只有少数荔枝古贡园和荔枝文化公园的荔枝古树，村民房前屋后及非荔枝主产区仍有相当数量的荔枝古树有待普查和挂牌保护。

2. 部分荔枝古树未得到及时管护

荔枝古树大多经历了上百年甚至上千年的风雨沧桑，有相当一部分已经存在主干严重倾斜弯曲、树身腐烂空洞、病虫害侵害等问题。每年都会出现因疏于看管养护或得不到及时有效救治而加剧衰弱或死亡的荔枝古树。一些荔枝古树由于刮风下雨等原因导致枝干断裂、就地倾倒，无人打理，例如，高州市分界镇南山村 300 多年的"岭南黑叶王"因没有及时采取加固保护措施，被台风吹倒枯死。荔枝古树大部分仍由村民分散管护，基本没有水肥管理等必要的复壮投入。由于荔枝古树一般树形高大，村民难以对其进行树枝修剪和病虫害防治，每年鲜果采收率较低；荔枝鲜果采后果园清理措施不够，导致病虫源基数逐年累积。部分村民采摘荔枝比较粗暴，对荔枝古树损伤较大。

3. 部分荔枝古树由于城镇发展砍伐或移栽

尽管保护荔枝古树有广泛的社会共识，各地各部门切实加强荔枝古树保护管理工作，取得了明显成效。但在调研过程中发现，村民的保护力度非常有限。部分地区因为城镇建设等征地，而将原有的荔枝古树砍伐或移栽，有些被移栽到当地城市作为绿化美化树。例如，广州市黄埔区笔岗村多株超百年古荔枝树，2019年由于城镇建设而遭砍伐或移走；东莞大朗镇水平村由于配合松山湖科学城发展和环莞快速路建设，2023年4月，105株荔枝古树被陆续移栽到大朗镇荔香湿地公园[18]；博罗县泰美镇雷公村由于道路建设占地，几十株荔枝古树被砍伐或移栽，甚至被移栽到省外其他地区。

东莞荔香湿地公园移栽的荔枝古树

陈雨文　摄

4. 荔枝古树资源普遍开发利用不足

现有荔枝古树（群）分布比较分散，缺乏系统性规划布局和整体性开发利用。已经建成的部分荔枝古树公园缺乏及时管护，园中果园杂草丛生，人行道路荒废、休闲设施和视频监控设施损坏，荔枝文化元素展示缺乏，没有真正成为当地村民的休闲场所。荔枝古树是悠久历史文化的象征，每一株荔枝古树都有一段古老而美丽的故事传说。部分县（市、区）的荔枝历史文化资源的挖掘、保护和传承力度不够，缺乏响亮的荔枝文化名片。

荔枝贡园杂草丛生   雷百战 摄

荔枝树干断裂无人管理   雷百战 摄

（二）荔枝标准化种植水平仍然较低

荔枝标准化种植是全产业链发展的基础，也是文旅融合发展的前提。但是荔枝标准化种植水平仍然较低，主要存在以下问题：

1. 荔枝品种结构需要持续优化

荔枝主栽品种结构仍然不丰富，妃子笑、黑叶、白糖罂等大宗品种较单一；主栽品种在成熟期性状上层次不分明，致产期集中和季节性过剩突出；现有桂味、糯米糍等中晚熟优质荔枝品种对气候依赖性较强，"大小年"现象致生产成本加大。

2. 荔枝生产者仍以小农户为主

广东省荔枝种植遍及 97 个县（市、区），从业人员超过 180 万人[19]，小农户文化程度不高，老龄化趋势明显，接受新品种、新技术、新模式能力有限，老经验、旧办法已经不适应荔枝高质量发展，部分"果二代"返乡接手果园管理，还需要较长时间适应和经验积累。

3. 荔枝低效果园占比仍然较大

《广东荔枝产业高质量发展三年行动计划（2021—2023 年）》提出，改造低效果园 100 万亩。由于大多小农户果园流转托管意愿不强、果园改造财政补助资金有限等原因，全省荔枝高接换种和低效果园改造整体推进较慢，低效果园占比仍然较大，成为荔枝产业融合发展的较大阻碍。

4. 荔枝标准化管理水平不高

荔枝以山地种植居多，一般果园标准化种植管理水平不高，基础设施不完备，肥水管理不到位，果树修剪不科学，绿色防控不及时，不但荔枝基础产量难以保证，而且荔枝鲜果品质也难以提升，果农收入上不去，甚至都有放弃管理的可能。

失管的低效荔枝果园

雷百战　摄

（三）荔枝保鲜加工仍需继续加强

荔枝采后保鲜处理和多元化加工，能充分提高荔枝产业的附加值，更能有效促进荔枝文旅融合发展。荔枝保鲜加工主要存在以下问题：

1. 荔枝保鲜技术应用没有同步提升

荔枝冷藏保鲜核心的冷链基础设施建设仍然薄弱，大多荔枝果园和快递收购点没有采后预冷设施和低温分拣包装场地，荔枝分级和快速包装装备也不足，基本仍以人工为主。目前应用较好的田头小站运输车仍然数量不足，荔枝从预冷到保鲜库再到冷藏车链条经常出现断链。荔枝采前、采中、采后保鲜措施结构还不紧密，荔枝冷链保鲜技术研发不少，但实际推广应用仍未取得较大突破，居高不下的冷链快递费制约着消费半径的扩大。

田头智慧小站（冷库）　　　　　　　　　　　雷百战　摄

田头小站（冷链运输车）　　　　　　　　　　雷百战　摄

2. 荔枝精深加工和综合利用不足

荔枝鲜果滞销降价后，加工是保本增值的较好出路。鲜果价格波动大、加工量不稳定、多元化加工产品少和加工周期极短等原因，使企业普遍不愿意投资建设现代化加工厂，大多数加工专业户仍使用投资较少的小作坊进行加工，加工品质参差不齐。荔枝"大年"时，普遍收购加工能力不足；荔枝"小年"时，普遍面临无荔枝加工。目前，广东省仍以科技含量低和附加值不高的荔枝干为主，荔枝酒、荔枝醋、荔枝饮料、荔枝酥、荔枝饼等产品加工量不大，荔枝冻干、荔枝月饼、荔枝燕窝、荔枝米酿等新产品还在逐步开发，消费市场还未完全打开。荔枝加工副产物综合利用不足，荔枝核仅当作原材料出售给制药企业，荔枝壳等当废弃物丢掉。

荔枝干　　　　　　　　　　　　　　　　雷百战　摄

3. 荔枝食品需要跨界创新

传统文化 IP 跨界成为越来越多品牌的选择。故宫月饼、三星堆雪糕、酱香拿铁等国风国潮食品，引领消费持续升温。荔枝有长盛不衰、健康长寿、吉祥富贵、团结励志等美好寓意，应该有更多彰显文化底蕴、生活理念、美学价值的产品表达和品牌赋能。目前，类似把荔枝文化和传统美食结合得恰到好处的国潮食品几乎没有，亟待跨界研发创新。

（四）荔枝文创产品有待大力开发

大力开发荔枝文创产品，才能充分激活荔枝文化的流量密码，实现从单纯销售荔枝升级为荔枝文化输出和品牌变现。荔枝文创产品开发主要存在以下问题：

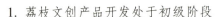

1. 荔枝文创产品开发处于初级阶段

目前，围绕荔枝的文创作品包括小公仔、挂摆件、根雕、杯子、茶具、T恤等家居生活用品。2021年，中国美术学院和天猫联合研究发布了专属颜色"给荔红"，天猫新文创还联合了多个品牌发布"给荔红"中国礼物系列礼盒[20]，类似传统文化IP赋能、更具文化创意元素的现代流行文创产品还较少。

2. 围绕荔枝的文艺创作有待加强

优秀的文艺作品是人民群众和艺术家创造力的综合体现。提及和荔枝有关的文艺作品，就只有大家耳熟能详的粤曲《荔枝颂》、电影《荔枝红了》、杨朔《荔枝蜜》等。近年来，我国荔枝产业步入高质量发展的快车道，涌现出很多荔枝产业振兴、富民兴村的感人故事。虽然有较多地体现荔枝文化的书画作品，但是专门围绕荔枝产业、有广泛影响力的文学、影视、动漫和歌曲等文艺创作较少。

（五）荔枝特色文旅仍需整体推进

清晰的品牌定位、鲜明的节庆特色、全链条的定制模式、丰富多彩的休闲旅游，才能有效促进荔枝特色文化旅游。荔枝特色文化旅游主要存在以下问题：

1. 荔枝文化品牌定位不清晰

在区域公用品牌打造方面，往往过于注重品牌创建形式而忽视其文化内涵，品牌名称多以地域名称加荔枝品种来命名，而没有很好地与当地优秀的荔枝文化相结合，也缺乏独有的品牌LOGO及响亮的宣传口号，IP形象也没有个性特色，品牌的核心价值有待发掘。目前，随着品种结构的不断优化，消费者可能对优质荔枝品种本身更看重，荔枝之乡、荔枝原产地等概念对消费者吸引力逐渐下降。比如增城仙进奉荔枝，现在已经在全省乃至省外荔枝主产区都可以种植。

2. 荔枝节庆文化特色不明显

目前，各荔枝主产区每年举办的荔枝节基本都是融合荔枝产销对接、休闲采摘、荔枝及美食品鉴、文艺表演等活动，起到了有效的品牌宣传和产品营销作用。但是，各地每年节庆主题和宣传口号都不一样，荔枝与本地民俗文化连接不够，节庆活动每年大同小异，活动影响仅限本地区，部分消费者觉得活动缺乏文化亮点，难以发展成为省内外知名节庆品牌。

3. 荔枝定制模式需要持续推进

荔枝定制模式起源于广州市从化区，然后高州市对其进行继承深化，茂名市进一步探索实践，在全市范围内进行推广。荔枝定制模式虽有较多创新，但仍是单一荔枝销售模式，目前广东省小散果园居多、标准化种植水平不高等因素制约定制模式进一步推广，也存在气候条件影响、果农信用风险等一些现实问题。荔枝定制模式与乡村旅游仍然没有紧密结合起来，需要数字化手段提升荔枝定制水平，为消费者提供全方位的荔枝定制服务。

4. 荔枝休闲旅游需要整体谋划

荔枝具有较强的休闲观光、打卡拍照、岭南文化等文旅属性，大湾区拥有庞大的休闲旅游消费群体。目前，广东省的荔枝休闲旅游缺乏整体谋划，荔枝主产区、专业镇村的文旅元素不突出，缺少有吸引力的荔枝旅游线路。每年荔枝季，只有部分县（市、区）发布相关采摘果园信息和简单的荔枝旅游线路，对游客的休闲采摘消费服务不到位，缺少整合果园、交通、美食、民宿等信息为一体的荔枝智慧文旅公共服务平台。近年来，珠三角荔枝休闲采摘园蓬勃发展，但果园普遍休闲配套不足，非荔枝季基本没有产出和收益。

四、荔枝产业文旅融合发展对策

《广东省荔枝产业保护条例（2019 修正）》提出，鼓励、支持深入挖掘、整理、传播荔枝文化，开发推广荔枝文化旅游，加强荔枝文化对外宣传与交流，推进荔枝文化和荔枝产业融合发展。因此，提出以下八个方面对策，加快促进荔枝产业文旅融合。

（一）保护一批荔枝古树资源

2023 年 4 月 11 日，习近平总书记来到茂名高州市根子镇柏桥村考察调研，对柏桥村保护古树的工作予以鼓励：1000 多年前的树能保存到现在，说明这里荔枝种植有文化底蕴、有历史传承，也说明柏桥人对生态环境、荔枝产业的保护意识很强，使千年古树至今仍能造福于民[21]。因此，保护荔枝古树，就是保护历史文化遗产，传承历史文化底蕴。

1. 推动荔枝古树保护工作法治化

《广东省荔枝产业保护条例（2019 修正）》提出，荔枝产区县级以上人民政府林业、农业行政主管部门应当加强对古荔枝植株的保护管理，组织资源调查，建立档案，对有代表性的古荔枝树植株实行挂牌保护。茂名市积极探索古树管护的长效机制，已经出台制定《茂名市古树名木保护管理办法》《茂名市荔枝农业文化遗产保护与管理办法》等，正在积极推进《茂名市古荔枝树保护条例》立法[22]。茂名市加快推进荔枝古树保护法治化，采取"一树一档一策一寓"的做法，值得在全省进行大力推广。

广州市黄埔区贤江社区保护古荔枝树的宣传栏　　　　陈雨文　摄

2. 全面摸清荔枝古树资源底数

继续加大对省内荔枝主产区、非主产区荔枝古树的大普查，当地村民仍然是荔枝古树最忠实的守护者，要发动当地村民积极参与荔枝古树名木补录，全面掌握其数量、分布、生存环境和保护现状等情况，组织专家对荔枝古树进行树龄鉴定、健康诊断等，简化登记造册手续，提高荔枝古树保护与登记挂牌的效率。对需要特级保护的古荔枝树应当安装视频监控。

贡园古荔枝树挂牌立碑　　　　雷百战　摄

3. 开发荔枝古树保护小程序

针对荔枝古树保护特点，例如开发荔枝古树保护小程序"粤古荔"，健全荔枝古树名木图文档案和电子信息数据库，包括荔枝古树基本情况（统一编号、地理位置、品种、树龄、古树照片）、荔枝古树主人或守护人信息（姓名、联系电话）等，设置古树健康状况上报（病虫为害、中空倒伏、台风受损、人为毁坏等）、管护措施上报（施肥、打药、灌溉、清园、除草、修枝、加固等）、生产状况上报（开花、挂果、成熟、采摘、产量等）、健康安全评估（健康诊断、安全评估、衰老诊断）、抢救复壮技术等板块。荔枝古树所属人或守护人做好日常管护、定期巡查，通过小程序及时上报，便于管理部门对古树健康安全状况做出准确评估。

4. 做好荔枝古树的日常管护

保护荔枝古树不仅是保护绿水青山，更是保护文化家园，让历史底蕴和种源基因能够永久流传。要尽快弥补古树保护责任缺失问题，提高村民和承包人的保护意识，扩大荔枝古树守护人队伍，明确管护职责；也可由村委会统筹协调，将村民散乱管理改为村集体统一管理，再由企业承包经营。应把荔枝古树的生物多样性和历史文化保护放在第一位，尽量保护好荔枝古树的原生境，保持其自然生长状态，切忌树底地面过度硬化。仍能产生显著经济效益的荔枝古树，所属人可以在不破坏荔枝古树的生长环境和不影响其正常生长的前提下采摘花果叶，进行施肥、轻剪、防治病虫害等活动，但不得进行整株品种更新[23]。组织古树保护专家组对荔枝古树实行定期"体检"，包括健康评估、安全评估、衰老诊断等，推行荔枝古树名木保险项目，进行抢救复壮，包括预防病虫害、清理枯枝败叶、加固树体等措施。若荔枝古树出现重大安全隐患、国家和省级重点建设工程项目实施需要移植等情况，可按照规定申请移植。对故意人为损毁荔枝古树的行为，需要追究其法律责任，并对其损毁的荔枝古树进行相应赔偿。

古荔枝公园太阳能视频监控

雷百战　摄

5. 推动荔枝古树资源开发利用

在不破坏荔枝古树及其生长环境的前提下，开展荔枝古树（群）系统性规划布局和整体性开发利用。将荔枝古树贡园、古树群等纳入国家和省市荔枝种质资源圃管理，合理利用荔枝古树资源开展种质资源鉴定、种质基因扩繁、科普研学教育和文化遗产挖掘等活动。结合当地的"百千万高质量发展工程"和乡村振兴示范带建设，积极广泛发动当地农民参与，因地制宜建设古荔公园、古荔村庄（社区）、古荔街巷等[24]；在荔枝古树（群）集中地区建立荔枝古树示范保护区，打造以荔枝古树为核心的荔枝"农旅文创一体化"旅游观光带，开展荔枝古树认养和高端定制，开发荔枝古树文化产品和旅游产品等，挖掘荔枝古树历史文化资源，讲好荔枝古树故事，打造荔枝文化名片。应维护荔枝古树所有权人和经营权人的合法权益，荔枝古树资源开发所获收益，可通过分红形式回馈本地村民[25]。

古荔枝树公园

雷百战　摄

（二）打造一批荔枝文化园区

为了更好地保护荔枝文化遗产，传承当地优秀荔枝文化，需要打造一批荔枝文化园区，建设多种主题的荔枝文化园和荔枝文化遗产展示馆。

1. 建设多种主题荔枝文化园

围绕荔枝文化遗产保护的需求，结合荔枝古树群、现代农业产业园和休闲公园建设，重点打造一批荔枝品种展示、示范推广、休闲观光、科普体验为主题的荔枝古树公园、种质资源园、文化博览园、科普示范园，促进荔枝文化和生态农业、都市休闲、旅游观光、科技创新与科普教育的深度融合。

增城区荔枝文化公园   陈雨文 摄

2. 建设荔枝文化遗产展示馆

全面收集和整理荔枝相关的文献资料，发掘保护当地与荔枝相关的摩崖石刻、文人故居、古祠堂、古驿道等文物古迹，系统征集、保护与研究荔枝传统生产器具、生活物件、瓷器雕刻、书法绘画等物质文化遗产，研究和保护与荔枝生产活动密切相关的传统技艺、民间传说、谚语、民俗、节庆、歌舞等非物质文化遗产[25]。建设荔枝文化遗产展示馆，用现代声光电技术全方位展示荔枝文化遗产，增强游客参与体验感。同时，展示当地荔枝产业发展概况、产业发展规划、荔枝产品和文创产品等。

古代荔枝的储运陶罐、竹筒   雷百战 摄

（三）建设一批荔枝观光果园

以优质荔枝生产为基础，依托乡村生态环境和果园荔枝景观，结合荔枝文化及乡村民俗等资源，为都市居民提供荔枝鲜果采摘、田园观光、休闲娱乐、农耕体验、科普研学、餐饮住宿等为一体的高标准果园经营形态，不仅能为游客带来高品质的休闲体验，也能为荔枝果园带来可观的经济收益。

1. 引导小规模果园开展荔枝休闲采摘

鼓励都市郊区乡村、外部交通条件便利、具有一定生产基础的小规模荔枝果园，根据《广东荔枝文旅采摘园服务规范 T/GZBC 62—2022》指引，因地制宜发展荔枝休闲采摘。首先，鼓励低效果园开展标准化改造，进行果园品种优化、机耕路建设、简易灌溉设施建设、施肥施药配套设施建设、机械化水平提升、病虫害绿色防控等，确保产出品质优异的荔枝。其次，鼓励有条件的荔枝果园开展养蜂采蜜、林下养鸡鸭、套种中药材、栽培食用菌等多种林下经济，开展多元化立体种养，增加果园收入。最后，加快完善果园的休闲采摘服务设施，为游客提供舒适的休闲体验环境，增设停车场、公共厕所等公共服务设施，配置多样化的农产品和园林景观，避免果园季节性强的不足；具备条件的荔枝果园，配置田头预冷设施，为游客提供荔枝包装、快递服务；果园增加荔枝创意设计元素，满足游客的拍照需求。

荔枝果园机耕路

陈雨文　摄

荔枝果园采摘导览图　　　　　　　　　　雷百战　摄

2. 支持规模果园加快荔枝产业融合发展

支持规模化的荔枝精品果园，打造集品种优质化、水肥智能化、生产机械化、管理数字化、防控绿色化于一体的"五化"高标准智慧果园。开展荔枝品种资源展示、优质高效种植技术及立体栽培模式示范，建设田头小站和产地预冷库，拓展荔枝保鲜储藏、多元精深加工和文创产品开发；开展线下荔枝定制、农产品展销和线上新媒体销售。具备条件的荔枝果园，可提供以农家菜为主的餐饮服务，开发荔枝特色菜品；因地制宜开展传统手工制作体验活动，开发亲子娱乐、果园拓展、CS 野战等体验性休闲活动；建造荔枝文化展览馆或科普长廊，介绍荔枝品种特性，讲述荔枝人文故事；因地制宜开发建设具有岭南特色的精品民宿。

荔枝果园动物景观小品

　　　　　　　　　　　　雷百战　摄

荔枝果园农家乐　　　　　　　　　　　　　　尹耀城　摄

荔枝木烧鸡　　　　　　　　　　　　　　　　雷百战　摄

荔枝园土鸡蛋　　　　　　　　　　　　　　　雷百战　摄

(四) 开发一批荔枝加工产品

打破季节性限制，延长产业链条，推进荔枝果变干、果变汁、果变粉规模生产，成为四季都能消费的"土特产"，通过开发国潮食品，提升荔枝产品附加值，带动农户增收致富。

1. 加快开发荔枝精深加工产品

依托科技创新，加强研发荔枝干加工新工艺和下游精深加工制品，提高荔枝月饼、荔枝果冻、荔枝雪糕、荔枝燕窝、荔枝米酿、荔枝酵素等精深加工制品产量，持续开发适合年轻消费群体的荔枝蜜、荔枝酒、荔枝醋、荔枝汁新品类，加快研发荔枝预制菜、荔枝调味品、荔枝日化品等新产品。重点研究包括荔枝肉、荔枝壳、荔枝核在内的药用价值，优化荔枝多酚物质提取工艺，支持企业生产相关治疗药品和保健品。

荔枝红茶　　　　　　　　　　　　　　陈雨文　摄

荔枝果酒　　　　　　　　　　　　　　陈雨文　摄

2. 创新开发多元化荔枝国潮食品

我国有 2300 多年的荔枝栽培历史，传统文化底蕴深厚。荔枝有吉祥富贵、长盛不衰、健康长寿、团结励志等寓意，可以找到很多与国潮的契合点。荔枝食品企业要找准自身品牌定位，提高自身产品研发能力和新品迭代能力，为产品注入全新元素，利用文创联名、跨界混搭、时尚出位等国潮营销手段实现品牌价值重塑，赢得年轻消费群体的认可与喜爱[26]。例如，广东的荔枝味饮料品牌——"珍珍荔枝"与经典 IP"哆啦 A 梦"联名，在 2019 年夏季推出了 9 款珍珍荔枝哆啦 A 梦限量版，先巧用"哆啦 A 梦"的罐身包装设计聚拢消费者关注，再以丰富的"线上+线下"内容向消费者输出品牌核心价值"妙趣"，成功吸引消费者主动购买及产品"收集"热潮[27]。

（五）创新一批荔枝文创产品

文化振兴是乡村振兴的重要基石、乡村发展内生动力的重要源泉。通过文化挖掘、传承和文创提炼、创意，形成"本土特色乡村文化"，才能让乡村旅游、乡村产品"找到根、找到魂"，才能有文化自信[28]。荔枝文创开发需要以荔枝为原点，以创意为核心，借助文创力量，实现文创转型，有效链接各层次的产业，才能形成产业整合联动的品牌体系，从而整合提升整个荔枝产业价值。

1. 运用文创思维赋能荔枝品牌营销

农产品营销不仅要卖好的农产品，还要卖农产品背后的乡村故事，卖更质朴、更原生态、更健康的乡村生活方式[29]。品牌文化创意能有效提升农产品附加值、促进农产品销售、提高市场竞争力。农产品包装作为提升品牌形象的重要载体，可以更多彰显生活理念、文化底蕴和美学价值。荔枝产品文化创意要立足于当地荔枝特色，融合当地特有的地域文化、传统建筑、独特山水美景等视觉元素，通过高品质产品、创意化包装、深刻文化内涵与消费者产生情感共鸣，实现荔枝品牌的自主创新，提升产品美誉度和企业知名度，推动荔枝特色文化的广泛传播。

2. 鼓励开发一批荔枝元素文创产品

荔枝有长盛不衰、健康长寿、吉祥富贵、团结励志等寓意，比如大吉大"荔"、"荔"久弥新、再接再"荔"、年富"荔"强、"荔"争上游、同心协"荔"、实"荔"担当、天生"荔"质、万"荔"挑一、充满"荔"量、给"荔"、"荔"志等谐音成语或词语，饱含人们对美好生活的向往和积极向上的激励。因此，可以充分激活荔枝的文化价值，鼓励开发更多生活化、艺术化的荔枝元素文创产品，如文艺有趣的日用品、寓意美好的艺术品、工艺品、纪念品和数字产品等，满足各种目标人群的文化消费需求。

荔枝包装创意设计　　　　　　　　　　陈雨文　雷百战　摄

荔枝室内景观小品　　　　　　　　　雷百战　摄

荔枝陶瓷摆件   雷百战　摄

3. 鼓励创作一批荔枝书画摄影作品

　　荔枝在我国种植历史悠久，荔枝果园不但景色迷人、鲜果甜美，寓意象征吉
祥美好，向来都是文化作品钟爱的创作对象，描绘荔枝的相关文化作品也十分丰
富。荔枝季，绚丽烂漫的荔枝景色让人流连忘返，荔枝主产区乡村处处洋溢着果
农丰收的喜悦和游客的欢声笑语。可以通过举办各种荔枝书画展览、摄影大赛和
歌曲征集等，鼓励大家创作书画、墙绘、摄影、短视频、歌曲等优秀作品，充分
展现荔枝果园的秀美风景、生产场景，歌颂荔枝产业富民兴村的励志故事，积极
传播当地优秀的荔枝文化。

荔枝园写生   陈雨文　摄

大吉大利编织画　　　　　　　陈雨文　摄

荔枝墙绘　　　　　　　　雷百战　摄

荔枝书画展览　　　　　　　陈雨文　摄

4. 鼓励创作一批荔枝主题动画作品

传统文化一直是我国文艺作品显著的精神标识和深厚的文化根基。近年来，我国文艺领域"国潮"涌动、"国风"劲刮[30]。《西游记之大圣归来》《哪吒之魔童降世》《长安三万里》等燃情浪漫的"国风动画"，《中国诗词大会》《经典咏流传》《斯文江南》等气韵生动的"典籍文字"，无不是赓续文脉的文化自觉和价值认同的文化自信。传奇叙事的动画电影和穿越时空的虚拟演绎借助国潮、国风持续"出圈"，给人们带来了独特的心灵体验与文化记忆。我国有2300多年的荔枝历史文化，有许多和荔枝相关的历史人物、诗词歌赋和民间故事，都是新时代动画影视作品创作的丰沛源泉。因此，可以鼓励文艺领域作家围绕我国优秀的荔枝文化，创新挖掘历史人物和传奇故事，以当代审美激活荔枝文化基因，用数字技术呈现瑰丽想象，创作出更多和荔枝相关的国产动画电影，让现代价值理念与荔枝传统文化相衔接、相融合，最大限度地满足人们的文化消费需求，持续浸润、滋养、塑造观众的心灵。与此同时，根据荔枝动画电影人物形象IP，积极探索荔枝文创产业链，快速衍生出一系列文创业态，不断提升荔枝产业的文化价值。

5. 打造一批荔枝主题网红打卡点

在互联网时代，"网红经济"成为旅游景点运营的新模式，成为年轻人展现潮流文化、精致生活的新方式。家庭亲子出游、拍照打卡游玩，体验打卡地独特优美的自然人文环境，是游客前往网红打卡地的主要目的。复古又新潮的文创园、高颜值的文艺餐厅、慢时光的乡村民宿、田园风味的休闲采摘，都成为吸引年轻人喜爱的潮流打卡点。网红打卡点通过游客在小红书、抖音、快手、微博等网络平台的病毒式传播，能够为所在城市、景区吸引更多游客，推动整个区域经济发展。素有"百果之王""果之牡丹"盛誉的荔枝天生自带流量，不但有"一骑红尘妃子笑"的杨贵妃、"日啖荔枝三百颗"的苏东坡等古代名人大咖，还有众多"荔"久弥新、"荔"争上游、同心协"荔"的当代励志故事。因此，建议荔枝主产区政府立足区域文旅发展，统筹开发荔枝文旅资源，做好网红打卡点的顶层设计。荔枝季，荔枝主产县镇村要秉承大景区理念，通过荔枝特色墙绘、荔枝人文雕塑、荔枝时尚标识、荔枝品牌IP，融入地域特点的农耕文化、荔枝文化、美食文化等元素，打造一批荔枝网红打卡点。网红打卡点要具有独特的审美和较高的视觉冲击力，要能满足游客美好和愉悦的体验感，要有持续的内容故事更新，使荔枝"网红打卡点"成为荔枝文旅新亮点、消费新场景，从而有力地带动当地农民增收致富。

高州市根子镇柏桥贡园打卡点   雷百战　摄

高州市根子镇荔枝邮局打卡点   蔡勋　摄

（六）策划一批荔枝节庆活动

在古代，荔枝季有红云宴、啖荔诗会等活动，文人骚客聚集在一起，一边品尝美味荔枝，一边吟诵荔枝诗词。如今，通过策划荔枝文化节庆，举办荔枝嘉年华、荔枝产销对接会、荔枝诗词大会、书画摄影作品展、美食音乐会等活动，有效助"荔"荔枝文化宣传和品牌营销，推动荔枝产业高质量发展。

1. 举办丰富多彩的荔枝文化节，塑造品牌新形象

通过举办丰富多彩的荔枝文化节庆活动，讲述荔枝文化故事，推介优秀荔枝品牌，助力荔枝营销。例如，"挂绿之夏"2023 广州增城荔枝文化旅游季以荔为

媒、以文赋能,举行"中国好哨音"口哨音乐果园行、全国百项非遗进增城荔枝果园、增城荔枝体验集市和增城非遗文化集市"荔枝 AI 创意海报展""南国有佳'荔'"国风手绘系列视觉传播活动、"搭地铁 品荔枝"等活动[31];广州市黄埔区 2023 荔枝文化节举办百年荔枝古法采摘仪式、外国友人品鲜、逛集市吃美食等活动;2023 东莞荔枝文化节举办"莞荔天团"汉服形象展示秀精彩表演、产销合作签约和乐队倾情献唱等活动;2021 高州市"大唐荔乡嘉年华"举办敬树祖祭祀仪式、荔枝主题歌舞展演、荔乡霓裳表演、汉服方阵巡游等活动[32];2023 海南陵水荔枝文化节举办中国早荔品鉴会、陵水美"荔"家宴、荔枝和相关农副产品展销、陵水荔枝文化节 IP 系列征集、达人短视频宣传、荔枝园采摘等活动[33]。

东莞市厚街镇荔枝节文艺演出　　东莞市厚街镇政府　供图

东莞荔枝节潮玩集市　　东莞市农业农村局　叶博文　供图

2. 举办主题多样的荔枝旅游节，重塑文旅新模式

结合激发本地旅游消费潜力，举办主题多样的荔枝节庆活动，重塑荔枝文旅的新模式，推动荔枝产业融合发展。例如，2023 东莞厚街镇荔枝文化节举办大迳荔枝文化公园开园、3 条荔枝主题精品线路发布、东莞荔枝产业高质量发展交流会等活动；第 25 届深圳南山荔枝文化旅游节推出"潮流商业+生活方式+热点打卡"的荔枝主题车文创衍生商业体验，涵盖荔枝文创、绿色环保、荔枝茶饮、日咖夜酒、潮玩天团、潮流科技等活动，策划发布粤菜美食旅游精品线路[34]；茂名市 2023 "520 我爱荔"旅游季举办第五届旅博会嘉年华、茂名荔枝文旅主题活动和开展"百名导游卖荔枝"主题直播等活动，发布茂名荔枝旅游主题线路；2023 年广西灵山荔枝文化旅游节举办"数实兴农·万荔村红"慢直播、灵山县第四届荔枝擂台赛、"荔枝韵·灵山行"音乐晚会、特色休闲旅游体验活动等系列活动[35]。

汕尾市荔枝节文创产品展销　　　　　　　连国荣　摄

3. 举办美味"食"尚的荔枝美食节，激活经济新引擎

通过举办美味"食"尚的荔枝美食节庆活动，激活经济的新引擎，推动当地经济繁荣发展。例如，第 25 届深圳南山荔枝文化旅游节分项活动南山美食节创新"粤菜师傅+休闲旅游"模式，开展现场美食展示、美食品鉴及各类中式菜肴和中西式特色点心的评比等系列活动。福建省莆田荔城区第二届荔枝文化美食节举办荔枝特色节目展演、荔枝饮品特调、荔枝美食文化专家访谈、给"荔"宝贝国风才艺汇演、"荔"志趣味亲子运动会、青年职工荔枝节国风雅集、国风水上婚礼表演等多场活动[36]。

荔枝节书画作品展示　　　　东莞市厚街镇政府　供图

东莞市谢岗镇荔枝潮玩美食节　　　　东莞市谢岗镇政府　供图

4. 举办酷乐潮玩的荔枝音乐节，打造消费新场景

通过举办酷乐潮玩的荔枝音乐节庆活动，打造消费新场景，引领消费新潮流。例如，深圳·荔枝（励志）青年原创音乐节是国内首个以荔枝命名的原创音乐节，旨在通过政府联合社会各方优势，助推原创音乐内容的生产和制作，共同孵化本土原创音乐生态圈，让原创音乐拥有一个专属的展示平台。2023 深圳光明荔枝音乐节集城市露营、互动集市、酷乐潮玩、荔枝采摘于一体，邀请深圳本土网红摇滚乐队精彩助"荔"。2023 "乐购东莞·谢岗'荔'量"暨东莞广电"青春潮碗"音乐节，以音乐为媒介，以美食、潮玩为载体，配套美食品鉴、直播带货等活动，充分点亮谢岗夏日经济[37]。

（七）深化一批典型融合模式

广东省在荔枝古树保护开发、认养定制、休闲采摘和全产业链融合等模式方面进行了有效探索，虽然取得了较好发展成效，但仍需要优化提升和探索创新。

东莞市谢岗镇荔枝"青春潮碗"音乐节　　　　　谢岗镇政府　供图

1. 推动荔枝古树保护开发模式，打造一批荔枝文化遗产保护中心

荔枝古树是我国宝贵的荔枝文化遗产，广东省各荔枝主产区都保留有丰富的荔枝古树资源。茂名市已经出台若干政策措施，率先推动对现有荔枝古树的有效保护，高州根子柏桥贡园已经成为当地乃至我国荔枝文化遗产成功保护利用的典范。因此，要积极推动规模连片的荔枝古树资源保护和开发利用。在保护原始荔枝古树的基础上，通过改造失管荔枝古树群、修建生态栈道和休闲绿道、增设文旅标识、宣传荔枝文化等系列措施，建设成不同主题景观的荔枝古贡园、荔枝文化园、荔枝博览园，探寻挖掘荔枝古树背后的历史故事和文化价值，成功打造一批荔枝文化遗产保护中心。同时，做好荔枝古树资源再利用，开展荔枝古树认养和高端定制，开发古树文化产品和旅游产品等，让当地群众切实享受到荔枝古树资源福祉。

高州市大井镇桂味荔枝森林公园　　　　　雷百战　摄

2. 数字化提升荔枝定制模式，通过"一棵树"带动产业增值

广州从化区"美荔定制"模式取得较大成功，并在茂名荔枝主产区获得扩大推广。数字经济能把荔枝消费向深度体验和高值服务充分延伸，让"一棵树"的价值不断得到挖掘提升。因此，需要积极创新升级定制模式，探索推行私人定制、公益定制、综合定制等模式，把更多荔枝古贡园、省级标准荔枝果园、专业镇村标准果园纳入定制行列，做好鲜果品控，搞好品牌宣传，满足消费者多样化、个性化、高端化的需求。鼓励开发荔枝云定制平台，给每一棵荔枝树制作数字证书（果园名称、品种、树号、树龄、树高、冠幅、昵称等），注明管护人姓名、定制形式、咨询电话等信息，花果期更新荔枝预估产量、定制价格、预约定金等信息，制作 VR 果园和云上果树，逐步实现对荔枝果树的云展示、云定制、云交易等。同时，云定制平台具备荔枝产品、文创产品及其他特色农产品购买功能，具备推荐旅游景点、美食小店、乡村民宿等服务功能，实现从定制荔枝"一棵树"，延伸到荔枝文旅"一条线"。

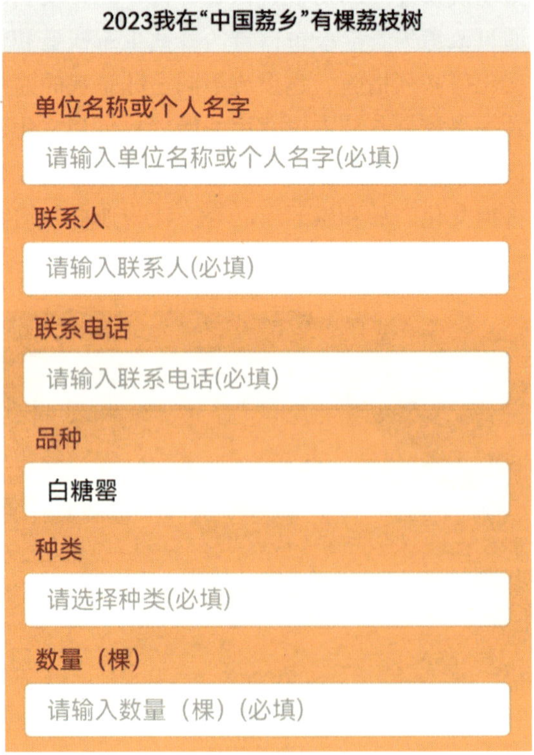

荔枝定制

图片来源：龙眼直播公众号。

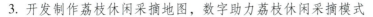

3. 开发制作荔枝休闲采摘地图，数字助力荔枝休闲采摘模式

每年荔枝季，都市居民都有较大的荔枝采摘消费需求，周末休闲采摘游、荔枝文化微度假等新玩法不断涌现，需要将互联网与荔枝文旅进行深度融合，数字助力荔枝休闲采摘销售。针对消费者"摘、玩、购"的荔枝休闲文旅需求，鼓励开发服务消费者的荔枝休闲采摘地图，收集、整理、入库一批经营信誉好、种植水平高、鲜果品质优、交通便利、临近观光旅游景点的精品果园，荔枝采摘地图能实现精品果园在线搜索、全景查看、地图导航、采摘指南、电话咨询等功能，并为消费者提供果园附近其他餐饮住宿、休闲娱乐设施指引，精准服务荔枝休闲采摘消费客群。

4. 创新荔枝全产业链融合模式，带动当地荔枝产业高质量发展

不断创新深化"荔枝+"文旅融合模式，充分展示荔枝精细化管理、多元化经营、品牌化运营、数字化营销的全产业链融合发展魅"荔"。例如，广州从化荔枝博览园逐步深化荔枝产业融合发展，园区包括智慧生产、新品种展示、新技术示范、新媒体营销、荔枝定制、荔枝加工、农产品展销、文化创意、品牌宣传等功能，提供特色餐饮、科普研学、行业培训、果园托管等综合服务，未来可以增加"新农人"培育、品牌孵化、非遗传承等产业服务功能，这里一年四季都是荔枝季，园区产业融合创新有效带动了荔枝产业迈向新征程，从化荔枝品牌知名度越来越响。

高州市根子镇柏桥实践馆（柏桥讲堂）

雷百战　摄

荔枝果园景观小品　　　　　　　　　　　　　陈雨文　摄

5. 创新荔枝小镇产城融合模式，推动都市乡村向美"荔"经济转型

现代农业产城融合是农业产业与城市、农业产业与市民生活的有机融合，以及农业产业与涉农产业的升级。例如，广州增城区仙村镇可以大力发展荔枝小镇产城融合模式，紧紧围绕荔枝产业，推进实现"荔枝种质繁育—荔枝智慧生产—荔枝精深加工—荔枝文化旅游"全链条集聚发展。在已经建成的荔枝农耕文化博览园、荔枝文化博览馆、荔枝景观大道等的基础上，规划改造荔枝专业村为美"荔"社区（街巷），规划建设荔枝加工园区、荔枝电商街区和荔枝创客空间，探索开发荔枝主题乐园、荔枝主题酒店、荔枝主题餐厅等，打造成荔枝小镇产城融合模式的样板，助推都市乡村向美"荔"经济转型发展。

（八）设计一批荔枝旅游线路

分析当地文旅资源优势，整合产业、文化、旅游、生态等资源，以绿美生态为基底，以文化底蕴为支撑、以特色活动为牵引，结合交通可达性、流畅性和舒适度，线路主题鲜明等多方考虑，围绕荔枝精品果园、核心旅游景区景点、绿道碧道、非遗文化等资源，融合节庆、赛事活动精心设计一批荔枝精品旅游线路。

1. 荔枝休闲采摘游

在广州、深圳、东莞、惠州等粤港澳大湾区都市的荔枝主产区遴选出一批适合采摘、品牌响亮的荔枝精品果园，整合全国乡村旅游重点村、中国传统村落、广东省文化和旅游特色村、广东省休闲农业与乡村旅游示范镇与示范点、广东省

根子镇柏桥荔枝电商街区   雷百战 摄

乡村民宿示范镇与示范点、广东省乡村旅游精品线路等本地特色乡村文旅资源，融合荔枝节庆、赛事活动，设计多条不同主题的荔枝休闲采摘旅游精品线路，引导市民游客利用节假日时光积极参加荔枝休闲采摘活动，既可以亲手采摘品尝荔枝、打卡拍照宣传荔枝，又可以品尝当地特色美食、购买荔枝加工与文创产品、领略人文景观和自然风光、体验悠闲惬意的乡村生活、感受淳朴浓郁的乡土风情，达到愉悦放松身心、积极快乐生活的目的。通过荔枝休闲采摘游，有力促进当地农旅、文旅融合，扩大荔枝品牌宣传，带动果园荔枝销售，实现荔枝产业价值最大化。例如，广州市增城区结合荔枝果园、文化景点、乡村民宿、农家乐等，设计魅力增城、乡韵增城、悠闲增城等10条不同主题荔枝采摘线路，带给广州市民微度假生活的完美体验。

增城不同主题荔枝采摘路线图（截图）

广东省农业科学院和增城荔传媒 设计

2. 荔枝亲子研学游

各荔枝主产区依托现有的荔枝精品果园，融合农牧生产基地、食品文化体验馆、荔枝文化博览园、爱国主义教育基地、户外运动营地、研学实践基地、非遗生产性保护示范基地等，设计多条荔枝亲子研学旅游精品线路，推动在校学生和都市家庭在荔枝季积极参加荔枝亲子研学游，不仅能体验接触乡村自然、亲手摘果、品尝美食的乐趣，而且能学习到红色文化、农耕文化、饮食文化和荔枝文化等知识，也能有效增进亲子关系、促进青少年健康成长。例如，东莞市策划亲子休闲游线路，途经荔枝采摘点、湾区自然学校、大湾区横岗湖研学教育实践营地、太粮米饭探知馆、东莞鑫源食品文化博物馆等景点，青少年和都市家庭可以体验到荔枝采摘、露营文化、食品文化等多种乐趣[38]。

荔枝文化公园恐龙雕塑　　　　　　　　　雷百战　摄

荔枝采摘园休憩设施　　　　　　　　　韩晓宇　摄

3. 荔枝文化体验游

广东拥有深厚的岭南文化、客家文化、民俗文化、红色文化、宗祠文化、饮食文化、温泉文化等底蕴。各荔枝主产区要以乡村振兴战略和"百千万工程"建设为引领，以打造荔枝文旅特色品牌为抓手，深入挖掘荔枝的历史文化和人文价值，整合荔枝文化遗产、荔枝古树公园、荔枝文化公园、荔枝文化博览园、荔枝种质资源圃、荔枝文化名人景点、设计一批广东荔枝文化体验旅游精品线路，将荔枝打造成为本地文化旅游代表符号之一，着力推动乡村休闲旅游和荔枝产业深度融合。例如，高州"大唐荔乡"赏花叹蜜品荔游线路包括骑红尘广场、荔枝雕塑、中国荔枝博览馆、国家荔枝种质资源圃、柏桥贡园、贵妃广场、百荔园、荔枝邮局、红荔阁、根子镇农民博物馆等[39]。另外，广州市、东莞市、深圳市、惠州市、茂名市、湛江市均有一定规模的荔枝古树公园、文化公园和人文景点等，都可以形成多条荔枝文化体验旅游精品线路。

荔枝采摘园文化景观墙　　　　　　　　　　　　雷百战　摄

荔枝采摘园文化景观小品　　　　　　　　　　　韩晓宇　摄

参考文献

[1] 王雅蝶, 初梓瑞.《2023 年中国·茂名荔枝产业发展白皮书》发布 [EB/OL]. 人民网, 2023 - 05 - 22. http：//gd. people. com. cn/n2/2023/0522/c123932-40425046. html.

[2] 广东省农业农村厅. 广东省农业农村厅关于广东省十三届人大五次会议第 1813 号代表建议答复的函 [EB/OL]. 2022 - 06 - 23. https：//dara. gd. gov. cn/rdjy/content/post_ 3986034. html.

[3] 广东省农业农村厅. 广州：5 万亩荔枝实现专业托管 失管果树股份化数字化 [EB/OL]. 南方农村报, 2022 - 05 - 18. https：//dara. gd. gov. cn/snnyxxlb/content/post_ 3932301. html.

[4] 南方农村报. 广东荔枝：世界级水果发力"全球共享" [EB/OL]. 腾讯网, 2023 - 05 - 16. https：//new. qq. com/rain/a/20230516A06I2U00.

[5] 茂名发布. 重磅!《2023 年中国·茂名荔枝产业发展白皮书》发布 [EB/OL]. 人民号, 2023 - 05 - 22. https：//mp. pdnews. cn/Pc/ArtInfoApi/article? id=35762684.

[6] 广东省农业农村厅. 广东发布十大"魅荔"红色精品休闲游线路 [EB/OL]. 广州日报, 2021 - 04 - 23. https：//dara. gd. gov. cn/nyyw/content/post_ 3267759. html.

[7] 茂名发布. 根子荔乡游火爆"出圈"! 绿树红荔、产业兴旺, 村民日子富起来! [EB/OL]. 澎湃新闻网, 2022 - 06 - 07. https：//www. thepaper. cn/newsDetail_ forward_ 18459691.

[8] 广东省农业农村厅. 茂名打造荔枝种业"硅谷"国家荔枝种质资源圃汇集全球 700 多个种质资源 [EB/OL]. 羊城晚报, 2022 - 05 - 31. https：//dara. gd. gov. cn/snnyxxlb/content/post_ 3940580. html.

[9] 广东省农业农村厅. 广东省荔枝产业保护条例（2019 修正）[EB/OL]. 2019 - 09 - 26. https：//dara. gd. gov. cn/zcfg2295/nydfxfg/content/post_3241 458. html.

[10] 广东省农业农村厅. 广东发布荔枝产业高质量发展三年行动计划 [EB/OL]. 2021 - 01 - 11. https：//dara. gd. gov. cn/mtbd5789/content/post_31700 73. html.

[11] 农业农村部. 广东荔枝 励志之路 [EB/OL]. 南方+, 2023 - 07 - 28. https：//www. moa. gov. cn/xw/qg/202307/t20230728_6433134. htm.

[12] 茂名发布. 南方日报：收益+产业, 茂名荔枝从口袋经济到造富一方

社会科学，2012（03）：59-63.

[25] 赵飞，廖美敬，章家恩，等.中国荔枝文化遗产的特点、价值及保护——基于岭南荔枝种植系统（增城）的实证研究［J/OL］.中国生态农业学报（中英文），2020，28（09）：1435-1442.DOI：10.13930/j.cnki.cjea.190799.

[26] 知乎网.国潮给食品行业带来的究竟是机遇还是挑战［EB/OL］.2022-02-15.https：//zhuanlan.zhihu.com/p/467642876.

[27] 食品互联.珍珍荔枝联名多啦A梦，新产品上市刮起"收集"热潮［EB/OL］.2019-10-15.http：//www.foodwifi.net/news/201910/119082.html.

[28] "文创+"时代，农文旅如何融合发展？［EB/OL］.知乎网，2020-06-01.https：//zhuanlan.zhihu.com/p/144953171.

[29] 颜值就是生产力　看农产品文创振兴之路［EB/OL］.澎湃新闻网，2020-08-05.https：//www.thepaper.cn/newsDetail_forward_8616793.

[30] "让中华优秀传统文化成为文艺创新的重要源泉"［EB/OL］.中青在线，2023-09-15.https：//news.cyol.com/gb/articles/2023-09/15/content_X5n4lEFp2z.html.

[31] 增城荔枝文化旅行团：带着荔枝文化体验微度假生活［EB/OL］.中国日报网，2023-07-02.https：//gd.chinadaily.com.cn/a/202307/02/WS64a1646da310ba94c5614771.html.

[32] 高州根子举办了大唐荔乡嘉年，演绎古老的祭荔神仪式［EB/OL］.搜狐网，2021-05-24.https：//www.sohu.com/a/468339240_121123759.

[33] 2023陵水荔枝文化节暨中国早荔品鉴会开幕［EB/OL］.海南省人民政府网，2023-05-09.https：//www.hainan.gov.cn/hainan/sxian/202305/58fa185d49ce4c478bb8adec5b9c5cdf.shtml.

[34] 南山"荔"量，文旅魅"荔"！第25届深圳南山荔枝文化旅游节等您打卡［EB/OL］.腾讯网，2023-06-22.https：//new.qq.com/rain/a/20230622A06L4A00.

[35] 广西灵山县举行2023年荔枝文化旅游节［EB/OL］.中国县域经济报，2023-06-01.https：//www.xyshjj.cn/detail-100206.html.

[36] 又是一年荔红时　福建莆田举办荔枝文化美食节［EB/OL］.腾讯网，2023-07-15.https：//new.qq.com/rain/a/20230715A032ZW00.

[37] 谢岗荔枝潮玩美食节、"青春潮碗"音乐节震撼来袭［EB/OL］.东莞政法网，2023-06-25.https：//dgzf.dg.gov.cn/dgzf/xiagan/202306/777b880fdc

5246c3a9b6864a2fb71f30. shtml.

　［38］东莞："美丽乡村　品荔厚街" 2022 厚街镇荔枝文化节启动［EB/OL］. 网易网，2022-06-24. https：//www. 163. com/dy/article/HALLCO8U0550AXYG. html.

　［39］文化和旅游部. "大唐荔乡" 赏花叹蜜品荔之旅［EB/OL］. 2022-04-25. https：//zhuanti. mct. gov. cn/csxz2022/guangdong/detail/1518. html.

后 记

感谢荔枝产业课题领导和专家的大力支持，感谢相关农业农村局领导、驻镇帮镇扶村干部、荔枝果园老板、荔枝协会同仁以及其他荔枝产业同行的无私供图，感谢调研过程中荔枝果园老板的热情接待，也感谢课题组小伙伴在调研路上的风雨同舟和书稿编写过程中的辛勤付出。特别感谢胡韵菲博士在炎热的 6 月和我跑遍茂名、廉江、阳江的荔枝贡园、荔枝公园和荔枝古树群落，感谢陈雨文在 2023 年"五一"假期冒着狂风暴雨和我跑遍广州、东莞的荔枝公园和荔枝专业村镇，也感谢司机师傅把我们安全准确送达每个我们想去的荔枝果园。

在本书出版过程中，我们尽量采用荔枝产业调研过程中获得的原始照片、图片和数据资料。书中引用的数据/文字均有参考文献标明。书中部分图片来自于农业农村局、行业协会和果园老板们无私提供或网站摘录，我们尽可能地标明出处及照片拍摄者姓名，部分人物肖像清晰照片采用均征得本人或家属同意。书中数据资料难免有引用不当或错漏之处，恳请广大读者批评指正。